ABITUR-WISSEN ETHIK

Barbara Smitmans-Vajda

Religion und Weltanschauungen

STARK

Zum Umschlagbild:
„Weltenesche Yggdrasil" ist im altnordischen Mythos ein immergrüner heiliger Baum im Mittelpunkt der Welt. Das Titelblatt dieses Buches verweist auf die Bedeutung des Baumes in vielen Religionen und Mythen (auf dem Umschlagbild durch unterschiedliche Schriften ausgedrückt): Blüten und Früchte tragend ist er Symbol des Lebens; Himmel und Erde verbindend ist er als Weltenbaum Symbol des Kosmos ebenso wie der Kreis, in dem er hier dargestellt ist.

ISBN 978-89449-469-7

www.stark-verlag.de
1. Auflage 2000

Inhalt

Vorwort

Liebe Schülerinnen und Schüler,

„Wir gehen einer völlig religionslosen Zeit entgegen; die Menschen können einfach, so wie sie nun einmal sind, nicht mehr religiös sein. Auch diejenigen, die sich ehrlich als ‚religiös' bezeichnen, praktizieren das in keiner Weise. Sie meinen also mit ‚religiös' etwas ganz anderes." – Das schrieb der Theologe und Widerstandskämpfer gegen die Nazi-Diktatur Dietrich Bonhoeffer ein Jahr vor seiner Hinrichtung (am 9. April 1945) aus einer Gefängniszelle in Berlin-Tegel an einen Freund.

Bonhoeffers Prognose, dass die Zeit der Religion überhaupt vorbei sei, führte ihn zu der Frage: Gibt es ein religionsloses Christentum? Bis heute regen seine Gedanken dazu innerhalb und außerhalb von Religionsgemeinschaften Diskussionen darüber an, was denn eigentlich Religion bzw. ein religiöser Mensch *(homo religiosus)* sei und ob das Erbe einer Religion ohne religiösen Glauben lebendig bleiben kann und soll. Gibt es Religion ohne Gott?

Auch Friedrich Nietzsches Parabel „Der tolle Mensch" mit deren Kernsatz „Gott ist tot!" hat ihre provozierende Wirkung noch immer nicht eingebüßt.

Viele Menschen erfahren den Verlust von Religion wie die Zerstörung eines schönen Kindheitstraums. Die Mündigkeit und Autonomie der Welt ohne Gott bedeutet für sie Bedrohung, Verarmung, Entzug von Geborgenheit. Als Weg der Rettung erscheint ihnen nur die **Rückkehr zur Religion**. Die Antwort Bonhoeffers: „Diesen Weg gibt es nicht!" und Nietzsches aufrichtige Diagnose sind nicht nur als Provokation zu verstehen. Sie sind vielmehr eine Herausforderung existenzieller und intellektueller Redlichkeit beim **Suchen nach den Möglichkeiten von Sinn- und Wertgebung menschlichen Lebens** in einer Zeit, die Gott nicht mehr als „Arbeitshypothese", d. h. für Bonhoeffer als „Lückenbüßer" zur Beantwortung unlösbarer Fragen zu Hilfe nehmen kann.

Gleichwohl erkennen auch Religionskritiker an, dass das Bedürfnis des Menschen, nach seinen **Ursprüngen** zu forschen, zu seinem Wesen gehört und eine wichtige Voraussetzung ist, sich selbst in seiner von ihm vorgefundenen Welt zu verstehen und zu orientieren. Die **Frage des Menschen nach dem Anfang** ist der Grundzug seines Fragens überhaupt. Sie verbindet sich aus dem **Wissen um seinen sicheren Tod** und die **Vergänglichkeit allen Lebens** mit der Frage nach **Entwicklung, Ziel und Sinn** seiner persönlichen Geschichte und des Weltgeschehens. Davon zeugen nicht nur die Bilder mythischer und religiöser Vorstellungen und Weltanschauungen unterschiedlicher Kultur- und Zeiträume sowie **neu entstehende Religionen**, sondern auch alte philosophische und moderne wissenschaftliche Theorien.

Im Dialog zwischen Theologen, Philosophen und Naturwissenschaftlern fordern **neurowissenschaftliche** Untersuchungen religiöser Vorstellungen und Erfahrungen neue Frageansätze und Denkanstöße heraus.

Verstärkt wird in den Religionswissenschaften zudem die **Gender-Forschung** beachtet. Die Einsicht, dass vor allem in patriarchalisch geprägten Religionen und Kulturen der Mensch (homo) als Mann (vir) das Gottes- und Menschenbild bestimmte und weitgehend noch bestimmt, geht einher mit der Neubesinnung auf die Bedeutung der Geschlechter und die Stellung der Frau in den Religionen.

Wie sich der *homo religiosus* seinen **Gott, seine Göttin, das Göttliche, das Transzendente** im Verhältnis zum Menschen und zur außermenschlichen Natur vorstellt, wie er seine **existenziellen Grunderfahrungen** von Geburt, Leid und Tod, von Liebe und Feindschaft, von Hoffnung und Freude in seinen Lebensdeutungen und -formen, in seinen Wertesystemen und Zukunftsentwürfen gestaltet, wird in diesem Buch an unterschiedlichen Mythen, Religionen und Weltanschauungen gezeigt.

Viele Konflikte und Kriege zwischen Völkern, gesellschaftlichen Systemen, Gemeinschaften und Gruppen lassen sich leichter verstehen und womöglich entschärfen durch die Kenntnis ihrer **historischen Wurzeln**. Zu diesen gehören auch religiöse **Wertvorstellungen**, mit denen die Gegner ihre Kämpfe motivieren und rechtfertigen.

Kaum ein Jahr nach Erscheinen der ersten Auflage dieses Buches rückte durch die Terroranschläge vom 11. September 2001 und deren Folgen schlagartig der **Islam** ins Zentrum der Weltöffentlichkeit. Nicht nur die Glaubensgemeinschaften des Islam, sondern auch die anderer, vor allem der **Weltreligionen**, sind herausgefordert, ihre **humanen Werte** im Zusammenleben der Menschen deutlich sichtbar zu machen. Damit stehen sie vor der dringenden Aufgabe, ihr Selbstverständnis, besonders in Abgrenzung gegen jegliche fundamentalistische Vereinnahmung, neu zu definieren, zu artikulieren und sich kritisch mit den Fragen nach Gewalt und Machtmissbrauch in ihrer eigenen Geschichte und Gegenwart auseinanderzusetzen.

Aber auch Religionen sind **keine homogenen Einheiten**. Unter ihren Anhängern können erhebliche Differenzen zu Konflikten führen. Sie beziehen sich unter anderem auf soziale Strukturen, die Verteilung von Macht und Autorität, auf das Verhältnis von Tradition und Moderne, auf Glaubensinhalte und deren Deutungen, auf Lebensformen und -normen, die je nach geografischem, politischem, kulturellem, sozialem und persönlichem Umfeld in einem **ungleichzeitigen** Verhältnis zueinander stehen können.

Die weltweiten **Migrationen** können feindliche Konfrontationen mit sich bringen, besonders wenn sie durch Gewalt, Flucht, Vertreibung, Armut, Elend bedingt sind und der Fremde als bedrohlich gesehen oder erfahren wird. Sie eröffnen aber auch Möglichkeiten zu fruchtbaren **interkulturellen und interreligiösen Begegnungen**.

Das Studium der vielfältigen Religionen und Weltanschauungen unterschiedlicher Kultur- und Zeiträume zeigt nicht nur deren Differenzen, sondern auch **das Gemeinsame** in ihren Wertvorstellungen von Mensch, Natur, Geschichte, Gott, Gottheiten, das als **Versöhnungs- und Friedenspotenzial** fruchtbar gemacht werden könnte.

In diesem Sinne kann das vorliegende, zur dritten Auflage aktualisierte Lernbuch auch ein Lesebuch sein, dessen Quellentexte exemplarisch Grundkenntnisse vermitteln und dessen Bilder auf die traditionsreiche wechselseitige Befruchtung von Religion und Kunst verweisen.

Wenn es dadurch auf dem Weg zum Verstehen des Anderen und zum eigenen Selbstverständnis eine Orientierung sein kann und zum Dialog mit Menschen verschiedener Religionen und Weltanschauungen anregt, erfüllt es über die Lernzielsetzung „Abitur-Wissen" hinaus sein Anliegen.

Religion als Wirklichkeitserklärung und Wirklichkeitsüberschreitung

1 Der Begriff der Religion

Die nicht sicher nachprüfbare Etymologie* und die vielfältigen Übersetzungsmöglichkeiten des lateinischen Wortes *religio*[1] verweisen bereits auf die Schwierigkeit der Begriffsbestimmung von „Religion". Die Definitionsversuche unterscheiden sich durch ihre jeweilige Betonung theologischer, gesellschaftlicher, kultureller, historischer, psychologischer, soziobiologischer und anderer Aspekte. Besondere Beachtung finden dabei die Beziehung des Menschen zu einem Transzendenten* und deren individuelle und gemeinschaftliche Vorstellungs- und Äußerungsformen, seine durch den Glauben vermittelte Gebundenheit an einen festen Moralkodex in einer gesetzten Weltordnung sowie die dazu gehörige Unterscheidung zwischen dem Heiligen und Profanen*, Guten und Bösen, Reinen und Unreinen.

1.1 Wesensbestimmungen von Religion

„Ein reiner und unbefleckter Dienst vor Gott, dem Vater, ist dieser: Waisen und Witwen in ihrer Drangsal zu besuchen und sich selbst unbefleckt von der Welt zu erhalten", schreibt zwischen 70 und 80 n. Chr. der Verfasser des **biblischen** Jakobusbriefes (Jak 1,27), um damit – wie Jesus selbst – die Botschaft der Nächstenliebe ins Zentrum aller Reflexionen über Religion zu stellen.

Ist Religion „der Seufzer der bedrückten Kreatur, das Herz einer herzlosen Welt, wie sie der Geist einer geistlosen Situation ist"? Ist sie „das Opium des Volkes", wie Karl Marx (1818–1883) sie sozialkritisch definierte?

Oder ist sie im Sinne des **Soziologen** Émile Durkheim (1858–1917) „ein einheitliches System von Glaubensvorstellungen und Praktiken in Bezug auf heilige Dinge, sozusagen Dinge, die ausgesondert und verboten sind – von Glaubensvorstellungen und Praktiken, die in einer einzigen moralischen Gemeinschaft, genannt Kirche, alle, die ihr anhängen, vereinigen"?

* Die im Text mit einem Sternchen bezeichneten Begriffe werden im Glossar am Ende des Buches erläutert.

1 Von lat. *relegere:* wieder zusammennehmen bzw. -bringen oder von lat. *religare*: zusammen-, zurück-, an-, festbinden; *religio:* (abergläubisches) Bedenken, Gottesfurcht, -verehrung u. a.

Die **psychoanalytische Forschung** offenbarte für Sigmund Freud (1856–1939) einen engen Zusammenhang des religiösen Glaubens mit den – hauptsächlich unbewussten – kindlichen Fantasien in Bezug auf das Geschlechtsleben der Eltern und die Konflikte, die daraus entstehen.

Aus der Perspektive der **Soziobiologie**[2] werden Religionen definiert als „die frühesten kulturellen Systeme zum Schutz der Genvervielfältigung und der Aufzucht von Kindern, von denen wir Zeugnisse besitzen"[3]. Die Frage „Warum gibt es religiöse Systeme?" wird mit dem Hinweis auf Säugetiere, Vögel und Fische beantwortet, die in verschiedenen Arten gesellschaftlicher Organisation leben, „ohne zu beten [...]. Aber das bedeutet einfach, dass das Auftauchen des menschlichen Gehirns weitaus größere Möglichkeiten mit sich bringt, nicht zuletzt bei der Entwicklung von Bewusstsein und Sprache. Hier können wir das Entstehen und die Entwicklung von Religion lokalisieren. [...] Der Biogenetische Strukturalismus hebt hervor, dass die Menschen im Sinne von Genen und Proteinen auch auf diese charakteristischen Verhaltensweisen vorbereitet werden, die man als religiös bezeichnet. Dies erklärt sofort, warum es so viel gibt, das beim religiösen Verhalten universell und gemeinsam ist, aber auch, warum es dennoch so viele verschiedene Religionen gibt und warum radikale Unterschiede unter ihnen bestehen: Das geschieht, weil das, was die Völker in den Gesellschaften und Kulturen mit ihrer Bereitschaft anfangen, nicht festgelegt ist [...]. Dies bedeutet auch, dass Religion oder das, was manchmal ‚Religiosität' genannt wird, unabdingbar zum Menschen gehört, es sei denn, es gäbe größere Veränderungen in der menschlichen DNS"[4].

Für den **Religionswissenschaftler** Helmuth von Glasenapp ist Religion „die im Erkennen, Denken, Fühlen, Wollen und Handeln betätigte Überzeugung von der Wirksamkeit persönlicher oder unpersönlicher transzendenter Mächte. Die ethischen Hochreligionen verbinden diese Überzeugung mit dem Glauben an eine sittliche Ordnung der Welt; dieser Glaube findet in der Vorstellung von einer sittlichen Verantwortung für das Handeln, von einer gerechten Vergeltung allen Tuns und von der Möglichkeit eines Fortschrittes zur höchsten Vollkommenheit seinen Ausdruck"[5].

2 Die Soziobiologie erforscht die Wechselwirkung von genetischer Vererbung und kultureller Entwicklung menschlichen Verhaltens.

3 John Bowker: Religion, in: Das Oxford-Lexikon der Weltreligionen, hrsg. von John Bowker, übersetzt und bearbeitet von Karl-Heinz Golzio, Wissenschaftliche Buchgesellschaft: Darmstadt, Patmos Verlag: Düsseldorf 1999, S. XVIII.

4 John Bowker: Religion, a. a. O., S. XIX.

5 Helmuth von Glasenapp: Die fünf Weltreligionen, Diederichs Verlag: München 1996, S. 9.

Keine Bestimmung des Wesens und Ursprungs von Religion kann indes beanspruchen, eine vollständige Erklärung zu sein. Möglichkeiten der Annäherung sind allenfalls Beschreibungen und Deutungsversuche von Phänomenen, in denen sich Religion darstellt. Ihre Erforschung macht sich – außerhalb jeder Bindung an eine Einzelreligion – die **vergleichende Religionswissenschaft** zur Aufgabe. Sie erhielt im 20. Jahrhundert wichtige Impulse von der Völkerkunde, der Psychologie durch Sigmund Freud und Carl Gustav Jung (1875–1961) wie auch von der Soziologie vor allem durch Max Weber (1864–1920) und Émile Durkheim, die als Gründungsväter der **Religionssoziologie** gelten. Ebenso leisten Philologie, Archäologie, Ethnologie und Gender-Forschung* wichtige Dienste zur Erforschung des Quellenmaterials.

Der Theologe Hans Küng (geb. 1928)[6] fasst die **Grundfunktionen der Religion** so zusammen:

Religionen sprechen mit absoluter Autorität und sie bringen diese nicht nur mit Worten und Begriffen, Lehren und Dogmen, sondern auch mit Symbolen und Gebeten, Riten und Festen – also rational und emotional – zum Ausdruck. Denn Religionen besitzen Mittel, um nicht nur für eine intellektuelle Elite, sondern auch für breite Bevölkerungsschichten die ganze Existenz des Menschen zu formen – und dies geschichtlich erprobt, kulturell angepasst und individuell konkretisiert. Nein, Religion kann nicht alles, doch vermag sie ein gewisses „Mehr" im Menschenleben zu eröffnen und zu schenken:

- Religion vermag eine spezifische Tiefendimension, einen umfassenden Deutungshorizont angesichts von Leid, Ungerechtigkeit, Schuld und Sinnlosigkeit und einen letzten Lebenssinn auch angesichts des Todes zu vermitteln: das **Woher und Wohin unseres Daseins**.
- Religion vermag oberste Werte, unbedingte Normen, tiefste Motivationen und höchste Ideale zu garantieren: das **Warum und Wozu unserer Verantwortung**.
- Religion vermag durch gemeinsame Symbole, Rituale, Erfahrungen, Ziele ein Zuhause des Vertrauens, des Glaubens, der Gewissheit, Ich-Stärke, Geborgenheit und Hoffnung zu schaffen: **eine geistige Gemeinschaft und Heimat**.
- Religion vermag Protest und Widerstand gegen Unrechtsverhältnisse zu begründen: die schon jetzt wirksame, unstillbare **Sehnsucht nach dem „ganz Anderen"**.

Hans Küng: Projekt Weltethos, S. 78.

6 Hans Küng war bis zu seiner Emeritierung 1996 fakultätsunabhängiger Professor für Ökumenische Theologie und Direktor des Instituts für Ökumenische Forschung an der Universität Tübingen; er legte 1990 das „Projekt Weltethos" vor.

1.2 Unterschiede zwischen „Religion" und „Weltanschauung"

Die Möglichkeit, von einer atheistischen* oder pantheistischen*, einer biologistischen oder materialistischen Weltanschauung zu sprechen, weist bereits darauf hin, dass **Weltanschauung und Religion nicht identisch** sind, auch wenn sie Gemeinsames haben: nämlich eine Gesamtauffassung von Welt, eine „Weltsicht", aus deren Perspektive heraus ein Mensch bzw. eine Menschengruppe oder -gemeinschaft die Welt „anschaut". Das bedeutet nicht nur einfach: Welt-Betrachtung, sondern auch **Welt-Bewertung** im Sinne von Wertfindung für das Verhalten und Handeln des Menschen in der Welt und auf sie als Ganzes bezogen. Dabei werden Werte und Perspektiven auch vor dem Horizont der letzten (metaphysischen*) Fragen nach dem Sinn und Ziel der Welt gesucht. Die Weltanschauung eines Menschen kann von seinem gesellschaftlichen und geschichtlichen Umfeld, seinem eigenen Charakter und seiner Erziehung u.a. geprägt sein. Sie ist nicht höheren oder transzendenten* Wesen, Gott oder Göttern verpflichtet, schließt sie aber nicht notwendig aus.

So ist z.B. eine christliche Weltanschauung nicht dasselbe wie christliche Religion. Dass Religion mehr ist als Weltanschauung, geht aus Hans Küngs obiger Beschreibung der Grundfunktionen der Religion hervor. Sie nämlich erfordert eine verbindliche **Beziehung zu einem Transzendenten**, Gott oder Göttlichen, die sich in bestimmten Formen äußert.

Die **Grenzen** zwischen Weltanschauung und Religion lassen sich allerdings nicht immer eindeutig ziehen. Die Unterscheidung überhaupt und ihre Bestimmungen hängen vom Verständnis kultureller Traditionen ab.

So gibt es im **Chinesischen** keine genaue Entsprechung zum Wort „Religion", am nächsten ist ihm „Glaube", „Verehrung" (in Bezug auf die Ahnen), aber auch „Weg" *(tao)*, „Erleuchtung" *(men)*, „Unsterblichkeit" oder „Tür" werden benutzt. Nach chinesischen Begriffen ist der **Konfuzianismus** eine Religion (*chiao*, wörtlich „Lehre"), aber ebenso eine Philosophie (*chia*, wörtlich „eine Schule der Übermittlung"). Er unterscheidet sich von den westlichen Religionen dadurch, dass er nicht den Glauben an einen Gott in den Vordergrund stellt. Selbst wenn Konfuzius (551–479 v. Chr.) an eine höchste Gottheit geglaubt hat und einem Transzendenten gegenüber offen war, so rückte er doch die Beschäftigung mit dem Menschen und dessen Charakterformung zu „Maß und Mitte" ins Zentrum seiner Lehre. Konfuzianismus und Taoismus nehmen zwar Bezug auf religiöse Bräuche ihrer Kultur und schließen sie vor allem im Zusammenhang der Ahnenverehrung nicht aus, gleichwohl werden sie aus der Sicht westlichen Religionsverständnisses eher als Weltanschauungen bestimmt. In der Religionswissenschaft wird für das uralte metaphysische System, das dem chinesischen Denken zugrunde liegt, die Bezeichnung „**Universismus**" verwendet, unter der sich die Grundgedanken der chinesischen Weltanschauung zusammenfassen lassen.

Zusammenfassung: Der Begriff der Religion

In die zahllosen Wesensbestimmungen von Religion fließen die (persönlichen oder wissenschaftlichen) **Perspektiven** der Standpunkte und die **Erkenntnisinteressen** ihrer jeweiligen Betrachter mit ein.

Religion wird – im Unterschied zur Weltanschauung – an bestimmten **Phänomenen** sichtbar: am Bezug des Menschen zu einer Gottheit, zu Gott, Göttinnen, Göttern oder zu einem Göttlichen, allgemein gefasst zu einem Übernatürlichen bzw. einem **Transzendenten**.

1.3 „Neue Religionen"

Dass Religionen **dynamische** Gebilde sind und ihre Geschichte nicht beendet ist, zeigt das Phänomen **neuer** Religionen. Als solche werden diejenigen Religionen bezeichnet, die in den letzten zwei Jahrhunderten entstanden sind.

Weltweit umfassen sie heute Tausende Gruppierungen in vielfältigen Erscheinungsweisen. Als „neue Religionen" bezeichnen Religionswissenschaftler jene religiösen Neugründungen, die eine verbindliche Lehre und eine autonome Organisation aufweisen. Allerdings sind sie nicht immer eindeutig zu bestimmen und von älteren Religionen abzugrenzen, erst recht, wenn sie – auch gegen ihr eigenes Selbstverständnis – mit deren Inhalten und Formen noch verbunden sind. So werden im weiteren Sinne zu „neuen Religionen" auch „Reformbewegungen" gerechnet, die sich in kritischer Auseinandersetzung mit dem traditionellen Glaubensgut ihrer Herkunftsreligion herausgebildet haben.

Der Religionswissenschaftler Johann Figl charakterisiert die neuen religiösen Bewegungen in Japan, China, Indien sowie die neuen Religionen christlicher und islamischer Prägung zusammenfassend so:

Neue Religionen unterscheiden sich von den traditionellen nicht zuletzt dadurch, dass in ihnen neue Erfahrungen der transzendenten Wirklichkeit gemacht werden, sei es in Form von Ekstaseerlebnissen oder Offenbarungen, die zugleich als Legitimation und Abgrenzung der Neuen im Verhältnis

zu den ‚alten' Religionen dienen. [...] Am offenkundigsten tritt die Bedeutung tranceähnlicher Zustände – verbunden mit Visionen – für die Begründung einer Religion in einer Reihe neuer japanischer Religionen zutage [...]. Als erstes Merkmal neuer religiöser Bewegungen wird manchmal das Faktum genannt, dass der Gründer eine ekstatische Erfahrung gehabt hat [...].
Ob die Neureligionen einen völlig neuen Typ darstellen, kann z. Zt. noch nicht eindeutig gesagt werden; neben den Tendenzen, die zu einer starken Relativierung des von den traditionellen Religionen geprägten Typs führen (z. B. die Kritik an religiösen ‚Ämtern'; Laienspiritualität), gibt es auch solche, die strukturell dem Typ klassischer Religionen ähnlich sind (z. B. Entwicklung von Hierarchien; dogmatische Systeme; Kanonbildung; Herausbildung von religiösen ‚Spezialisten') [...] Was die *Zukunft* religiöser Neubildungen betrifft, so ist zwar kein Grund anzunehmen, dass ihre Dynamik nachlässt [...] Die Bedeutung kultureller und gesellschaftlicher Umbrüche ist bei ihrem Entstehen als Mitursache zwar nicht zu übersehen; dennoch reichen soziologische und kulturhistorische Deutungen allein nicht aus, die weltweite religiöse Gründungsvirulenz seit dem 19. Jahrhundert erschöpfend zu deuten.
Offen ist auch, ob die im ‚Westen' entstandenen Neureligionen in der Moderne eher eine Weiterführung oder Infragestellung, eine Fortsetzung oder Überwindung der Säkularisierung sind.

Johann Figl: Handbuch Religionswissenschaft, Tyrolia-Verlag: Innsbruck-Wien, Vandenhoeck & Ruprecht: Göttingen, 2003, S. 480 f.

Beispielsweise entstanden unter indisch-hinduistischem Einfluss seit den 60er-Jahren des 20. Jahrhunderts verschiedene Gruppierungen, die bis heute vor allem unter Jugendlichen großen Anklang finden, denen es um Spiritualität und Gemeinschaft geht. Nennen lassen sich unter anderem die *Brahma Kumaris* (‚Töchter Brahmas'), die *Divine-Light-Mission* sowie die *Internationale Gesellschaft für Krishna-Bewusstsein* (ISKCON, International Society for Krishna Consciousness), ursprünglich *Hare-Krishna-Bewegung*.

Beispiele für die Vielzahl neuer religiöser Bewegungen im Westen sind unter anderem solche, die sich auf zentrale christliche Inhalte berufen, wie z. B. die *Adventisten*, die an eine bald bevorstehende Wiederkehr Jesu glauben, oder die *Zeugen Jehovas*, deren Glaubensgrundlage ausschließlich die Bibel und ihre Exegese bilden.

2 Äußerungsformen religiösen Lebens

2.1 Heilige Schriften und Handlungen (Kultus, Ritus, Kleidung)

Seine innere **Ehrfurchtshaltung** gegenüber einem Gott oder Göttlichen sucht der Mensch nicht nur individuell verborgen, sondern auch nach außen, zumeist in Verbindung mit anderen, sichtbar zu machen: in Bild-, Körper-, Verbal- und Ton-Sprache, vor allem im **Kult**[7]**:** Dieser zeigt sich meist in **Handlungen** (Riten), die eine religiöse Gemeinschaft bzw. die (Kult-)**Gemeinde** – auch durch ihre Stellvertreter (z. B. Priester) – an einem aus dem Alltag herausgehobenen heiligen Ort und in einer heiligen Zeit vollzieht, um ihre Verbindung mit dem Göttlichen herzustellen und seinen Segen zu erwirken.

Gott, Götter, das Heilige werden mit **Namen** bezeichnet, die zugleich ihr Wesen offenbaren. An sie richten sich Worte der Anerkennung ihrer Macht, des Lobes oder der Bitte in unterschiedlichem sprachlichen Ausdruck: Beschwörungsformel, Gebet, **Kult-Lyrik** (z. B. Lied, Psalm*, Hymnus), **Kult-Legende** (z. B. im Alten Testament die Geschichte von der Rettung Israels vor den Ägyptern, im Neuen Testament der Bericht vom letzten Abendmahl Jesu).

Der Gottesdienst wird in der jüdischen und christlichen Tradition als **Liturgie*** bezeichnet. Nach christlicher Tradition steht vor allem die Abendmahlsfeier (Eucharistie) in ihrem Zentrum, aber auch die Taufe* oder andere Sakramente*, wobei Texte von SängerInnen und SprecherInnen vorgetragen werden.

Die religiösen Texte wurden über Jahrhunderte in einem „Kanon" gesammelt, d. h. in Büchern, die als Autorität anerkannt und als **Heilige Schriften** betrachtet werden. Geschriebene Worte, die auf „göttliche Offenbarungen", „Religionsstifter", „Propheten" zurückgeführt und tradiert werden, genießen bei Gläubigen verschiedener Religionen hohe Achtung und Verehrung, nicht nur als Zentrum des Kultus, sondern im religiösen Leben überhaupt. Sie gelten als Quelle und Vermittler von Weisheit, Erkenntnis, Orientierung im ethischen Verhalten und auch als Grundlage von Recht und Gesetz.

Zwar werden sie im Allgemeinen von der jeweiligen Glaubensgemeinschaft als bindend sowie als Kontinuität und Identität stiftend angenommen, doch sind ihre Aussagen nicht immer eindeutig und verstehbar. So verbindet sich mit ihnen eine lange Auslegungstradition durch Exegeten (von griech. *exegesis*: Auslegung, Erläuterung) und deren verschiedene Schulen.

Besondere kultische Verehrung erweisen **Juden** der **Tora*-Rolle:** Das auf zwei Stäben aufgerollte, von Hand beschriebene Pergament ist geschmückt mit Glöckchen, Schild, Mantel, Stab und Krone als Zeichen für den königlichen

7 Kult(us), lat. vom Verb *colere* (Partizip Perfekt *cultum*): bebauen, pflegen, hochhalten, anbeten, verehren.

Rang dieses „Buches der Lehre". Der Schrein, in dem Tora-Rollen aufbewahrt werden, gilt als der heiligste Ort der Synagoge.

Die **Mischna** umfasst die rabbinische Auslegung des alttestamentlichen Gesetzes, die zunächst mündlich („mündliche Tora"), dann schriftlich tradiert wurde. Sie ist der älteste Teil des **Talmud** („Belehrung, Studium"), in dem gesetzliche Vorschriften für Kultus, Ritus, Lebenswandel (Halacha) sowie erbauliche Erzählungen (Haggada) gesammelt sind.

Nach dem Glauben der **Muslime** ist ihre heilige Schrift der **Koran***, das Wort Allahs, das Mohamed offenbart, von ihm verkündet und später aufgeschrieben wurde (vgl. auch Offenbarungs- und Gottesvorstellungen, 3).
Die **Scharia**, die sich auf die göttlichen Gebote im Koran beruft, regelt alle Bereiche des kultischen, religiösen, gesellschaftlichen und persönlichen Lebens und legt sie im Straf- und Persönlichkeitsrecht fest, das allerdings in verschiedenen islamischen Gebieten unterschiedlich angewandt wird.

Die „Heilige Schrift" ist für Christen die **Bibel:** die Schriften des Alten und Neuen Testaments; für Buddhisten der **Pali-Kanon:** das Tipitaka („Dreikorb"), die frühesten Sammlungen buddhistischer Texte; für Hindus der **Veda** („Wissen"), eine vierteilige vielschichtige Sammlung von Texten (Lieder, Sprüche, Opfertexte, philosophische Traktate), die in einem weiten Zeitraum (wohl vom 18. bis zum 4. Jahrhundert v. Chr.) entstanden ist; für Zoroastrier[8] der **Avesta**, was möglicherweise bedeutet: „Die Aufforderung des Zarathustra".

„Doch auch bei noch lebenden schriftlosen Völkern existiert mitunter eine Sammlung heiliger Erzählungen und Aussagen angeblich göttlichen Ursprungs, die als feststehend und unantastbar gelten und in gewissem Sinn einen Kanon bilden. Es handelt sich dabei meist um mythische, den Ursprung der Dinge betreffende Erzählungen oder um Formeln für das Gebet und den Ritus."[9]

Heilige oder **kultische Handlungen** werden in einem bestimmten **Ritus** (lat. „Brauch") vollzogen. Dieser ist ein fest vorgeschriebener an Traditionen gebundener Brauch. Beispielsweise ist der Zugang aus dem profanen (weltlichen, nicht geheiligten) zum heiligen Ort bzw. zur heiligen Handlung meist mit Reinheits- bzw. Reinigungsvorschriften verbunden. Dazu gehören auch rituelle Waschungen, die vielen Religionen in unterschiedlichen Formen gemein sind. Im Christentum wird die Taufe symbolisch durch Waschung (Eintauchen in oder Übergießen mit Wasser) vollzogen, zugleich bedeutet sie die Aufnahme in die Gemeinschaft der Gläubigen.

8 vgl. Kap. 4.1.
9 Ugo Bianchi, italienischer Religionshistoriker, zitiert nach Udo Tworuschka, in: Johann Figl: Handbuch Religionswissenschaften, Tyrolia-Verlag: Innsbruck-Wien, Vandenhoeck & Ruprecht: Göttingen 2003, S. 589.

Mitte der kultischen Vorstellung bzw. Handlung kann das **Kultbild** sein, dessen Ursprung sich bis in prähistorische Zeit zurückverfolgen lässt. Es wurde in verschiedenen Gestalten – z. B. von Pflanzen, Tieren, Steinen, Säulen oder Pfählen – oft mit den Gottheiten selbst identifiziert und als solches angebetet. Für das biblische Israel ist es – im Unterschied zu den Kulturen seiner Umwelt – ein Zeichen des Abfalls von Gott, das sich im **Bilderverbot** des Dekalogs* ausdrückt: „Du sollst kein Bildnis machen, kein Abbild von dem, was im Himmel droben oder unten auf der Erde ist." (Ex 20,4). Damit sollte wohl nicht nur die Nichtdarstellbarkeit Gottes betont, sondern auch dem Glauben an eine Verfügbarkeit Gottes entgegengewirkt werden. Außer im Judentum gilt das Bilderverbot auch im Islam. Der christliche Glaube lässt Darstellungen der Geschichte und der Person Jesu, des Gottes- und Menschensohnes, und auch der Heiligen zu. Sie sind aber nicht Kultobjekte der Anbetung.

Das **Kultsymbol** ist demgegenüber ein zentraler Bezug aller Religionen, in denen Kulthandlungen vollzogen werden: Kultsymbole sind Gegenstände, oft in Verbindung mit rituell festgelegten Worten oder Tätigkeiten, z. B. Licht bzw. Feuer zur Darstellung der Erscheinung des Göttlichen oder Gottes, Wasser zur Reinigung, Öl zur Salbung, Brot und Wein zum heiligen Mahl. So ist die Bundeslade* der wichtigste Kultgegenstand des vorexilischen Israel. Sie verweist auf die Nähe Jahwes*, an sie ist die Erwartung seines Beistandes auf den nomadischen Wanderungen geknüpft.

Religiöse Symbole haben nicht nur kultische Funktion. Sie deuten als sichtbar-körperliche Zeichen auf eine Seinsebene des nicht unmittelbar Sichtbaren und können vielschichtige und vieldeutige Vorstellungen und Sinnzusammenhänge bildlich gesammelt ausdrücken, die durch rationales Sprechen nicht umfassend anschaubar werden. So symbolisiert z. B. der Baum in Mythos* und Religion die kosmische Verbindung zwischen Himmel und Erde. Auch das Leben in seinem Werden und Vergehen, in Sterblichkeit und Unsterblichkeit wird durch ein Symbol ausgedrückt, durch den Lebensbaum (vgl. das Titelbild des Buches). In der Genesisgeschichte vom Paradies und Sündenfall ist er als solcher auch „Baum der Erkenntnis von Gut und Böse", auf den im Neuen Testament das Kreuz Christi als Todes- und Heilssymbol und die Erneuerung der Schöpfung im Bild des himmlischen Jerusalem Bezug nimmt (vgl. 1 Kor 1,18; Offb 2,7).[10] Ab dem 3. Jahrhundert erhält das Kreuz auch seine Bedeutung im Gottesdienst.

Reliquien, die leiblichen Überreste eines heiligmäßigen Menschen oder Gegenstände, die mit seiner Nähe verbunden waren, sind Objekte vielerlei

10 Vgl. S. 58, 97 und 115.

Verehrungen. Sie beziehen sich für Christen vor allem auf Heilige* und Märtyrer, für Buddhisten auf den Baum der Erleuchtung Buddhas (der Bo- oder Bodhi-Baum) bzw. auf die aus seinen Ablegern und Samen gewonnenen Bäume.

Im Zusammenhang mit **Bitt-, Dank- und Sühne- sowie Versöhnungsriten** verweist das **Opfer** symbolisch auf den Ausgleich oder die Wiederherstellung der Weltordnung zwischen Gott und Mensch und auf den Segenswunsch der Fruchtbarkeit. Als Anerkennung der Macht Gottes werden z. B. „Erstlinge" von Tieren oder Pflanzen geopfert. Stellvertretend für Menschenopfer können auch Tieropfer dargebracht werden. Im Alten Testament huldigt Noah nach der Sintflut Gott durch ein Brandopfer von Tieren auf dem Altar (Gen 8,20) als Einleitung der Versöhnung mit seinem göttlichen Herrn. Bei der männlichen Erstgeburt wurde im alten Israel ein Tier geopfert. Gemäß der Botschaft des Neuen Testaments (Kol 1,15.17) hat Jesus als „Erstgeborener der Schöpfung" stellvertretend für alle Menschen den Opfertod auf sich genommen und als „Erstling der Entschlafenen" alle vom Tode erlöst (1 Kor 15,20.22). Er wird im Opfer-Lamm versinnbildlicht, welches das wahre Pascha*-Lamm („Lamm Gottes") ist, und als solches in der Offenbarung des Johannes als Erlöser und Weltherrscher verehrt (vgl. Offb 5–7).

Zu den kultischen Handlungen gehören nicht zuletzt auch **Kultgeräte** (z. B. Altar, Leuchter, Geschirr, Gefäß), bestimmte **Kultpersonen** (z. B. Priester, Propheten, Sänger, Opferdiener), oft auch eine besondere **Kleidung**.

Abgesehen von bestimmten kultischen Zwecken kann eine charakteristische Kleidung aber auch Ausdruck einer religiösen Lebensweise, Glaubens- oder Ordenszugehörigkeit sein. Unter anderem wird der **Kopfbedeckung** eine besondere Bedeutung beigemessen:

Im Judentum war sie dem Talmud zufolge für Männer zwar nicht verpflichtend, aber eine Kappe (kippah) zu tragen, gilt nicht nur als Zeichen der Demut vor Gott, sondern auch der jüdischen Identität. Wenn sich inzwischen auch Nicht-Juden in Begleitung von Juden in Synagogen und bei offiziellen Veranstaltungen diesem Brauch unterziehen, bekunden sie damit Respekt und Höflichkeit. Die Kopfbedeckung verheirateter Frauen im Judentum galt als Zeichen der Sittsamkeit den Männern gegenüber. In biblischen Zeiten konnte sich ein Mann von seiner Frau scheiden lassen, wenn sie ihr Haar in der Öffentlichkeit nicht bedeckte.

Demgegenüber beschränkt sich im Christentum die **Anweisung des Apostels Paulus**, dass Frauen ihre Köpfe bedecken sollen (1 Korinther 11,5), auf den Gottesdienst; sie wird heute kaum befolgt.

Der Islam fordert Zurückhaltung und Bescheidenheit in der Kleidung für Männer und für Frauen. In den Bräuchen muslimischer Frauen, einen Schleier bzw. ein **Kopftuch** zu tragen, spiegelt sich eine lange und vielfältige Geschichte nicht nur religiöser, sondern auch sozialer, kultureller und lebenspraktischer Traditionen, die ursprünglich vielleicht auch mit dem (Selbst-)Schutz der Frauen in Verbindung standen und für viele heute noch stehen. Der Koranvers 33,59, aus dem Verschleierungsgebote abgeleitet werden, lässt sich nicht eindeutig interpretieren. Je nach muslimischem Land sind nicht nur Formen der Verhüllung (Gesichts-, Körperschleier, Kopfschleier bzw. -tuch) verschieden, sondern auch die staatlichen Gesetze, die das Tragen des Schleiers bzw. des Kopftuchs verbieten (Türkei) oder erzwingen (beispielsweise Iran). Persönliche, familiäre, gesellschaftliche, politische, juristische Auseinandersetzungen und Entscheidungen über Ge- und Verbote der Verschleierung zeigen seit Beginn des 20. Jahrhunderts bis hin zu heutigen „Kopftuchdebatten" unterschiedliche Auffassungen über Fortschritt und Rückstand, privaten und öffentlichen Raum, Freiheit und Zwang und über die Deutung des Kopftuchs als politisches oder religiöses Symbol. Emanzipierte muslimische Frauen lehnen das Kopftuch und die damit verbundene traditionelle Rolle der Frau ab, andere tragen bzw. verteidigen es als Zeichen ihrer Selbstbestimmung und der Vereinbarkeit von Tradition und Moderne. In Deutschland zeigen Analysen, „dass zwar ein deutlich positiver Zusammenhang zwischen Gläubigkeit und dem Tragen des Kopftuches besteht. Gleichzeitig wird jedoch deutlich, dass starke Religiosität und das Tragen eines Kopftuches kein Automatismus sind. Immerhin jede zweite stark religiöse Muslimin trägt kein Kopftuch"[11].

2.2 Heilige Orte

Die religiösen rituellen bzw. liturgischen* Handlungen sind meist an Orte gebunden, die aus dem profanen* Bereich ausgesondert oder davon abgegrenzt und damit zu „heiligen" Orten gemacht werden. Beliebte **Kultstätten** sind von alters her naturgegebene Bereiche, z. B. Wälder, Haine, Berge oder Grotten, aber auch von Menschen geschaffene, vor allem gebaute Räume. So spricht man z. B. vom „Gotteshaus".

Der **Tempel** (von lat. *templum*) galt im alten Orient als „Wohnsitz der Götter", ein vom Alltag ausgegrenzter heiliger Bezirk.

Für die Ägypter war die **Pyramide** Grabstätte der Könige und verkörperte als Verbindung zwischen Himmel und Erde den Kosmos und Ort des Sonnengottes, mit dem der tote König sich vereinigen sollte. Auch in der Maya-

11 Sonja Haug/Stephanie Müssig/Anja Stichs: Muslimisches Leben in Deutschland im Auftrag der Deutschen Islam Konferenz, Bundesamt für Migration und Flüchtlinge: 2009, S. 14 f.

Religion hat die 365-stufige Pyramide des Gottes Kukulcán („Feuerschlange") offenbar eine kosmische Bedeutung.

Ein kompakter **Stufenturm** (Zikkurat*), auf dessen oberster Plattform ein kleiner Tempel zum Vollzug der „Heiligen Hochzeit" erbaut war, galt als „Götterberg" bei den Sumerern und Babyloniern. In der Geschichte vom „Turmbau zu Babel" des Alten Testaments (Gen 11,1–9) ist er Zeichen menschlichen Hochmuts, der von Gott mit seiner Zerstörung und mit Sprachverwirrung bestraft wird.

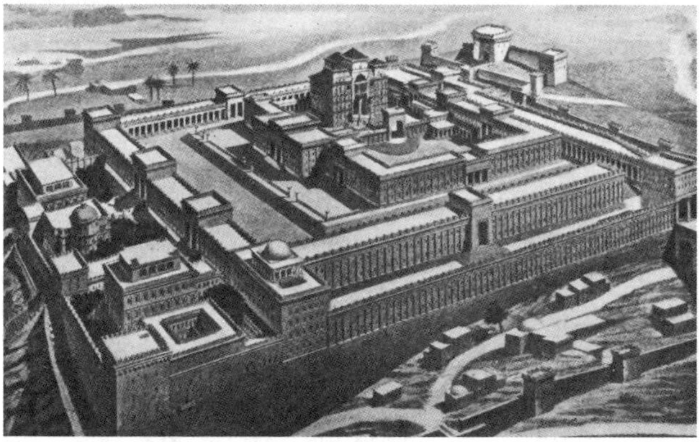

Konstruktion des historischen Tempels von Jerusalem

Im vorexilischen Jerusalem hat der Tempel wahrscheinlich das Allerheiligste, die Bundeslade, beherbergt. Nach seiner Zerstörung (70 n. Chr.) wurde das Versammlungshaus der jüdischen Gemeinde die **Synagoge**, deren älteste Zeugnisse schon im 3. Jahrhundert v. Chr. aus der Zeit der Juden in ägyptischer Diaspora zu finden sind.

Hurva-Synagoge in Jerusalem

Die Tempel-Kultur des Hinduismus zeichnet sich durch eine Vielfalt künstlerischer Gestaltungen – Handschriften, Skulpturen, Musik, Tanz, Kleidung, Schmuck – aus, die bis in den Alltag reichen. Ihr liegt die Vorstellung zugrunde, dass in diesen Erscheinungen die alles durchwaltende und schaffende göttliche Kraft (Brahman*) gegenwärtig ist. Die Verkörperungen von Brahman in vielerlei Gottheiten haben mannigfaltige Formen ihrer Verehrung und Anbetung an ausgewählten Orten hervorgebracht.

In der buddhistischen Welt ist der **Stupa**, ein Reliquiendenkmal, verbreitet. Wie Kreuz und Kirche für das Christentum so ist er Gegenstand der Verehrung für die Buddhaschaft. Er war im alten Indien ursprünglich ein halbkugelförmiger Grabhügel und wurde zum Symbol der Inkarnation und Erleuchtung Buddhas, die durch den Bodhi-Baum dargestellt wird. Dieser bedeutet zugleich die Weltachse, welche auf den Kosmos bzw. den universalen Geist (Brahman) verweist.

Stupa, Indien

Die **Moschee** ist der Versammlungsraum zum rituellen Gebet der muslimischen Gemeinde. Wenngleich zum Gebet kein besonderer Ort erforderlich ist, sollte der Versammlungsraum doch nach Möglichkeit und wo immer besucht werden, besonders zum Mittagsgebet am Freitag: „In den Häusern, in denen Allah erlaubt hat, dass er erhöht und sein Name verkündet werde." (Sure 24,36). Im Unterschied zu Jesus baute Mohammed ein Gebetshaus, die erste Moschee, in Medina, wo er später begraben wurde, weshalb Medina zu einer Stätte muslimischer Pilger wurde. Im Allgemeinen gehört zu einer Moschee ein Minarett, von dem aus regelmäßig zum Gebet aufgerufen wird. Dieses muss nach Mekka orientiert sein, dem Geburtsort Mohammeds und dem religiösen Bezugs- und Wallfahrtsort eines jeden Muslims. Weil nicht alle Muslime die wichtigsten religiösen Zentren (Mekka, Medina, Jerusalem) besuchen können, gibt es für sie auch zahlreiche andere Orte mit regionalen und lokalen Heiligtümern.

Aqsa-Moschee in Jerusalem

Das Wort **Kirche** (von griech. *kyriakon*: zum Herrn gehöriges Haus) hat dreierlei Bedeutung: im Sinne der biblischen Bezeichnung von *ekklesia* (griech. „Volksversammlung") bezieht es sich auf die **Versammlung der Christengemeinschaft**, deren religiöser Mittelpunkt Jesus Christus ist, der selbst aber nicht als Gründer der Kirche oder gar als Erbauer eines Gotteshauses bezeichnet werden kann.[12] „Kirche" meint auch das Versammlungs**haus** der christlichen Gemeinde. Außerdem bedeutet es die **Institution** bzw. Körperschaft der organisierten Christen, die nach unterschiedlichem Glaubensverständnis verschiedenen Konfessionen angehören.

12 Vgl. S. 38–42.

Pilger- bzw. Wallfahrten unternehmen Gläubige vieler Religionen zu Orten, die sie mit Gott bzw. Gottheiten, mit „Heiligen" und auch mit „Heilung" verbinden.

Das „**Heilige Land**" mit der „**heiligen Stadt**" **Jerusalem**, Ursprungsgebiet der drei abrahamitischen Religionen, ist für Juden, Christen und Muslime ein Pilgerziel von besonderer Bedeutung. Schon in biblischen Zeiten pilgerten **Juden** nach Jerusalem, um in den Höfen des Tempels Salomos zu verweilen, die Tora* zu studieren, zu opfern und Feste (unter anderem das Paschafest*) zu feiern. Heute ist das Zentrum der Pilgerfahrt vor allem die „Klagemauer", die noch bestehende Mauer des Tempels. Für **Christen** ist Jerusalem die Stätte des Leidens, Sterbens und der Auferstehung Jesu. Reisen **christlicher** Pilger dorthin sind schon aus dem 4. Jahrhundert belegt. Für **Muslime** ist Jerusalem der Ort, an dem Mohammed seine Himmelsreise begann.

Zahlreiche Pilger im „Heiligen Land" besuchen auch den Geburtsort Davids und Jesu, **Bethlehem** (arabisch Beit Lahm), wo Jesus von den Christen als Sohn Gottes, von Muslimen als der Prophet Isa verehrt wird.

Ein wichtiges Ziel für Christen ist die Stadt **Rom** aufgrund ihrer Verbindung zu den Aposteln Paulus und Petrus, dessen Nachfolger für römisch-katholische Christen der Papst ist, weshalb sie sich zu feierlichen Anlässen auf dem Petersplatz zu seinem Segen „urbi et orbi" (lat. „der Stadt und dem Erdkreis") versammeln. Auch die angebliche Grabstätte des heiligen Jakobus in **Santiago de Compostela** (Nordwestspanien) ist ein beliebtes Ziel von Pilgern. Unter den vielen Orten der Marienverehrung und -wallfahrten sind die am zahlreichsten aufgesuchten **Lourdes** (Südfrankreich) und **Fátima** (Portugal).

Die Pilgerfahrt nach **Mekka**, der Geburtsstadt Mohammeds und dem Ort des Beginns seiner missionarischen Tätigkeit, ist eine der fünf Grundpflichten („Säulen") des Islam, die zu erfüllen der Koran von freien erwachsenen Muslimen verlangt, sofern sie dazu gesundheitlich und finanziell in der Lage sind. Das Ziel von jährlich zahllosen Pilgern aus aller Welt ist die als „Haus Allahs" verehrte **Ka'ba** (arab. „Würfel"), die sich in der Mitte der großen Moschee befindet und in deren östliche Ecke der sogenannte „Schwarze Stein" eingemauert ist. Zur Ka'ba wenden sich traditionsbewusste Muslime bei ihren täglichen Gebeten und richten auf sie hin architektonisch ihre Moscheen aus.

Häufige Pilgerziele in Japan und China sind Berge. Für **Buddhisten** sind solche Stätten von besonderer Bedeutung, die mit Buddha in Verbindung gebracht werden: mit seiner Geburt, seiner Erleuchtung, seinem Aufenthalt, seinem Fußabdruck auf dem **Berg Sri Pada auf Sri Lanka**, der von Muslimen als der Adams, von Hindus als der Shivas und von Christen als der des Apostels Thomas verehrt wird.

Besonders wichtig ist die Pilgerfahrt für **Hinduisten**. Sie kann – auf dem **Weg der Meditation** – sowohl ins Innere des Menschen gerichtet sein als auch nach außen in sein räumliches Umfeld. Weil die göttliche Macht überall gegenwärtig ist, wird **ganz Indien** als Ort des Pilgerns erfahren. Gleichwohl gilt unter den sieben bevorzugten Stätten **Kasi an der Ganga** als die wichtigste: Findet der Pilger hier seinen Tod, so hat Shiva selbst ihn von der Last des Karma* und aus dem Kreislauf der Wiedergeburten befreit. Der Pilger wird mit einer Blume verglichen, die über den Schmutz hinauswächst: „All seine Sünden fallen ab, vernichtet durch das Werk seines Reisens."[13]

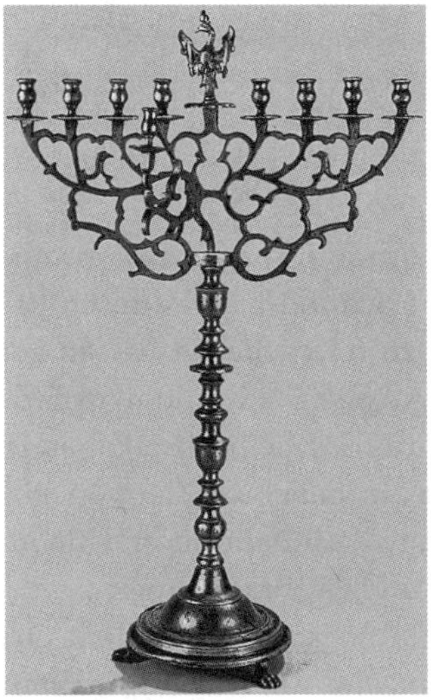

Die achtarmige Chanukkah-Lampe gehört als Ritualgegenstand zu jedem jüdischen Haushalt. Sie ist nicht zu verwechseln mit der siebenarmigen Menora, die seit frühester biblischer Zeit das wichtigste Symbol jüdischer Identität ist, dessen Gestaltung sich nach 2 Mose 25, 31–40 richten soll.

2.3 Heilige Zeiten: Feste und Fasten

Die Umsetzung religiöser Werte und Ideale in die konkrete Lebensführung gilt für den Gläubigen als steter ethischer Anspruch, dessen Erfüllung zugleich Zeichen seiner persönlichen Identität im Sinne seiner Zugehörigkeit zu einer religiösen Gemeinschaft sein kann. Diese zeigt sich für Außenstehende auch im Umgang mit der **Zeit**, deren Bewertung und Gestaltung. Sie kann – wie ein Ort – als „heilig" gelten, d. h. aus dem alltäglich-weltlichen Geschehen herausgehoben werden: So ist die Kulthandlung zumeist nicht nur gebunden an einen Kultort, sondern auch an eine **Kultzeit**, die für sie freigehalten werden muss und durch keine andere Tätigkeit besetzt werden darf.

Andererseits kann gerade auch das alltäglich-weltliche Geschehen und der natürliche Ablauf der Zeit – zumal in seiner steten Wiederkehr – „geheiligt" werden: äußere Tagesabläufe und Tätigkeiten (Waschen, Essen u. a.), die von Gebeten begleitet werden im Gedenken Gottes, ihm zum Dank oder mit der Bitte um Segen; Jahreszeiten (Saat und Ernte) und -wechsel; Lebensabschnitte (Geburt, Hochzeit, Initiation, Tod) sind meist Anlässe zu **Festen**, die dem Gemeinschaftsleben und dem Erinnern an ein Ereignis dienen.

13 Das Oxford-Lexikon der Weltreligionen, S. 779.

Das **althebräische Jahr** begann im Herbst. Der Sabbat, der 7. Wochentag, wird in Erinnerung an den Schöpfungsbericht Gen 2,1–3 als Ruhetag begangen, an dem gemäß dem Dekalog* (Ex 20,8–11) nicht gearbeitet werden darf. Wichtige **Fest- und Gedenktage des Judentums** sind der Sühnetag (Yom Kippur), das Paschafest*, das Neujahrsfest (Rosh ha-Shanah), das Purim-Fest zum Gedächtnis an die Errettung der Juden durch Königin Esther (vgl. Est 3,7; 9,24.26), das Laubhüttenfest und das Lichterfest (Chanukkah: hebr. „Weihe"), an dem des Wunders vom heiligen Öl gedacht wird, das acht Tage lang brannte, obgleich es ursprünglich nur für einen Tag reichte. Entsprechend zu Weihnachten feiern Juden in christlich geprägten Ländern Chanukkah mit Geschenken für Kinder. Seit 1951 ist außerdem der Holocaust*-Gedenktag eingeführt.

Im „**Kirchenjahr**" der katholischen sowie der meisten evangelischen Christen gibt es zwei Hauptfestkreise, den Weihnachts- und den Osterfestkreis. Es beginnt mit dem ersten Advent und endet am Sonntag vor dem ersten Advent, dem Christkönigssonntag (katholisch) bzw. dem Ewigkeitssonntag, besser bekannt als Totensonntag (evangelisch). Der Kirchenkalender ist vom Leben Jesu bestimmt, aber auch das natürliche Jahr geht in ihn ein: Geburt (Weihnachten 25. Dezember) bzw. Epiphanie (Erscheinung) in der griechisch-orthodoxen Christenheit (6. Januar), Tod (Karfreitag), Auferstehung (Ostern), Himmelfahrt, Pfingsten* (Geistaussendung). Der Sonntag – ursprünglich in der Tradition des Sabbats – ist Feier- und Ruhetag, er erinnert vor allem an die Auferstehung Jesu. In der katholischen Kirche bilden die Heiligen*-Feste, die vielen täglichen Gottesdiensten zugeordnet sind, einen wichtigen Bestandteil des Kirchenjahres.

Das **muslimische Jahr** kennt zwei Hochfeste, die drei bis vier Tage dauern: das Opferfest (id al-adha) und das Fest des Fastenbrechens (id al-fitr) als Ende des Fastenmonats Ramadan. Das Opferfest soll durch Schlachtung eines Lammes oder einer Ziege an Abrahams Bereitschaft erinnern, auf Gottes Geheiß seinen Sohn zu opfern, an dessen Stelle aber ein Lamm trat. Außerdem kennen auch die Muslime Feste zu Ehren vorbildhafter Menschen, vor allem das Fest des Geburtstags Mohammeds hat besondere Bedeutung.

Im **Hinduismus** gibt es mehr als tausend Feste. Das Hauptfest (Janmashtami) wird im August anlässlich der Geburt Krisnas* begangen. Der Höhepunkt der Feier ist um Mitternacht, wobei Süßigkeiten in seine Wiege gelegt und Geschichten von ihm erzählt werden. Außerdem feiert man am Vollmond des gleichen Monats die Erneuerung von Freundschaften.

Buddhistische Feste stehen in enger Beziehung zu den Bräuchen, die der Buddhismus von den Ländern übernahm, in denen er sich ausbreitete. Aus ihrer Vielzahl ist das Hauptfest zu nennen, das zu Buddhas Geburt, Erleuchtung und seiner Erlangung des vollständigen Nibbâna* (Parinibbâna) am Vollmondstag des Monats Vesakha gefeiert wird. Der Vollmond ist Bezug vieler Feste.

Zu den allen Religionen gemeinsamen **Mitteln religiöser Verwirklichung** gehört die **Praxis der Selbstbeherrschung**, ja Selbstverleugnung zugunsten eines idealen Zieles, vor allem im Dienst für andere. In dieser Funktion stehen vorübergehende oder lebenslange geschlechtliche Enthaltsamkeit (Keuschheit), Verzicht auf Besitz (Armut) und auf individuelle Freiheiten (Gehorsam), die in allen Religionen auch durch besondere Versprechen formalisiert werden können. In bestimmte auf zeitlich begrenzte oder lebenslänglich einzuhaltende Regeln (Gelübde) gefasst bilden sie die Grundlage für das Zusammenleben in Ordensgemeinschaften.

Das **Fasten** dient der Stärkung des Willens zur Überwindung unmittelbarer Genüsse und sinnlicher Reize, die dem spirituellen Leben entgegenstehen, ebenso wie der Vorbereitung auf ein religiöses Ereignis. Oft geht den hohen Festen eine Zeit des Fastens voraus, wozu vor allem die weitgehende Abstinenz von Nahrung gehört. Es ist nicht nur bestimmten Lebensformen und religiösen Gruppen vorbehalten. Jeder Gläubige kann sich individuell dazu entscheiden oder sich an Fastenzeiten halten, welche in den Religionsgemeinschaften kalendarisch festgelegt sind.

Für die **Muslime** gehört das Fasten neben dem täglichen Gebet zu den wichtigen Pflichten, die ihre Zugehörigkeit zu ihrer Religionsgemeinschaft ausdrücken. Als Fastenmonat ist vom Koran* der neunte Monat des islamischen Mondjahres, der Ramadan, bestimmt. Dieser wechselt jahreszeitlich, was eine zusätzliche Beschwernis darstellt: Die Verbote von Essen, Trinken, Rauchen und Geschlechtsverkehr gelten vom Morgengrauen bis zum Sonnenuntergang; die Fastenzeit eines Tages ist daher im Sommer beinahe doppelt so lang wie im Winter. Befreiung vom Fastengebot erhalten Kranke, Schwangere, Stillende, Menstruierende und Reisende. Für die gläubigen Muslime sind mit dem Ramadan bei Einhaltung ihrer Pflichten und Bewältigung der Belastungen Hoffnungen auf Gottes Barmherzigkeit, auf Vergebung und auf die Befreiung von Höllenstrafen verbunden. Der Fastenmonat hat vor allem in den ihm verpflichteten Ländern seine Auswirkungen auf das gesellschaftliche öffentliche Leben und das Arbeitsleben. Dazu gehören u. a. die verstärkte Beachtung religiöser Themen und Rezitationen des Korans in den Medien, verkürzte Öffnungszeiten der Behörden und das Vermeiden geschäftlicher Aktivitäten und Interaktionen bei Tage. Praktische Probleme liegen darin, die Fastenzeit mit den Anforderungen des öffentlichen Lebens und der modernen Industriegesellschaft zu vereinbaren. Für die Gemeinschaft hat der Ramadan eine besonders positive Bedeutung: Man bemüht sich um die Beilegung von Konflikten, es finden viele soziale Aktivitäten statt. Beim gemeinschaftlichen abendlichen Fastenbrechen ebenso wie bei öffentlichen Veranstaltungen, die der Zerstreuung dienen, können zwischenmenschliche Beziehungen vertieft werden.

Im **Buddhismus** wird das Fasten mit Zurückhaltung betrachtet: Hat doch Buddha selbst vor den Extremen der Völlerei und der Selbstkasteiung gewarnt. Er nahm gegenüber harten asketischen hinduistischen Praktiken, die er selbst erprobt hatte, eine kritische Haltung ein und wählte den „mittleren Weg" zwischen Entsagen und Wohlleben.[14]

Die Fastenzeit der **Christen** beginnt mit dem Aschermittwoch und dauert – unter Auslassung der Sonntage – 40 Tage bis zum Karsamstag vor dem Osterfest. Mit dem Fasten verbinden sich Gebet und Sühne. (Das Violett, in der katholischen Kirche die vorherrschende Farbe der Fastenliturgie, symbolisiert „Buße".) Damit wird auf die Geschichte der Offenbarung verwiesen: Die strafende Sintflut dauerte 40 Tage und 40 Nächte, die Israeliten mussten 40 Jahre in der Wüste wandern, bevor sie das Gelobte Land erreichten, 40 Tage fastete Mose, bis er auf dem Berge Sinai von Gott für sein Volk das Gesetz (Dekalog*) erhielt, auch Jesus fastete 40 Tage und Nächte vor seinem öffentlichen Auftreten. Während in den östlichen Kirchen die Enthaltsamkeit von Nahrung noch die Regel ist, wurde die Fastenpflicht in der römisch-katholischen Kirche auf den Aschermittwoch und den Karfreitag eingeschränkt. Immer mehr trat in der Praxis der Christen der Aspekt des Nahrungsverzichts hinter den der Buße und Besinnung zurück.

2.4 Heilige Menschen und Mystiker

Als **Heilige** werden die Menschen verehrt, die sich vor anderen durch ihren Glauben und Lebenswandel im Sinne ihrer Religion beispielhaft auszeichnen.

In Afrika verehrt man zahlreiche heilige Personen, insbesondere die sogenannten Schamanen, denen magische Kräfte zugesprochen werden: Sie „können den Regen herbeirufen, Krankheiten heilen, böse Dämonen vertreiben. [...] Sie kennen die Geheimnisse der Pflanzen und der Kräuter [...]."[15] Eine besondere Rolle spielt das Sich-in-Ekstase-Tanzen, durch das sie eine Verbin-

14 Vgl. S. 35–38 und 109–111.
15 Anton Grabner-Haider/Karl Prenner (Hrsg.): Religionen und Kulturen der Erde. Ein Handbuch, Wissenschaftliche Buchgesellschaft: Darmstadt 2004, S. 260.

dung zu den göttlichen Wesen und den Seelen der Ahnen herstellen und Nachrichten von ihnen überbringen.

Im **Buddhismus** gelten Heilige als „Vollkommene" oder auch „Erleuchtete".

Im **Judentum** gilt der „Zaddik" (hebr. „rechtschaffener Mann") als Vorbild. „Des Rechttuns Frucht ist ein Baum des Lebens", heißt es im Buch der Sprüche (Spr 11,30). Solange es 50 Zaddikim gebe, lehrten die Rabbis, werde die Welt nicht zerstört werden.

Der **Islam** steht aufgrund seines strengen Monotheismus* der Heiligenverehrung distanziert gegenüber, denn sie könne die Gefahr eines Polytheismus* in sich bergen. Dennoch sind Menschen tiefer Frömmigkeit und Weisheit, „Freunde Gottes", denen manchmal auch Wunderkräfte zugesprochen werden, als Vorbilder besonders wichtig. Die Volksfrömmigkeit huldigt ihnen an den Grabstätten und den ihnen gewidmeten Stätten durch Gebete, Gelübde oder Opfergaben.

Die **Christen** begannen zur Zeit ihrer frühen Verfolgungen als Heilige zunächst Märtyrer zu verehren, vor allem an deren Todestagen bei deren Gräbern. Seit dem 4. Jahrhundert wurden Bekenner, Asketen und auch Engel in die Heiligenverehrung einbezogen. Zahlreiche Legenden ranken sich um das Leben vieler Heiliger. Es entwickelte sich zunehmend ein Reliquienkult, dessen Auswüchse durch die Reformation bekämpft wurden. Die römisch-katholische Kirche schaffte 1969 einige Heilige ab, die historisch nicht glaubwürdig bezeugt sind, und schränkte die Zahl der Heiligentage ein. Heilige werden auch als Schutzpatrone und Nothelfer um ihre Fürbitte bei Gott angerufen. Vor allem die Gottesmutter Maria wird im Laufe der Kirchengeschichte zur herausragenden Gestalt unerschöpflicher Lobpreisungen, Bitt- und Dankgebete. Besonders sie, aber auch andere Heilige sind in vielen Werken der christlichen Kunst vergegenwärtigt, traditionell durch Zufügung eines Heiligenscheins oder bestimmter Attribute, durch die sie zu erkennen sein sollen.

Ein Beispiel für eine „moderne Heilige" ist Mutter Teresa (1910–1997), die Gründerin des christlichen Ordens „Missionaries of Charity", die wegen ihrer uneingeschränkten Hinwendung zu den Armen in Indien schon zu ihren Lebzeiten als Heilige verehrt wurde. Der Vatikan hat bereits 1999 ihren Heiligsprechungsprozess* in Gang gesetzt. 1971 erhielt sie den „Friedenspreis des Papstes" und 1979 den Friedensnobelpreis.

Mutter Teresa

Das Wort **Mystik** leitet sich von dem griechischen *mystikós* ab, das „geheim, die Mysterien betreffend" bedeutet. *Mystérion* heißt: Geheimnis, geheimnisvolle Weisheit; im Plural bezieht es sich auf die Mysterien einer Gottheit.

Die Etymologie* des Wortes verweist auf seinen Gebrauch schon im alten Griechenland: Durch kultische symbolische Handlungen sollte der Kultgenosse in den Umgang mit der Gottheit einbezogen werden. Die Sehnsucht nach der unmittelbaren Verbindung mit göttlichen Mächten äußert sich bereits in uralten Formen bei Naturvölkern, z. B. in ekstatischem Tanz.

Mystik ist die Suche des Menschen nach einer **Vereinigung mit dem Transzendenten***, dem Göttlichen, mit Gott. Die Entfernung zu ihm empfindet der Mystiker oft als schmerzliche Trennung, die er durch geistliche Übungen – Meditation, Askese oder geistige Reinigung – zu überwinden sucht, um in Versenkung, im persönlichen Erleben, gar in Ekstase seine Gottesnähe und damit den Zustand der Gemütsruhe und Seligkeit zu erfahren.

Mystik gibt es im Hinduismus, Buddhismus, Judentum, Islam und im Christentum. Der Mystiker versteht das Transzendente und seinen Weg zu ihm aus dem Glauben seiner Religion.

Unter **Kabbalah oder Quabbalah** (hebr. „Überlieferung", „Tradition") versteht man die Formen jüdischer Mystik. Im 12. und 13. Jahrhundert lagen die bedeutendsten Zentren in Südfrankreich und Spanien. Wichtige Bücher der Kabbalah sind Bahir (hebr. „Glanz", um 1200 n. Chr.) und Sohar (hebr. „Lichtglanz", 2. Hälfte des 13. Jahrhunderts). Sie enthalten Deutungen von Bibelversen bzw. Bibelkommentare. Die Mystiker dieser Bewegung versuchten sich dem verborgenen Gott durch Kontemplation anzunähern und stellten sich einer harten Gesetzesreligion entgegen, unter anderem, indem sie dem hebräischen Buchstaben, der Zahl und dem Wort eine magische Wirkungskraft zuschrieben. Die Kabbalah beeinflusste auch christliche Denker wie Johannes Reuchlin (1455–1522), die jüdische Volksfrömmigkeit und den osteuropäischen Chassidismus* im 18. und 19. Jahrhundert.

Sufismus wird eine mystische Bewegung im Islam genannt, die im 7./8. Jahrhundert entstand. Die Bezeichnung leitet sich ab von dem arabischen Wort *suf*, das „Wolle" bedeutet. Die „Sufi", die „Wollbekleideten", trugen als Zeichen ihrer Demut, vielleicht nach dem Vorbild christlicher Mönche, Wollkleider. Der Empfehlung des Korans zufolge suchten sie die größtmögliche Nähe zu Gott auf dem Weg der Askese und Meditation. Die Geschichte des Sufismus, in dessen Geist sich auch mystische Bruderschaften bildeten, ist geprägt von vielerlei Spannungen im Verhältnis zum orthodoxen Islam.

Die **christliche Mystik** ist auf Jesus Christus und die Gemeinschaft mit ihm bezogen. Das letztlich unaussagbare mystische Erlebnis versuchen die

Mystiker in einer Sprache meist kosmischer Symbolik auszudrücken. Für die Vereinigung mit Gott bzw. Christus werden Bilder der geistlichen Liebe oder der Braut- bzw. Hochzeit, für das Empfangen des göttlichen Wortes Vergleiche mit der Schwangerschaft gewählt. Herausragende Gestalten christlicher Mystik waren beispielsweise Hildegard von Bingen (1098–1179), Meister Eckhart (1260–1328) oder Teresa von Ávila (1515–1582).

Zusammenfassung: Äußerungsformen religiösen Lebens

Aus der Religion heraus will der Mensch Ursprung, Sinn und Ziel seines Daseins verstehen und sein Leben gestalten. Das zeigt sich in vielfältigen **Äußerungsformen** des Gefühls, der Sprache, der Gebärden und des Handelns, am deutlichsten sichtbar an vom Alltag abgehobenen **heiligen Orten und Zeiten**.

In ihren Riten, Symbolen, Glaubensinhalten und ethischen Wertsetzungen gibt sich eine **Religionsgemeinschaft** als kollektive Identität zu erkennen, in der zugleich der Einzelne seine individuelle Identität finden kann. Jede Religion kennt darüber hinaus Menschen, die ihre Vorstellungen und Wertsetzungen in überragender Weise und vorbildhaft erfüllen und deshalb besondere Verehrung erfahren.

Aus dem religiösen Bedürfnis nach inniger Verbindung mit Gott bzw. dem Transzendenten versetzen sich einige Menschen, sogenannte **Mystiker**, durch besondere geistliche Übungen in den Zustand mystischen Erlebens, in dem sie sich z. B. durch Visionen mit dem Gott bzw. Göttlichen ihrer Religion eng verbunden sehen.

3 Offenbarungs- und Gottesvorstellungen

3.1 Offenbarungsvorstellungen

Die weltweit zahllosen Religionen können kaum erfasst, geschweige denn umfassend dargestellt und gedeutet werden. So begnügt man sich zumeist mit der Unterscheidung der **großen Weltreligionen** – Judentum, Christentum, Islam, Hinduismus, Buddhismus und chinesischer Universismus – von kleineren religiösen Gruppierungen oder auch der Abgrenzung zwischen **„Natur-Religion“** und **„Offenbarungs*-Religion“**.

„Natur-Religion“ ist nicht zu verwechseln mit „natürlicher Religion“, unter der vor allem die Philosophie der Aufklärung die natürliche Veranlagung des Menschen verstand, sich auch ohne Offenbarung und Anleitungen durch religiöse Institutionen der Erkenntnis Gottes und dem Humanen öffnen zu können.[16] Der Begriff Natur-Religion wird für Glaubensvorstellungen verwendet, die sich aus dem besonderen Kontakt mit **Naturkräften und -geistern** verstehen, wie man ihn bei „Naturvölkern“ ausgedrückt findet. Dass diese Bezeichnungen als Unterscheidung allerdings nicht nur sachlich ungenau, sondern als Wertung missverständlich und missbrauchbar sind, zeigt sich in der Überfremdung, Unterdrückung und Auslöschung der vielfältigen religiösen Formen von Stammesvölkern durch weltweite christliche sowie islamische Kolonialisierungen und Missionierungen.

In jeder Religion und für jeden Gläubigen gibt es in gewissem Sinne eine **„allgemeine Offenbarung“**, die möglicherweise durch ein individuelles oder gemeinschaftliches Erlebnis erfahren wird, z. B. kann einem Menschen an Naturerscheinungen die wunderbare Allmacht Gottes „aufgehen“.

Unter **„übernatürlicher Offenbarung“** versteht man die Enthüllung und Verkündigung einer göttlichen Botschaft durch Visionen oder Träume dazu von Gott auserwählter Menschen, durch ein außergewöhnliches Ereignis in der Natur oder in der Geschichte, durch eine heilige Schrift, die mit oder ohne einen von Gott berufenen menschlichen Vermittler überliefert wird.

Als **„Offenbarungs-Religionen“** gelten demzufolge Religionen, die ihren Glauben und dessen sittlichen Anspruch auf eine übernatürliche Mitteilung göttlicher Autorität gründen. Zu ihnen gehören die alt-vedische, alt-iranische (Zoroastrismus), jüdische, christliche und islamische Religion.

16 Vgl. S. 161–168.

Die vielschichtigen religiösen Traditionen und Bräuche Indiens, die mit dem oft irreführenden und weit gefassten Sammelbegriff „**Hinduismus**"[17] bezeichnet werden, haben eine gemeinsame Quelle der religiösen Autorität: den *Veda** (d. h. „Wissen"). Zu ihm gehört der Rigveda, eine Sammlung von 1 028 Hymnen an die Götter. Der Veda hat nach Auffassung einiger Schulen in Gott seine Quelle, dieser ist aber nicht sein Verfasser; für andere gilt der Veda als ebenso vorhanden wie der Kosmos oder auch als „geoffenbart", d. h. von nicht menschlicher Herkunft, wobei die Art der „Offenbarung" unklar ist: Sie soll in alter Zeit von priesterlichen Sehern durch „Hören" (Klang) aufgenommen worden sein und vermittelt immer wieder – vor allem durch Hören und nicht nur durch Lesen – die „ewige Wahrheit" über den kosmischen Prozess und sein Verhältnis zum Leben und zu den Anforderungen an den Menschen.

Im Unterschied zu diesen Offenbarungsvorstellungen werden die iranische (parsische), die jüdische, christliche und islamische Religion mit bestimmten Personen und Ereignissen in Verbindung gebracht.

So geht die **alt-iranische Religion** der Zoroastrier auf den Propheten **Zoroaster** (griech.: **Zarathustra**) zurück, der davon überzeugt war, dass er seinen Gott in Visionen gesehen habe und von ihm zur Verkündigung seiner Lehre auserwählt worden sei. Um ihn ranken sich – wie um Jesus, Buddha und Mohammed – viele Legenden, auch seine Geburt soll von Wundern begleitet gewesen sein. Seine historische Lebenszeit ist umstritten. Datiert man sie mit den jüngsten Forschungen um 1200 v. Chr., so könnte Zoroaster als der älteste der uns bekannten Propheten gelten.[18]

Die **Juden** glauben an die Offenbarung Gottes im **Pentateuch*** (vgl. Genesis*) und in den prophetischen Büchern der **Heiligen Schrift**. Der Gott des Alten Testamentes* zeigte sich seinem Volk in verschiedenen Situationen und an verschiedenen Orten durch Naturerscheinungen (Wolke, Feuersäule, Gewitter, Erdbeben u. a.), durch Boten und Träume oder durch einzelne Personen. Mose erschien er im brennenden Dornbusch und offenbarte sich durch ihn und mit der Übergabe des Dekalogs* als Israels einziger Gesetzgeber und Richter über Gut und Böse. Zu erkennen gibt sich Jahwe* vor allem durch seine **Heilstaten** in der Geschichte Israels.[19]

Die **Christen** stehen in der Tradition dieser Offenbarungsvorstellung, beziehen sie aber auf **Jesus**, in dem Gott sein Heilshandeln sichtbar gemacht hat,

17 Der Begriff „Hinduismus" leitet sich vom persischen Wort *hindu* ab (das ursprünglich auf das Industal bezogen ist), womit die in Nordindien eingedrungenen Mohammedaner die Bewohner des Indusgebietes bezeichneten.

18 Vgl. S. 33.

19 Vgl. S. 113–116.

das in der letzten „Offenbarung" (Geheime Offenbarung, Apokalypse) des Sehers Johannes geschildert wird.[20]

Die **Muslime** glauben, dass Gott sich auf zweifache Weise geoffenbart hat: einerseits in einer **Uroffenbarung**, einer Religion, die er in einem jeden Menschen zu dessen Verpflichtung grundgelegt und die sich im Islam als „Gottes Schöpfung" manifestiert hat; andererseits in allen Zeiten durch die Propheten, welche die Menschen immer wieder an die Uroffenbarung erinnern sollen. Die prophetische Botschaft ist als die stets identische an alle Völker gerichtet, wenn sie sich auch je nach Sprachen, Zeiten und Lebensumständen verschieden äußert: „Es gibt keinen Gott außer mir, so dienet mir!" (Sure 21,25). Auf diesen monotheistischen* Glauben gründet der gesamte Koran*, d. h. alle religiösen, sittlichen, sozialen und politischen Bestimmungen und Regelungen. **Mohammed**, der letzte Prophet, durch dessen Verkündigung der Islam entstand, sah die Botschaft des Koran in Kontinuität mit der Tora* und dem Evangelium*: Wie der Koran, der die verbindende Mitte zwischen ihnen darstellt, sind auch sie Offenbarungsbücher, deren „Urbuch", die eine „Mutter des Buches", bei Gott im Himmel ist: „Allah löscht aus und bestätigt, was er will, und bei ihm ist die Mutter der Schrift." (Sure 13,39)

3.2 Gottesvorstellungen

Wenn auch das Wesen der Religion nicht mit der Beziehung des Menschen zu Gott oder Göttern gleichgesetzt werden kann, so ist die Beziehung zu Gott doch nicht ohne Religion zu denken.

Das Welt-Pantheon der zahllosen Bilder von Gott, Gottheiten, Göttern und Göttinnen, welche Menschen in allen Zeiten und Räumen ihres Existierens geschaffen haben, ist unausmessbar. Allein die Mythen* über die Entstehung der Welt an der Wiege der großen Religionen und Zivilisationen zeigen den Reichtum der vielfältigen Vorstellungen.[21] Die Kraft ihrer Durchsetzung sowie ihre Schwächung oder das Verschwinden von Götter-Bildern und Gottesvorstellungen gingen einher mit dem Aufstieg und Niedergang der Völker bzw. Menschengruppen, die sie – meist gleichursprünglich mit ihren Kulturen – erschaffen haben. Die Verdrängung einer Religion bedeutet nicht selten – oftmals bis heute – die Verdrängung der Macht und des Einflusses derer, die ihr angehören oder sie gar über andere verhängt haben.

20 Vgl. S. 78–80.
21 Vgl. S. 48–69.

Eines der historisch fassbaren frühesten Beispiele ist der Mythos der großen „Sintflut“[22] in den beiden Variationen, die im mesopotamischen Zweistromland verwurzelt sind: das bisher als ältestes Epos der Menschheit geltende **Gilgamesch-Epos** und die alttestamentliche **Noah-Geschichte** (Gen 6,5–9,17), die dessen Erzählstoff in sich aufgenommen und im Sinne der Gottesvorstellung des Volkes Israel verarbeitet hat. Waren doch in den mündlichen Traditionen der israelitischen Stämme noch Mythen und Sagen der benachbarten bzw. von ihm verlassenen Kulturvölker lebendig, wovon vor allem die ältesten Erzählschichten des Buches Genesis (Gen 1–11) zeugen.[23]

Gustave Doré: Die Sintflut

Wie Noah von seinem Herrn Jahwe* – dem einzigen Gott Israels – so ist Utnapischtim im Gilgamesch-Epos ausgewählt von seinem Herrn Ea – dem Gott des Süßwassers der babylonischen Götterwelt –, mit seiner Familie die alles vernichtende Überschwemmung zu überleben, und zwar in einem selbst gebauten Schiff aus Holz, in das er seine Frau und Kinder, Groß- und Kleinvieh, die Samen von jeder Lebensart, Hand- und Kunstwerker mitnehmen darf, während das gesamte Land von den Wassermassen verwüstet wird. Anders aber als im Alten Testament wird im Gilgamesch-Epos nicht die Katastrophe als Strafgericht eines – des einzigen – Gottes für die Sünden der Menschen gewertet. Vielmehr erschrecken *die Götter* vor der Sintflut und weinen mit der Herrin der Götter, Ischtar. Die klagt nicht nur, sie klagt an: ihren „zuständigen“ Mit-Gott, der die zerstörerische Flut über Schuldige wie Schuldlose ausgegossen und ihr, der Mutter der Menschen, die Geschöpfe ihres Leibes vernichtet hat. Das Gilgamesch-Epos ist damit auch ein sehr frühes literarisches Zeugnis verzweifelter und zweifelnder Herausforderung der Rechtfertigung eines Gottes für die ihm zugeschriebene, als ungerecht empfundene Verhängung großen Leids. Es

22 Sintflut, althochdeutsch „allgemeine große Flut“. Flutsagen gibt es auch in anderen Kulturen: z. B. bei den australischen Ureinwohnern und den Inselbewohnern des Pazifik: „Das Buch des Rates“ der Maya („Popol Vuh“); vgl. S. 65–68.
23 Zum Gilgamesch-Epos vgl. S. 123–126.

nimmt somit die unlösbaren Fragen der „Theodizee" vorweg.[24] Letztlich zeigt es in dramatischer Inszenierung, dass das Leben in sich selbst widersprüchlich ist: Wie kann das zum Leben Geschaffene zugleich zum Tode bestimmt sein?

Wer aber könnte sich dieser Spannung von Leben und Tod mehr ausgeliefert sehen als die Mutter, die selbst Spenderin des Lebens ist? Und so nimmt die Göttin Ischtar auch sich selbst nicht aus der Schuld- bzw. Verursacher-Frage heraus, wobei sie wie eine Gebärende schreit. Sie bereut:

> [...] wie konnte in der Schar der Götter ich Schlimmes gebieten [...]!
> Erst gebäre ich meine lieben Menschen,
> dann erfüllen sie wie Fischbrut das Meer!
>
> *Das Gilgamesch-Epos, hrsg. von Albert Schott, S. 98.*

Das **Alte Testament** und die ihm folgenden **theologischen Traditionen** beantworten die Frage nach Leid und Tod mit der Ur-Schuld des Menschen, die er an all seine Nachfahren vererbt (Erbsünde). Der Grund von Vergänglichkeit und Elend liegt nicht im Versagen eines Gottes oder einer Göttin bzw. in einander widerstreitenden männlichen und weiblichen Gottheiten.[25]

Laut dem Sündenfallbericht der Genesis verursachte die Frau dadurch, dass sie sich durch die List der Schlange verführen ließ und ihrerseits den Mann verführerisch in Schuld verstrickte, den Verlust des Paradieses, die Strafe ihrer Geburtsschmerzen und die Verhängung des Todes über das ganze Menschengeschlecht. Weder sie noch eine einzige andere Frau, die der Theodizee-Gestalt Hiobs im Alten Testament gleichrangig zur Seite gestellt werden könnte, erhebt einen Rechtfertigungsvorwurf gegenüber ihrem Gott, der sie ja durch sein zum Ungehorsam verlockendes Verbot und durch die listige Schlange in diese Situation gebracht haben könnte. Die biologische Beschaffenheit ihrer Wehen wird ihrer Schuld zugeschrieben, ihre gesellschaftlich untergeordnete Rolle wird legitimiert aus ihrer geschöpflichen „Zweit-Rangigkeit" (als zweiter Mensch von Gott aus dem Mann erschaffen).[26]

Der Glaube Israels an einen einzigen und vollkommenen Vater als Schöpfer-Gott gab dem **Weiblichen** als eigenständiger Gottheit keinen Raum. Demge-

24 Zur Theodizee vgl. S. 142–150.

25 Das Buch „Popol Vuh" erzählt über die „große Flut", durch welche die Götter die von ihnen in mehrfachen Versuchen geschaffenen Menschen (aus Holz und aus Fleisch) vernichten. Die Sintflut ist hier im Versagen der Götter – nicht primär in dem des Menschen – begründet, weil sie mit ihrem Experiment der Menschenerschaffung nicht zufrieden sind.

26 Dieser Deutungstradition steht eine im Laufe der Kirchengeschichte verdrängte gegenüber, auf die sich schon die berühmte Schriftstellerin Christine de Pizan (1365–1430) in ihrem Buch von der „Stadt der Frauen" (1405) beruft: Die Frau ist durch die Reihenfolge ihrer Erschaffung (*nach* Adam) die *vollkommenere*, die zugleich ausgezeichnet ist durch ihre besondere Bestimmung als Gottesgebärerin (die Mutter Maria als Mutter des Gottessohnes Jesus).

genüber sind die religiösen Vorstellungen im altmesopotamischen Herkunftsgebiet Abrahams gekennzeichnet durch die Vielheit von Göttern, die auch unvollkommen sein können. Der Göttin Ischtar (auch Innana) kommt eine herausragende Bedeutung zu: Sie ist die Herrin des Himmels, die Göttin der Liebe, des Kampfes und der Planeten, Stadtgöttin von Uruk und Partnerin der Heiligen Hochzeit, seit dem 2. Jahrtausend v. Chr. auch Muttergottheit. In allen größeren Städten wurden ihr Tempel erbaut: in Uruk, Assur, Arbela und Ninive.

Die üppigen Formen der Venus von Willendorf (Niederösterreich) lassen die tiefe Verehrung der geheimnisvollen lebensspendenden Kräfte der Frau und Göttin erkennen; Kalksteinfigur, Altsteinzeit, Höhe 10 cm.

Ihr entspricht die Aphrodite der Griechen. Auch diese räumten den weiblichen Gottheiten ihres Olymps eine das Schicksal von Menschen, Göttern und Halbgöttern mitbestimmende Stellung ein. Gaia selbst, die Erd- und Urmutter, steht am Anfang allen Lebens, der Welt.[27]

Die besondere Bedeutung der **Muttergottheiten** von der Alt- bis in die Jungsteinzeit, in Spanien, Frankreich, Osteuropa, im Mittelmeerraum wie im Nahen Osten wird durch zahlreiche archäologische Funde bezeugt. Zu ihnen gehört die berühmte „Venus von Willendorf". Inzwischen gibt der jüngste Fund einer weiblichen Skulptur der Forschung neue Rätsel auf. Mit ihrem Alter von 35 000 oder 40 000 Jahren gilt sie nunmehr als die älteste Venus. Nach ihrem Fundort 2008 in Süddeutschland wird sie die „Schwaben-Venus" oder die „Venus vom Hohlen Fels" genannt.

Im Gegensatz zu den ägyptischen Gottesvorstellungen, in denen die göttliche Mutter und Gattin Isis im Zentrum kultischer Verehrung stand, sowie gegenüber allen anderen alteingesessenen Gottesbildern seines Umfelds behauptete das alte Israel nach einem langen, oft kämpferischen Abgrenzungsprozess seinen Glauben an den einen männlichen Schöpfergott, der keine anderen Götter neben sich duldete. Damit war weder ein Weibliches noch die Polarität von Männlichem und Weiblichem in Gestalt göttlicher Wesenheiten oder deren Vereinigung in der „Heiligen Hochzeit" zugelassen. Erhalten haben sich solche Seinskomponenten al-

27 Vgl. S. 57 f.

lenfalls in alttestamentlicher Symbolsprache, nach der Jahwe* väterliche und mütterliche Eigenschaften in sich vereint – so im Buch Hosea – oder nach der sich die Beziehung zwischen Jahwe* und seinem Volk Israel als Liebesbund darstellt – so in Deutungen des Hohenliedes, das im Christentum auf Jesus und die Kirche als seine Braut bezogen wird.

Der jüdischen theologischen Tradition zufolge war es Mose, der das Volk Israel nach der langen Geschichte des Umherziehens seiner Stämme und der damit verbundenen Konfrontation mit fremden Göttern unter dem Namen „Jahwe"* einte. Er ist es, der die Geschichte seines Volkes in gegenseitiger Bundesverpflichtung lenkt bis ans Ende der Welt, deren Anfang er in seinem Schöpfungsakt bestimmt hat.

Der hebräische **Monotheismus*** wurde von Christentum und Islam übernommen und in seinen Verbreitungsgebieten geschichts- und kulturprägend, ohne seinerseits durch polytheistische* Glaubensformen entscheidend beeinflusst zu werden.

Diesem **theozentrischen** (d. h. auf einen Gott zentrierten) **Weltbild** entspricht ein **geozentrisches** (d. h. ein einzig auf die vom Menschen wahrnehmbare Welt bezogenes). Im christlich bestimmten Abendland erhielt es sich bis zur kopernikanischen Wende und setzte sich als **eurozentrisches** Weltbild fort, d. h., dass alle nicht-abendländischen Kulturen und Gebiete nach abendländischen Werten und Normen beurteilt wurden und Europa als überlegenes Zentrum der Welt galt.

Im Sinne des jüdischen, christlichen und islamischen Monotheismus kennen sowohl **Hinduismus** und **Buddhismus** als auch der **chinesische Universismus** nicht den Glauben an einen Schöpfergott, der den Anfang und das geschichtliche Endziel der Welt bestimmt, das auf ihn ausgerichtet ist. Für sie ist es das moralische, natürliche Weltgesetz, das den anfang- und endlosen Prozess des Kosmos leitet.

Nach **chinesischer Anschauung** gibt es zwar zahlreiche Götter und Dämonen, zudem die Geister der Verstorbenen, die in einem reichhaltigen Kult- und Ahnendienst verehrt werden. Sie sind aber dem uralten metaphysischen* Denken eingeordnet, welches das Weltall als einen riesigen lebendigen, fortwährend sich wandelnden und in Wechselbeziehung mit seinen Einzelgliedern befindlichen Organismus auffasst. Dabei bleibt die Antwort auf die Frage nach dem Ursprung, der letzten Ursache des kosmischen Geschehens im Vergleich zu den Schöpfungsgeschichten der Religionen bzw. Mythen offen.[28]

28 Vgl. S. 48–69.

Der Nachfolger Lao-tses, Chuang-tse (ca. 4.–3. Jahrhundert v. Chr.), bringt diese Frage zur Sprache:

Des Himmels Kreislauf, der Erde Beharren, die Art, wie Sonne und Mond einander in ihren Bahnen folgen: wer ist's, der sie beherrscht? Wer ist's, der sie zusammenbindet? Wer ist's, der weilt ohne Mühe und alles das in Gang erhält?

Zitiert nach: Helmuth von Glasenapp: Die fünf Weltreligionen, S. 146.

Yin und Yang stehen für die voneinanderabhängigen negativen und positiven Lebenskräfte.

Die chinesische Anschauung vom höchsten Weltprinzip ist nicht ohne Weiteres in die europäisch geprägten Kategorien deistisch* oder pantheistisch* einzuordnen. In Texten des Altertums ist zwar vom Hochgott „Shang-ti" die Rede. Dessen Wesen aber ist mit keinem Schöpfergott vergleichbar. Zwar ist er der Urheber aller Geschehnisse, bleibt aber selbst dabei untätig, womit er dem chinesischen Ideal eines guten Herrschers entspricht, von dem alles abhängt, der aber nicht persönlich in die Regierungsgeschäfte eingreift. Der Grundgedanke der chinesischen Weltanschauung ist vielmehr die Harmonie von Himmel, Erde und Mensch. Eine Übereinstimmung zwischen dem Makro- und Mikrokosmos ist möglich, weil es zwischen ihren Elementen Entsprechungen gibt, die auch mit denen des menschlichen Lebens in korrespondierender Wechselwirkung stehen. Im Menschen vereinigen sich die Geisteskräfte von Himmel und Erde, die Prinzipien des Lichten und Schattigen gleichen sich aus.

Unter dem Lichten und dem Schatten oder Dunklen werden die beiden kosmischen Urpotenzen, Yang, die positive, und Yin, die negative Kraft verstanden [...] Yang ist das männliche, aktive, zeugende, schöpferische, lichte Prinzip, Yin das weibliche, passive, empfangende, hingebende, verhüllende. Beide sind Gegenstücke, die sich ergänzen, nicht Gegensätze, die sich bekämpfen. Denn im gesetzmäßigen Turnus lösen beide einander ab und bringen durch ihr Zusammenwirken alle Erscheinungen im Kosmos hervor [...] Das Ineinandergreifen und Koexistieren von Yang und Yin im All-Einen wird durch ein Zeichen symbolisiert, in welchem die weiße Hälfte des Kreises, die selbst wieder einen schwarzen Punkt in sich birgt, das Yang, die schwarze Kreishälfte mit dem weißen Punkt das Yin darstellt.

Diese „T'aichi", d. h. „Uranfang" genannte Figur repräsentiert den Zustand des Universums, in welchem die positive und die negative Urkraft sich schon getrennt haben. Diesem Zustand geht ein anderer (Wu-chi, d. h. Nichts-Anfang) vorher, in welchem alle Unterschiede noch ungeschieden nebeneinander vorhanden sind. Er wird durch einen einfachen Kreis versinnbildlicht.

Helmuth von Glasenapp: Die fünf Weltreligionen, S. 144–146.

Der **Hinduismus** kommt pantheistischen* Vorstellungen nahe: In allen Wesen und Dingen wirkt ein ewiges Gesetz, Dharma*, das sich in einer natürlichen Ordnung (Naturgesetzlichkeit) und in einer sittlichen Ordnung (die das richtige Verhalten und das je nach Kaste und Lebensalter pflichtgemäße Handeln vorschreibt) manifestiert und das eine rituelle Ordnung fordert: heilige Handlungen, die für den richtigen Verlauf des Lebens unbedingt erforderlich sind. Das alles durchwirkende Weltgesetz ist für viele Philosophen das letzte Weltprinzip, das nicht weiter zurückführbar ist.

Träger des sichtbaren Universums ist *das* Brahma(n)*, die alles durchdringende geheimnisvolle Kraft, der eine höchste und absolute Geist, Ursprung des Universums und der Götter. Aus ihm als dem „All-Wesen" ging jedes Einzelwesen, jedes „Selbst" (Atman*) hervor, in dem Brahman gegenwärtig ist. Die „neutrale" Form von Brahman ist nicht Person und deshalb zu unterscheiden von dem maskulinen Brahman, der den Namen von Visnu* und Siva* annimmt, mit denen er als Verkörperung schöpferischer, bewahrender und zerstörerischer Kräfte eine Götterdreiheit (Trimurti) darstellt. Diese entspricht dem Bedürfnis theistischer* Hindus nach einer personalisierten Manifestation von Brahman. Durch seine übernatürliche Kraft bringt er die Dinge zu ihren Erscheinungsformen. Unter diesen ist die „Herabkunft" seiner Gottheit eine besondere: Immer wenn Dharma vergessen ist, verkörpert er sich, um an ihn zu erinnern und ihn wieder aufzurichten. Unter den Inkarnationen Visnus ist Krisna* eine der herausragendsten und populärsten Gestalten. In jüngster Zeit werden von einigen religiösen Bewegungen auch Jesus und Mohammed als Gottes-Verkörperungen im Sinne wahrer Menschlichkeit angesehen. Darüber hinaus verehren die Hindus mit theistischen Gottesvorstellungen viele Götter, denen sie besondere ethische oder kosmische Funktionen und unterschiedliche Macht zuweisen.

Für Mahatma Gandhi, der sich 1921 öffentlich in seiner Zeitschrift „Young India" zu seinem Glauben bekannte, ist der Hinduismus keine exklusive Religion. Im Hinduismus „ist Raum für die Verehrung jeglicher Propheten. Er ist keine missionierende Religion im eigentlichen Sinne. Zwar hat er viele Völker vereinnahmt, aber diese Absorption hat den Charakter einer unmerklichen Evolution gehabt. Der Hinduismus ermöglicht es jedem, Gott nach seinem eigenen Glauben, nach seinem eigenen ‚Dharma' zu verehren, und gerade deshalb lebt er mit allen Religionen in Frieden". (Mahatma Gandhi).

Zusammenfassung: Offenbarungs- und Gottesvorstellungen

Die alt-vedische, alt-iranische (Zoroastrismus), jüdische, christliche und islamische Religion gründen ihren Glauben und dessen sittlichen Anspruch auf eine übernatürliche Mitteilung göttlicher Autorität und werden deshalb **Offenbarungsreligionen** genannt.
Außer der alt-vedischen und alt-iranischen haben diese Religionen ausschließlich theozentrische Vorstellungen von einem einzigen Gott als Weltenschöpfer, -erhalter, -lenker und -vollender.

Vom Monotheismus der Offenbarungsreligionen unterscheidet sich der **Polytheismus** der Kulturen, die auch weibliche Gottheiten zulassen (Altbabylonier, Ägypter, Griechen u. a.).
Demgegenüber sind zwar in den vielfältigen Formen des Hinduismus, im Buddhismus und im chinesischen Universismus theistische Vorstellungen von Göttern, Geistern und Dämonen möglich und verbreitet. Diese sind aber einem uralten metaphysischen Denken ein- bzw. untergeordnet, das auf ein unpersönliches ewiges Weltgesetz bezogen ist.

4 Religionsstifter

Die herausragenden Gestalten, von denen Religionen ihr Entstehen ableiten, werden im Allgemeinen „Religionsstifter" genannt, obgleich sie selbst sich wohl nicht so bezeichnet haben. Ihr Wirken und Lehren entstammte durchaus dem religiösen Umfeld ihrer Herkunft oder der Begegnung bzw. Auseinandersetzung mit ihm. Sie initiierten durch ihr zumeist traditionskritisches neues Verständnis der überkommenen Glaubens- und Lebensformen, durch ihr Wirken und Lehren, durch ihre ganze Lebensführung, vor allem aber durch ihre **charismatische* Hinwendung zu den Menschen** eine Bewegung von Nachfolgern. Diese bewahren, als Gemeinschaft Gleichgläubiger in und unter dem Namen ihres „Religionsstifters", zu ihm und der auf ihn zurückgeführten und auf ihn festgeschriebenen Lehre eine Kontinuität und dadurch ihre Identität in unterschiedlichen Räumen und Zeiten – wenn auch in immer neuen Deutungen ihres Selbstverständnisses.

Während in allen traditionellen Religionen „Religionsstifter" ausschließlich männlich sind, gibt es in einigen neuen Religionen (vgl. S. 5 f.) auch „Religionsstifterinnen". Beispielsweise traten „in den japanischen Neureligionen [...] seit ihrem Beginn in der ersten Hälfte des 19. Jahrhunderts immer wieder weibliche Gründerinnen auf. Es waren charismatische Frauenpersönlichkeiten, die im Kontakt mit Geistern und Göttern Botschaften erfuhren, die zu neuen Religionsgemeinschaften hinführten".[29]

Aber das Entstehen einer Religion ist nicht notwendig an einen „Stifter" gebunden. So hat der Hinduismus kein unveränderliches, einheitliches System seines vielschichtigen Glaubens. Die Hindus fassen ihn vielmehr als „Ewige Religion" auf, in der es zwar weise Männer und göttliche Inkarnationen, Dämonen, Geister und auch Heilige* gibt, aber keinen eigentlichen „Religionsstifter", auf dessen für alle verbindliche Lehre sie sich berufen könnten.

4.1 Zoroaster (Zarathustra)

Im Erbe der indo-iranischen Tradition wurzelte die Lehre des Zoroaster (Zarathustra), auf die sich die Religion seiner Anhänger, der Zoroastrier, gründet. Zarathustras Lebenszeit wurde lange auf das Ende des 6. Jahrhunderts v. Chr. datiert, neuerdings viel früher, etwa um 1200 v. Chr. Man nimmt an, dass er im nordöstlichen Iran gelebt hat und dass sein religiöser Hintergrund die Tradition des Rigveda* gewesen ist.

29 Johann Figl: Handbuch der Religionswissenschaft, S. 478 f.

Zarathustra war auch – was sonst von großen religiösen Propheten nicht bekannt ist – praktizierender Priester. Als Erneuerer der Religion trat er gegen den blutigen Tieropfer- und Rauschkult seiner Volksgenossen auf und verkündigte seinen Gott, Ahura Mazda („weiser Herr"), einen von Heiligen umgebenen **persönlichen Schöpfergott**. Dessen Güte und Wissen hielt er für wichtiger als dessen Macht, die er durch seinen bösen Gegenspieler, den zerstörerischen Geist („Teufel"), begrenzt sah.

Zarathustra vertritt eine dualistische Religion. Danach gibt es zwei ursprüngliche Geister (Zwillinge), die zueinander im Widerspruch stehen: Der Geist, der Heil wirkt, und der Geist, der Unheil wirkt. Der Mensch muss sich zwischen beiden Mächten entscheiden. Nach seinem Tod wird seine Seele durch sein Gewissen gerichtet. Je nachdem, ob seine Gedanken, Worte und Taten gut oder böse waren, hat er eine paradiesische Existenz oder eine voller langer Leiden und Wehklagen zu erwarten.

Zarathustras Lehre ist in 17 Hymnen erhalten. Sie hat sich etwa im 7. Jahrhundert v. Chr. über das iranische Hochland verbreitet. Unter Kyros im 6. Jahrhundert bei der Gründung des persischen Reiches und mit dessen Ausdehnung hat sie stark an Einfluss gewonnen. Im Alten Testament* werden die persischen Könige (Kyros, Darius I. u. a.) relativ oft und positiv erwähnt. Die Bibelforschung untersucht die Einflüsse der zoroastrischen Religion auf spätisraelitisches und neutestamentliches* Gedankengut, vor allem die möglicher Auferstehungsvorstellungen und der Zweiweltenlehre auf die Apokalyptik.

Die Eroberung des Irans und die Zerstörung seines kulturellen und königlichen Zentrums Persepolis durch Alexander den Großen (reg. 336–323 v. Chr.) beendete die damalige Weltmacht des Perserreiches, wenngleich sein Einfluss und damit auch die zoroastrische Religion sich 150 Jahre später nochmals stärken konnten. Mit dem Aufstieg des Islam im 7. Jahrhundert n. Chr. aber gerieten die Zoroastrier zunehmend in Bedrängnis, sodass schließlich viele vor der muslimischen Unterdrückung flohen. Nach Zerstreuung und Diasporaleben ließen sich zoroastrische Gruppen in Indien nieder, wo sie als Parsen (aus Persien) bezeichnet wurden. Zu Beginn des 20. Jahrhunderts besserte sich die Lage der iranischen Zoroastrier, viele kehrten in ihre Heimat zurück, wo ihnen zunehmend mehr Rechte eingeräumt wurden. Seit der Machtübernahme Ayatollah Chomeinis 1979 erlitten sie erneut die Einschränkung ihrer Rechte; aus Furcht vor Fanatismus emigrierten viele, diesmal besonders in die USA, nach Australien und Kanada.

4.2 Buddha

Im Hinduismus wird Buddha Gautama in der Liste der Inkarnationen Visnus* an neunter Stelle genannt. Buddha heißt „der Erwachte" und ist der Ehrentitel eines Weisen, mit dem der historische Begründer der buddhistischen Heilslehre bezeichnet wird und mit dem auf sein Erwachen zur Erkenntnis hingedeutet wird.[30] Von seinen Eltern wurde er Siddhartha genannt. Außerdem heißt er „der Erhabene" und der „So-Gegangene"; von dem Namen Gautama (auch Gotama), dem vedischen Lehrer, leitete sich seine Familie her; auch Shâkya-muni („Weiser der Shâkyas") oder auch Shâkya-sinha („Löwe der Shâkyas") wurde er genannt, weil er aus dem Kriegergeschlecht der Shâkya stammte.

Buddha-Bild aus Bezwada (Andhra Prodesch), 6. Jhd. nach Christus

Die Vermutungen über Buddhas Lebenszeit reichen von ungefähren Angaben (zwischen dem 5. und 4. Jahrhundert v. Chr.) bis zu der genaueren, nach der er um 560 v. Chr. in Kapilavatthu im heutigen Nepal geboren und um 480 v. Chr. in Kusinârâ gestorben sein soll. Die Zeit seines öffentlichen Wirkens wird auf 45 Jahre bemessen.

Die Überlieferungen von Buddhas Lebensgeschichte sind voller Legenden: Seine Empfängnis und Geburt unterscheidet sich von einer normalmenschlichen. Er selbst habe seine Mutter Maya nach seinen mehreren Existenzen bei seiner letzten Wiedergeburt ausgesucht. Nicht aus dem Liebesbegehren ihres Mannes sei er empfangen worden – hatte seine Mutter doch ein Keuschheitsgelöbnis abgelegt, das sie auch während der Schwangerschaft einhielt. Ein Engel in der Gestalt eines weißen Elefanten habe in ihre Seite seinen Leib gelegt. Auf dem Weg zu ihren Eltern sei sie von der Niederkunft ihres Sohnes überrascht worden und habe ihn in einem Hain geboren. Bei seiner Geburt wurde der Himmel von Licht erfüllt und von dem weisen Asita wurde die zukünftige Grö-

30 Im Mahayana (der vorherrschenden Form des Buddhismus in Tibet, der Mongolei, Korea, Vietnam und China) gab es den Titel „Buddha" auch für andere Weise vor Gautama Buddha. Er kann zahllosen „Erleuchteten" zugesprochen werden.

ße des Kindes prophezeit. Schon in seiner frühen Jugend erstaunte Siddhartha seine Lehrer durch außerordentliche Kenntnisse. Seine Mutter starb sieben Tage nach der Geburt. Es heißt, dass ihr Leib als kostbares Gefäß des Buddha keinen weltlichen Zwecken dienen sollte. Als Prinz soll Siddhartha in Glanz und Reichtum aufgewachsen sein und als junger Mann in seinem Palast ein luxuriöses Leben geführt haben, das ihn aber bald nicht mehr befriedigte. Er erkannte die Vergänglichkeit allen Genusses und Besitzes und die Übel von Alter, Krankheit und Tod. So ließ er, 29-jährig, seine junge Frau mit dem neugeborenen Sohn und zahlreiche Nebenfrauen zurück und wanderte aus der häuslichen Geborgenheit in die „Heimatlosigkeit". Sechs Jahre lang war er auf der Suche nach einem Unvergänglichen jenseits von Werden und Vergehen im ewig leidvollen Kreislauf der Wiedergeburten. Endlich sah er ein, dass er weder durch sein Studium bei seinen brahmanischen* Lehrern noch durch strenges Fasten und Selbstkasteiungen zur Erkenntnis gelangte. Er wandte sich von diesem Weg ab, nahm wieder Nahrung zu sich und fand die **Erleuchtung** unter einem Feigenbaum sitzend (Bodhi-Baum: Baum der Erleuchtung). Von einem „Anwärter der Erleuchtung" (Bodhisattva), einem nach Heil Strebenden, wurde er zu einem voll „Erwachten", einem *Buddha*. Siddhartha hatte erkannt, dass weder Selbstkasteiung noch lustvolles Leben, sondern nur „der mittlere Weg" zu Erkenntnis, Frieden und Erleuchtung, zum Nibbâna*, führt.[31]

Nach einigem Zögern entschied sich Siddhartha, seine Lehre zu verkünden, und predigte erstmals im Tierpark bei Benares den fünf Asketen, die sich ihm schon in der Zeit seiner Kasteiungen angeschlossen, aber zwischenzeitlich von ihm getrennt hatten. Mit ihnen gründete er seinen ersten Orden zur Verbreitung seiner Lehre. Nach buddhistischer Auffassung ließ das Mönchtum alle Kastenschranken außer Acht, sodass es für alle Stände offen war. Später stiftete Buddha auch Nonnenorden. Außerdem schlossen sich ihm zahlreiche Laien an, die ihr weltliches Leben an den ethischen Lehren ihres Meisters ausrichten wollten und die zum Lebensunterhalt der Ordensleute beitrugen.

Buddha selbst hat seine Lehren nicht aufgeschrieben, sie aber zunächst seinem Orden anvertraut. Nach jahrhundertelanger mündlicher Überlieferung entstanden Niederschriften, die sich aufgrund der in manchen Punkten voneinander abweichenden Schulen in Sprache und Inhalt unterscheiden. Der einzige vollständig erhaltene Kanon (der in Sri Lanka und Hinterindien wirkenden Schule) enthält das „Tipitaka" (Dreikorb), d. h. drei Abteilungen: Disziplinarregeln, Lehrreden und dogmatische Abhandlungen, die wohl später hinzugefügt wurden.

31 Vgl. S. 109–111 und 139 f.

Buddhas Erleuchtung bezog sich auf drei Faktoren:

1. die Erinnerung an seine eigenen früheren Daseinsformen,
2. die Erkenntnis der Wiederverkörperungen der anderen Wesen und
3. das Wissen um die vier edlen Wahrheiten und die Vernichtung der drei Grundübel: Sinnenlust, Werdelust und Nichtwissen. Da entstand in ihm die Erkenntnis: „In dem Erlösten ist die Erlösung. Aufgehoben ist die Wiedergeburt, vollendet der heilige Wandel, getan ist, was zu tun war, nach diesem Leben gibt es kein anderes.“

Zitiert nach: Helmuth von Glasenapp: Die fünf Weltreligionen, S. 81.

Für den nach Erleuchtung und Erlösung und **nach einem sittlichen Lebenswandel Strebenden** sind **Grundregeln** zu bedenken bzw. zu befolgen:

Die vier edlen Wahrheiten:
1. Die alles durchdringende mit Leiden verbundene Vergänglichkeit.
2. Die Ursache des Leidens: Diese ist der Durst nach Dauerhaftigkeit (z. B. nach einer Seele, einem Selbst), der Durst nach Befriedigung durch Dinge, die aber vergänglich sind.
3. Dennoch ist ein Erlöschen des Leidens möglich: durch das Vernichten des Durstes. Dieses Erlöschen ist das Nibbâna*.
4. Der achtfache Weg, der zum Erreichen des Nibbâna* führt.

Der achtfache Weg
1. rechte Anschauung
2. rechte Gesinnung („Nichtverletzen“, Ablehnung von Gewalt und des Opfers von Tieren)
3. rechtes Reden
4. rechtes Handeln
5. rechte Lebensführung (Vermeidung von Handlungen, die andere verletzen; der Erwerb des Lebensunterhalts darf nicht den sittlichen Anforderungen widersprechen)
6. rechte Anstrengung beim Streben nach der Vermehrung guter Eigenschaften zum Hervorbringen eines neuen Karma* (Kamma)
7. rechte Besonnenheit (achtsamer Umgang mit dem Körper, den Empfindungen, den Gegenständen und Prozessen des Denkens)
8. rechte Sammlung (zeitweiliges sich Versenken, der Welt Entrücken)

Die fünf Gebote zur sittlichen Lebensführung:
1. nicht töten
2. nicht stehlen
3. nicht die Ehe brechen

4. nicht lügen
5. keine berauschenden Getränke genießen

Nach Buddhas Tod vollzog sich die Entwicklung seiner Lehre in zahlreichen unterschiedlichen Deutungen und Schulen, wobei sich zwei Hauptgruppierungen bildeten:

- Das „**kleine Fahrzeug**“ (Hinayana) richtet sich auf den Heilsweg einzelner weniger Auserwählter.
- Das „**große Fahrzeug**“ (Mahayana) wendet sich an breite Bevölkerungsschichten unter Aufnahme vorhandener religiöser Vorstellungen und Praktiken.

Buddhas Lehre verbreitete sich von Indien aus nach Sri Lanka, Hinterindien, Indonesien, Afghanistan, Turkestan, China, Korea, Japan, Tibet und in die Mongolei. Verlor sie auch durch eine brahmanische* Gegenreformation und das Vordringen des Islam vor allem auf dem vorderindischen Subkontinent an Einfluss, so hat sie doch immer noch Millionen Anhänger im Fernen Osten, in Sri Lanka und Hinterindien. Auch im europäischen Geistesleben gewann der Buddhismus an Interesse, seitdem zu Beginn des 19. Jahrhunderts durch Übersetzungen die Reden Buddhas bekannt wurden.

4.3 Jesus Christus

Das Leben Jesu

Auch über Jesus Christus, auf den das Christentum seine Religion gründet, gibt es nur wenige historische Zeugnisse: Der römische Geschichtsschreiber Tacitus (um 55–116 n. Chr.) erwähnt ihn kurz in seiner Chronik der Kaiserzeit von Augustus bis zum Tode Neros, den „Annales“ (15,44). Dort nennt er ihn als „Urheber des Namens“ (der Christen), der unter der Herrschaft des Tiberius durch den Prokurator Pontius Pilatus hingerichtet worden sei. Die Religion der Christen wird von ihm als „verderblicher Aberglaube“ bezeichnet, als „Unheil“, das nicht nur in seinem Entstehungsgebiet Judäa, sondern auch in der Stadt Rom wieder hervorgebrochen sei. In den „Antiquitates Iudaicae“ (20,200) des jüdischen Geschichtsschreibers Josephus findet sich nur eine kleine Notiz über Jesus.[32]

32 Die ausführliche und positive Erwähnung Jesu (18, 63 f.) wird heute allgemein als eine nachträgliche Ergänzung von christlicher Hand beurteilt.

Verkündigungsszene, Ikone im Katharinenkloster auf dem Berg Sinai, 1260

Der Name **Christus** ist ein Hoheitstitel und leitet sich vom griechischen *Christos* ab, das heißt „der Gesalbte", hebräisch *mashiach,* gräzisiert: **Messias**. Damit bezeichneten die Pharisäer* und Zeloten* den von ihnen erwarteten politischen Heilsbringer, der das zerfallene Reich Davids wieder aufrichten sollte. Die Salbung mit heiligem Öl gehörte im alten Israel zum Akt der Inthronisation des Königs, der damit zum Stellvertreter Gottes auf Erden und zu dessen Sohn erhoben wurde. In diesem Sinne war auch die Bezeichnung „Menschensohn" ein Ehrentitel, den Jesu Anhänger ihm antrugen, den er selbst jedoch aller Wahrscheinlichkeit für sich ablehnte.[33] Sein Sohnschaftsverhältnis zu Gott drückte er in der Anrede „Abba", d. h. „lieber Vater", aus. Erst die Urgemeinde bezeichnete mit dem Titel „Christos" den Auferstandenen, um damit den schmachvoll Hingerichteten als den von Gott bestimmten Herrscher über sein Volk zu würdigen.

33 Mt 16,16 und Mk 14,61 f. werden von der Forschung als nachträgliche Projektionen der Gemeinde gewertet.

Zwar ist keine geschichtliche Biografie Jesu möglich, wohl aber lässt sich nach Auffassung der Exegeten aus den drei ersten Evangelien des Neuen Testamentes* Matthäus, Markus und Lukas (Synoptiker*) ein Bild seiner Persönlichkeit und seines Wirkens nachzeichnen: Aus dem Geschlecht Davids stammend (vgl. Mt 1,1–17; Mk 10,47 f.; auch Röm 1,3 f.) wurde er gegen Ende der Regierungszeit des Cäsaren Herodes d. Ä. geboren (vgl. Mt 2,1 und Lk 1,5). Über seine wunderbare Empfängnis im Schoß der Jungfrau Maria durch den Heiligen Geist* und seine Geburt erzählen die Evangelisten Matthäus (Mt 1,18–25) und Lukas (Lk 1,26–38; 2,1–20).

Im 15. Jahr des Kaisers Tiberius (etwa 28 n. Chr.) trat Jesus erstmals an die Öffentlichkeit und wirkte etwa eineinhalb bis zwei Jahre überwiegend in Galiläa um den See Gennesaret. Das Markusevangelium (Mk 8,27 ff.) berichtet von einer Reise Jesu in das „Zehnstädtegebiet“ im Ostjordanland (Dekapolis), das Johannesevangelium von drei Reisen zum Paschafest* nach Jerusalem, wo Jesus erst in den letzten Tagen seines Lebens öffentlich auftrat. Hier wurde er unter dem römischen Stadthalter Pontius Pilatus auf Betreiben des jüdischen Hohen Rates zum Tode verurteilt. Der – als falsch erwiesenen – Anklage wegen politischen Aufruhrs im Sinne eines messianischen Selbstanspruchs folgte die Hinrichtung durch Kreuzigung, aller Wahrscheinlichkeit nach am Rüsttag des Paschafestes im Jahre 30, der auf einen Freitag fiel (vgl. Joh 19,31).

Die Evangelien erzählen, dass Jesu Grab von Frauen aus seinem Freundeskreis leer aufgefunden wurde. Die wohl ursprüngliche Form dieser Grabesgeschichte liegt in Mk 16,1–18 vor. Sie wurde später durch einige Schilderungen ergänzt: durch Jesu Erscheinung am leeren Grabe (Mt 28,9 f.; Joh 20,11–18), durch den Hinweis auf weitere Zeugen (Joh 20,3–9) und durch die Erzählung über die Bestechung der Grabwächter (Mt 28,11–15). Außerdem berichten die Evangelien, dass Jesus nach seinem Tod seinen Jüngern erschien und ihnen den Sendungsauftrag erteilte. Die Erzählungen über Christi Himmelfahrt (Lk 24, 50–53; Mk 16,19; Apg 1,9–14) stehen mit denen der Auferstehung und der Geistausgießung an Pfingsten* in enger Verbindung, sofern ihr gemeinsamer Aussagegehalt die Erhöhung Jesu zur Rechten Gottes ist.

Jesu „gute Nachricht“ und ihr Anspruch

Als Gottes eigentlichen Willen verkündete Jesus das **Gebot der Nächstenliebe** (vgl. Lk 10,25–37), hinter dem er alle anderen religiösen Übungen und Gesetze zurücktreten ließ. Er selbst bezeugte die Heilsbotschaft Gottes, die „gute Nachricht“, durch seine Hinwendung zu den Schwächsten und Bedürftigsten, den Armen, Kranken, sozial Zurückgestellten und Verachteten, und – über die

Grenzen der Zugehörigkeit zu Familien-, Freundes-, Gesellschafts- und Volksgruppen hinaus – zu den Feinden. Mit seinen Krankenheilungen am Sabbat und seinem Ausspruch: „Der Sabbat ist um des Menschen willen geschaffen und nicht der Mensch um des Sabbats willen" (Mk 2,27) verletzte er in den Augen gesetzesstrenger Juden das Gebot der „Heiligung" des siebten Tages, an dem für sie jegliche körperliche Tätigkeit verboten war (z. B. Holz sammeln, Feuer anzünden, Kochen, ehelicher Verkehr, bei der Sekte der Essener sogar Verrichtung der Notdurft). Jesu Durchbrechung der Tabus bedeutete für ihn Kritik am Gesetzesverständnis seiner jüdischen Zeitgenossen, für diese aber Gotteslästerung. Entsprechend waren auch seine öffentlichen Reden, seine Auslegungen der Heiligen Schrift und seine Gleichnisse Aufrufe, seiner Liebesbotschaft zu folgen. Auch seine Erwartung der Ankunft Gottes war mehr an das Erscheinen von dessen väterlichen Güte als an dessen Strafgericht geknüpft.

Jesu Auftreten, das er nur aus der **Sendung durch seinen göttlichen Vater** autorisiert sah, wurde von den maßgeblichen jüdischen Gesetzesauslegern als messianischer Vollmachtsanspruch ausgelegt, eine Provokation, für die er nach den Möglichkeiten damaliger Rechtsprechung vom jüdischen Prokurator zum Tod verurteilt wurde.

Dass Jesu Wirken jedoch nicht mit seinem Tod beendet ist, sondern dass in ihm und durch seine Auferstehung der Gott Israels sein **Heilsversprechen** eingelöst hat, ist zusammen mit dem Liebesgebot das Zentrum der christlichen Botschaft.[34]

Die frühe Gemeinde sah sich zu ihrer Verbreitung endgültig durch die Sendung des Heiligen Geistes am Pfingstfest autorisiert, der in Gestalt von Feuerzungen (unterschiedlichen Sprachen) auf jeden Jünger herabkam.

Ein herausragendes Zeichen der Aufnahme in die Christengemeinde ist seit der Zeit der ersten christlichen Gemeinde nach Jesu Tod (Urgemeinde) die Taufe* und die Feier der Eucharistie (griech. „Danksagung"), d. h. das gemeinschaftliche Mahl als Vergegenwärtigung des letzten Abendmahls Jesu mit seinen Jüngern.

Im Laufe von zweitausend Jahren Christentum ist die Jesus-Botschaft durch vielerlei Christenpflichten und Glaubensvorstellungen erweitert worden, die ihrerseits – zumal wenn sie zu Dogmen erhoben wurden – ständige Auseinandersetzungen, Kirchenspaltungen und zahlreiche Sektenbildungen hervorriefen. Dazu gehört vor allem das Unfehlbarkeitsdogma, das auf dem 1. Vatikani-

34 Vgl. S. 114–116.

schen Konzil 1870 für die Gläubigen der römisch-katholischen Kirche als verbindlich erklärt wurde, heute jedoch von Theologen und Laien zunehmend infrage gestellt wird. Das Dogma schließt den Irrtum des Papstes bzw. des kirchlichen Lehramtes in Glaubensfragen aus. Außerdem herrscht Uneinigkeit über die Realpräsenz, d. h. die Lehre von der Anwesenheit des Fleisches und Blutes Christi in der Eucharistie; ebenso bestehen unterschiedliche Auffassungen über die Bedeutung und Deutung der Jungfrauengeburt, nach der Maria ihren Sohn Jesus allein durch den Heiligen Geist*, ohne sexuelle Beziehungen, empfangen habe. Liberale Theologen und Religionswissenschaftler vergleichen sie mit anderen Jungfrauengeburten – z. B. Buddhas oder auch Zarathustras – und sehen in ihnen eine besondere Art der Verehrung eines außergewöhnlichen, religiösen Menschen. Umstritten ist auch das Zölibat, das Leben in Ehelosigkeit, zu dem die katholischen Priester im Gegensatz zu den östlich-orthodoxen und den protestantischen verpflichtet sind, das aber in der frühen Kirche freiwillig war und nicht auf eine Forderung Jesu zurückgeführt werden kann. Darüber hinaus wird auch die Stellung der Frau in den kirchlichen Ämtern von den Konfessionen unterschiedlich aufgefasst und gehandhabt: Den katholischen Frauen ist der Zugang zum Priesterberuf nicht – wie den protestantischen – offen.

4.4 Mohammed (Muhammad)

Das Leben Mohammeds

Die jüngste unter den großen Weltreligionen, der Islam[35], geht auf den Propheten Mohammed (d. h. „der Gepriesene") zurück. Um seine Person bildeten sich viele Legenden, die ihn zu einer Idealgestalt des Glaubens der Muslime[36] erhoben. Auch das Leben des historischen Mohammed lässt sich deshalb nur unter Einschränkungen rekonstruieren.

Mohammed wurde 570 n. Chr. in der damals bedeutenden Handelsmetropole Mekka geboren, deren heidnische Heiligtümer in der Obhut der mächtigen Korishiten (auch Quraysch) lagen, deren Klan Mohammed (in einer Seitenlinie) entstammte. Nach dem frühen Tod seiner Eltern wurde er zunächst von seinem Großvater, dann von seinem Onkel erzogen, den er gelegentlich auf Reisen nach Syrien begleitete, wohin er auch selbst Handelskarawanen

35 Das Wort „Islam" taucht acht Mal im Koran auf. Es wird auf die gleiche semitische Wurzel zurückgeführt wie das hebräische *shalom* (Frieden) und bedeutet „in einen Zustand von Frieden und Sicherheit in Gott einzutreten durch Ergebenheit oder Auslieferung an ihn".

36 Ein Bekenner dieser Religion wird auch Moslem oder Muslim, in Europa auch Mohammedaner genannt.

führte und dabei Christen und Juden begegnete. Fünfundzwanzigjährig wurde er Karawanenführer der wohlhabenden Kaufmannswitwe Khadidja (auch Hadigah, Khadîja). Die Liebesehe mit ihr wird im Koran als Erweis der Gnade Gottes mit dem Propheten gedeutet (Sure 93,7 f.). Aus der Verbindung gingen vier Töchter und zwei Söhne hervor. Durch die Heirat konnte sich Mohammed als Kaufmann etablieren und erwarb sich Ansehen und Einfluss unter den Mekkanern. Deren polytheistische* religiöse Vorstellungen empfand er als krassen Gegensatz zum jüdischen und christlichen Monotheismus*.

Mohammed

Die Mekkaner glaubten an Dämonen und Geister, verehrten männliche und weibliche Gottheiten und in Mekka einen schwarzen Stein in einem würfelförmigen Tempel (Ka'ba), zu dem sie jährlich pilgerten. Mohammed, der schon in seiner Jugend und bis zu seinem Tod religiöse Erlebnisse hatte, zog sich im Alter von vierzig Jahren auf der Suche nach der Wahrheit Gottes in eine Höhle bei Mekka zurück. Dort hatte er eine Traumerscheinung vom Engel Gabriel, der ihn als „Gesandten Gottes" ansprach und zum Lesen oder Rezitieren der ersten fünf Verse der 96. Sure* des Korans aufforderte. Obgleich Mohammed nicht lesen konnte und Widerstand leistete, rezitierte er wie durch ein Wunder die Worte:

> Lies den Namen deines Herrn, der erschuf,
> Erschuf den Menschen aus geronnenem Blut.
> Lies, denn dein Herr ist allgütig,
> Der die Feder gelehrt,
> Gelehrt den Menschen, was er nicht gewusst.

Der Prophet erkannte, dass es nicht einen Gott der Juden, einen Gott der Christen, viele Gottheiten in Mekka geben könne, sondern nur einen einzigen. Von ihm leite sich die ganze Schöpfung ab und alle Menschen sollten deshalb in einer Gemeinschaft (umma) leben.

Diese von Mohammed verkündete Botschaft stieß aber in seiner Heimatstadt auf heftigen Widerstand, der in gewalttätigen Kämpfen zwischen den Gegnern seiner Lehre und seinen Anhängern, die sich al-muslimun, d. h. Muslime, nannten, eskalierte. Der Wortbedeutung nach sollte dieser Name ihre

Sicherheit aufgrund ihrer Verpflichtung Gott gegenüber ausdrücken. Weil Mohammed in Mekka kein Wirkungsfeld fand, wanderte er in seine Mutterstadt Yatrib, Medina („die Stadt"), aus. Wegen der herausragenden Bedeutung, die die muslimische Welt diesem Ereignis beimaß, wurde es unter dem Kalifen 'Omâr als Anfang der mohammedanischen Zeitrechnung (Mondjahr) bestimmt (6. Juli 622 n. Chr.). In Medina hoffte Mohammed wegen ihres Monotheismus zunächst auf die Unterstützung der dort lebenden Juden und der Emigranten, die sich ihm bereits angeschlossen hatten. Hier konnte er sein Leben einrichten, die Beziehungen seiner neuen Gemeinschaft zu Nachbarstämmen organisieren und mit diesen Verträge schließen, die in der „Verfassung von Medina" zusammengestellt wurden. Zu den Juden und Christen, die seine prophetische Sendung nicht anerkennen wollten, ging er zunächst auf Distanz, dann aber vor allem gegenüber den jüdischen Stämmen zu Vertreibung, Angriff und Unterwerfung über.

Nicht beendet waren indes auch die Auseinandersetzungen zwischen Mohammed und den Mekkanern, zumal Mohammed deren Handelskarawanen immer wieder überfiel. Siege und Niederlagen bei den Schlachten zwischen beiden Parteien wurden jeweils als Bestätigung ihres Glaubens gedeutet. 627 kam es schließlich zu einem Friedensvertrag, der Mohammed bestimmte Rechte in Mekka zusicherte. 630 zog er kampflos in seine Vaterstadt ein und ließ im Heiligtum Ka'ba die Götterbilder beseitigen, machte es aber zur wichtigsten Wallfahrtsstätte seines neuen Glaubens, womit der Handelsmetropole zugleich die materiellen Vorteile erhalten blieben. Mohammed selbst unternahm mit einer großen Schar von Anhängern die erste Pilgerreise des Islam nach Mekka. Von ihr nach Medina zurückgekehrt starb er dort nach kurzer Krankheit am 8. Juni 632.

Mohammed genoss nicht nur den Ruhm eines **Propheten**, sondern durch seine militärischen und sozialen Erfolge auch den eines obersten Gesetzgebers, dem es gelungen war, die bisher kaum zu einem Gemeinsamen organisierten – sogar noch zur Blutrache verpflichteten – Stämme durch seine zur Selbstständigkeit erhobene monotheistische Religion zu einem Einheitsbewusstsein zusammenzuführen. In diesem Sinne kann er als „theokratischer Staatsführer" bezeichnet werden.

Mohammeds Lehre

Im Unterschied zu den Schriften des Veda* und der Bibel*, die innerhalb eines jahrhundertelangen Zeitraums entstanden, geht die Heilige Schrift des Islam, der Koran, einzig auf Mohammed zurück, dessen Offenbarungen noch zu seinen Lebzeiten in einzelnen Stücken und wenig geordnet aufgeschrieben wurden.

In die Lehre Mohammeds sind **christliche und jüdische Einflüsse** eingegangen, vor allem – als Zentrum des Glaubens – der Monotheismus. Allâh ist der einzige Gott, die höchste Instanz der Barmherzigkeit, aber auch des „Jüngsten Gerichts“, bei dem er die Guten mit dem Paradies, die Bösen mit der ewigen Hölle bestraft.[37] Mit den Juden hat Mohammeds Lehre das **Bilderverbot** gemeinsam, ebenso die **Erwartung des Messias** und den Brauch der **Beschneidung***, in dem sie auch mit den Arabern übereinstimmte. Darüber hinaus sollte – nach dem Vorbild des jüdischen Versöhnungstages – am zehnten Tag des ersten Monats gefastet und in dem vom Propheten gebauten Gotteshaus morgens, mittags und abends mit der Wendung des Gesichts nach Jerusalem gemeinsam gebetet werden. Nach Mohammeds Abkehr von den Juden sollten sich die Gläubigen beim Beten nach Mekka ausrichten und die Praxis ihres Fastens ändern, indem sie es nunmehr während des ganzen neunten Monats zwischen Morgengrauen und Sonnenuntergang einhielten.

Aus dem Glauben der Christen hat Mohammed die Gestalt Jesu in seine Religion übernommen. Aber im Unterschied zum Christentum lehnt der Islam die Gottessohnschaft Jesu ab. Denn weder diese sei mit dem Monotheismus vereinbar noch das Dogma der Trinität (die Lehre von der Dreifaltigkeit Gottes, der Einheit der drei Personen: Vater, Sohn und Heiliger Geist). Gleichwohl spricht Mohammed Jesus eine besondere Stellung zu: Er wurde ohne Zeugung durch einen irdischen Vater von seiner gotterwählten Mutter Maria geboren, die ihren Sohn durch einen Schöpfungsakt Gottes empfing. Gegen den Vorwurf der unehelichen Geburt verteidigt der Koran Maria als keusche Jungfrau. Jesus ist neben Abraham, Noah, Mose und Mohammed einer der größten Propheten, der von Gott auserwählt und von ihm durch Wunder und Zeichen in der Echtheit seines Wirkens bestätigt wurde. Wie Mose die Tora* und Mohammed den Koran so hat Jesus das Evangelium* als Offenbarung von Gott empfangen und ist deshalb dessen großer Gesandter. Nicht er sei durch den Kreuzestod gestorben, sondern ein ihm ähnlicher. Er sei von Gott erhoben und als Zeuge für die Gläubigen bei der Auferstehung der Toten auserwählt worden.

37 Vgl. S. 81 f. und 138 f.

Trotz aller Einflüsse auf den Islam und trotz der unterschiedlichen Auslegungsmöglichkeiten des Korans gelten aufgrund der Überlieferung der Lehre Mohammeds fünf **Pflichtgruppen** als verbindlich:

1. das Gebotene, dessen Unterlassung bestraft wird;
2. das Verdienstliche, dessen Ausführung belohnt, dessen Unterlassung nicht bestraft wird;
3. das Verbotene, dessen Tun bestraft wird;
4. das Missbilligte, dessen Unterlassung belohnt, dessen Übung aber nicht bestraft wird;
5. das Gleichgültige, das weder belohnt noch bestraft wird.

Von den religiösen Pflichten sind die wichtigsten die vier, welche zusammen mit dem **Glauben an Gott und seine Propheten** als die **fünf Säulen des Islam** bezeichnet werden:

1. Das **Ritualgebet** (salât) besteht aus bestimmten Formeln und Koranzitaten und wird von besonderen Körperbewegungen begleitet. Es ist nach Mekka gewendet vorzunehmen und wird fünfmal am Tag gesprochen. Am Freitag tritt an die Stelle des Mittagsgebetes ein Gottesdienst mit Predigt in der Moschee.
2. Das **Fasten** ist während des ganzen Monats Ramadan zu beachten.
3. Die **Armensteuer** (zakât) ist eine Abgabe, die nach bestimmten Vorschriften vom Besitz in bar oder in Naturalien für religiös-karitative Zwecke erhoben wird.
4. Die **Pilgerfahrt nach Mekka** soll von jedem Gläubigen wenigstens einmal im Leben ausgeführt werden, wenn er dazu imstande ist.

   Diese Pflichten werden durch Verbote und Gebote, Rechte und Bräuche ergänzt (vgl. S. 7 ff.):

   - Verbote: Genuss von Schweinefleisch, Wein, Glücksspielen.
   - Rechte: Einem Moslem ist es erlaubt, bis zu vier Frauen zu heiraten.
   - Gebote bzw. Bräuche: Beschneidung* ist üblich, aber nicht geboten; Frauen sollen in der Öffentlichkeit verschleiert auftreten.

Zusammenfassung: „Religionsstifter“

Die alt-iranische (zoroastrische), buddhistische, jüdisch-christliche und islamische Religion führen ihr Entstehen auf eine herausragende **Persönlichkeit** zurück, deren Beispiel und Lehre ihre Anhänger in jahrhundertelanger Kontinuität folgten.
Die außergewöhnlichen Menschen, von denen die Religionen ihren Anfang nahmen, werden allgemein als „**Religionsstifter**“ bezeichnet.

Die Figuren der Religionsstifter lassen einige Gemeinsamkeiten erkennen:

- Ihre historische Biografie ist mit vielerlei Geschichten durchwirkt (z. B. wunderbare Empfängnis und Geburt).
- Die auf ihre Lehre zurückgeführten Schriften sind nicht von ihnen selbst verfasst.
- Mit charismatischer Hinwendung zu den Menschen verkünden sie ihre Botschaft, die in Auseinandersetzung mit ihrem kulturellen und religiösen Umfeld zu einer Erneuerung alter Werte oder auch zu ganz neuen Wertsetzungen der religiösen Lebensführung aufruft.

Die unterschiedlichen Botschaften, Lehren und Anforderungen, welche auf die jeweiligen „Stifter“ zurückgeführt werden, prägen seit dem Entstehen der Religionen bis heute nicht nur das Leben ihrer einzelnen Anhänger, sondern auch die Kultur und Geschichte ihrer Verbreitungsgebiete.

Deutungen von Welt und Mensch

1 Weltschöpfung und Weltanfang

Anschauungen vom Weltanfang wurden je nach den Kultur- und Zeiträumen, in denen sie entstanden, sowohl in den Sprachformen von **Erzählungen** und **Hymnen** als auch in denen **philosophischer Theorien** überliefert. Der Unterschied zwischen beiden wird auch als der zwischen **Mythos*** und **Logos*** bezeichnet, zwei griechische Varianten für „Wort". Im Gegensatz zur abstrakten Begrifflichkeit von Theoriebildungen ist eine mythologische Erzählung „immer eine Art Drama – auf die Bühne gesetzt […]. Das Schauspiel enthält aber eine Götterlehre, die auch eine Menschenlehre ist".[38]

Für die Welt-*Schöpfung* wird ein Erzeuger-Wille einer oder mehrerer Götter angenommen, der sich durch **Wort** und **Tat** manifestiert, demgegenüber wird die Welt-*Werdung* gedacht als ein **Hervorgehen** aus den Kräften der Natur, möglicherweise unter göttlicher Mitwirkung.

In Bezug auf die Haltung und Entscheidung eines Menschen zu seiner Religion werden *Glauben* und *Wissen* voneinander abgegrenzt.

Erzählungen und ihre Erzähler ebenso wie Hymnen und ihre Dichter bzw. Sänger erwecken aufgrund des subjektbezogenen Charakters den Eindruck persönlichen Betroffenseins und dementsprechend *ethischer* Wertsetzungen. Diese ethischen Kriterien sind dagegen in fachspezifischen Abhandlungen vor allem heutiger Wissenschaftler mit dem Anspruch wertneutralen und objektbetonten Erkenntnisinteresses nicht unmittelbar zu erkennen, werden aber gerade deshalb zunehmend unter die Herausforderung ihrer ethischen Rechtfertigung gestellt.

Der Religionswissenschaftler Karl Kerényi (1897–1973) schreibt in seinem erstmals 1941 mit dem Psychologen Carl Gustav Jung (1875–1961) herausgegebenen Buch über das Wesen der Mythologie: „Mythologie ist keine bloße Ausdrucksweise, an deren Stelle auch eine andere, einfachere und verständlichere hätte gewählt werden können." Das richtige Verhalten zu ihrer bildhaften Aussage ist nicht ihre Übersetzung in die Sprache der Wissenschaft, vielmehr: sie „für sich reden lassen und einfach hinhören. Die Erklärung hat dabei auf derselben Linie zu bleiben wie die Erklärung eines musikalischen oder höchstens eines dichterischen Kunstwerkes. […] Die Mythologie singt

38 Karl Kerényi: Die Mythologie der Griechen, Rhein-Verlag: Zürich 1951, S. 15 f.

wie der abgeschnittene Kopf des Orpheus auch noch in ihrer Todeszeit, auch noch in der Ferne weiter. In ihrer Lebenszeit, bei dem Volk, bei dem sie heimisch war, wurde sie nicht nur mitgesungen wie eine Art Musik: sie wurde gelebt".[39]

1.1 Der Rigveda Indiens

Das älteste literarische Zeugnis Indiens, der Rigveda, enthält einen **Hymnus** über den Ursprung der Welt.

Paul Thieme, der die Gedichte aus dem Sanskrit ins Deutsche übertragen hat, erläutert den Hymnus: „Die eingestandene Unsicherheit über die Modalitäten der Entstehung spiegelt sich wieder in ihren Benennungen: bald ist die Rede von einem ‚Geborenwerden', bald von einem ‚Sichbilden', bald von einem ‚Keimen', bald von einer ‚Emanation' [von lat. emanare, herausfließen, entspringen]. Charakteristisch ist es, dass die Entstehung des ersten konkreten Lebendigen aus abstrakten Prinzipien hergeleitet wird: Denken, Begehren, Hitze, ohne – notwendige – Mitwirkung einer persönlichen Gottheit. Der Hymnus ist einer der ältesten Versuche altindischer naturphilosophischer Weltentstehungsspekulation."[40]

Nicht existierte Nichtseiendes, noch existierte Seiendes damals – nicht existierte der Raum, noch auch der Himmel jenseits davon. Was umschloss? Wo? Im Schutz wovor? Existierte das (Süß-) Wasser? – Nein, nur ein tiefer Abgrund!

Nicht existierte der Tod, also auch nicht das Leben. Nicht existierte das Kennzeichen der Nacht (Mond und Sterne), des Tages (die Sonne). – Es atmete (begann zu atmen) windlos, durch eigene Kraft da ein Einziges. Nicht irgendetwas anderes hat jenseits von diesem (d. h. früher als dieses) existiert.

Finsternis war verborgen durch Finsternis im Anfang. Kennzeichenlose Salzflut war dieses All. Der Keim, der von Leere bedeckt war, wurde geboren (kam zum Leben) als Einziges durch die Macht einer (Brut-)Hitze.

Ein Begehren (nach Entstehung) bildete sich da am Anfang, das als Same des Denkens als erstes existierte, die Nabelschnur (den Ursprung) des Seienden im Nichtseienden fanden die Dichter heraus, in ihrem Herzen forschend, durch Nachdenken.

Quer aufgespannt war ein Seil (auf) ihrem Wege: Existierte denn ein Unten? Existierte denn ein Oben? Existierten Besamer? Existierten Schwangerschaften? Waren Eigenkräfte (männliche Prinzipien) später, Hingabe (das weibliche Prinzip) früher (oder umgekehrt)?

39 Carl Gustav Jung/Karl Kerényi: Einführung in das Wesen der Mythologie, Walter-Verlag: Zürich/ Düsseldorf 1999 (Neuauflage), S. 16.

40 Gedichte aus dem Rig-Veda, aus dem Sanskrit übertragen und erläutert von Paul Thieme, © Philipp Reclam jun. Verlag: Stuttgart 1993, S. 65.

Wer weiß es gewiss, wer wird es hier verkünden, woher geboren (zum Leben gekommen), woher diese Emanation (der Welt) ist? Diesseits sind die Himmlischen von der Emanation dieser Welt. Also wer weiß es, woher sie geworden („gekeimt") ist?

Woher diese Emanation geworden (gekeimt) ist, ob sie getätigt worden ist (von einem Agens) oder ob nicht – wenn ein Wächter dieser (Welt) ist im höchsten Himmel, der weiß es wohl: oder ob er es nicht weiß?

Gedichte aus dem Rig-Veda, hrsg. von Paul Thieme, S. 65 f.

1.2 Ägyptische Hymnen an die Gottheiten von Wasser und Sonne

Die besondere Bedeutung der Sonne und des Wassers in der Kultur und Religion der Ägypter erwuchs ihrer unmittelbaren Nähe zur Wüste, der sie ihr Land nur durch die Überschwemmungen des Nils abgewinnen konnten. So ist für die Ägypter die Weltschöpfung – wie die Erneuerung der Erde durch die wiederkehrende Überflutung – nicht nur ein einmaliges Ereignis in der Urzeit, sondern ein wiederholtes Geschehen, welches das alltägliche und religiöse Leben der Menschen bestimmt. Es wundert daher nicht, dass vor allem Sonne und Wasser der existenzielle Bezug in den zeitlich und räumlich unterschiedlichen Kosmogonien der Ägypter waren.

In *Hapi,* der als Geist des Nils galt, wurde der „Vater der Götter" verehrt, „der Einzige, der sich selbst erschafft, dessen Ursprung unbekannt ist […], Herr der Fische, reich an Korn". Er wurde als Gottheit beiderlei Geschlechts dargestellt. Ein Pyramidentext beginnt mit den Worten:

Hier ist es das Wasser des Lebens, das sich im Himmel befindet, hier ist es das Wasser des Lebens, das in der Erde ist. Der Himmel leuchtet für dich, die Erde bebt für dich, wenn der Gott geboren wird. Die beiden Hügel spalten sich, der Gott nimmt Gestalt an, der Gott breitet sich aus in seinem Körper.

Lexikon des alten Ägypten, S. 140 f.

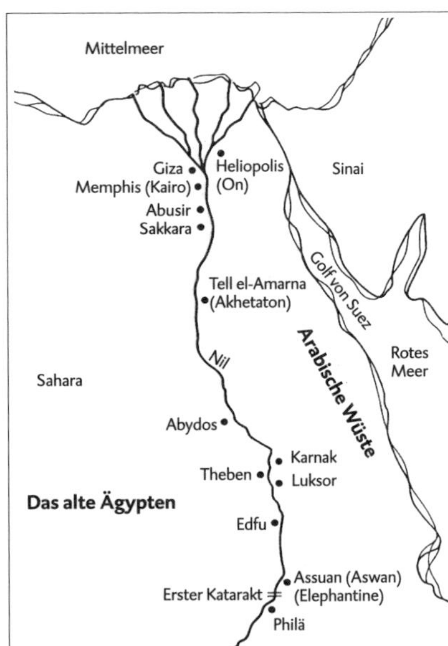

Karte des alten Ägypten

Der große Aton-Hymnus des Echnaton

Der Aton-Hymnus wurde in einem Königs-Grab von Tell-el-Amarna, Teile von ihm auch in anderen Gräbern gefunden. Als sein Dichter gilt König Amenophis IV. (18. Dynastie um 1361–1340 v. Chr.), der seinen Namen in *Echnaton* („Es gefällt Aton“) änderte. Erstmals versuchte er die Verdrängung des bis dahin herrschenden Polytheismus* durch die Etablierung eines einzigen höchsten Schöpfergottes. Diesen verehrte er in der Erscheinungsform der Sonne, *Aton:*

Du zeigst dich schön im Sonnenberg des Himmels, du lebendiger Aton, der das Leben zuerst begann. Wenn du im östlichen Sonnenberg aufgestanden bist, erfüllst du alle Lande mit deiner Schönheit. Wenn du schön bist, wenn du groß bist, wenn du erstrahlst, wenn du über alle Lande erhöht bist, umschließen deine Strahlen alle Länder bis zur Grenze alles dessen, was du geschaffen hast. Wenn du [...] fern bist, sind deine Strahlen doch auf der Erde. Du bist vor dem Angesicht der Menschen. Sie betrachten deine Wanderung. [...]

Du schufst die Erde nach deinem Herzen, da du allein warst, mit den Menschen, Herden und allen Arten Wild, alles, was auf der Erde ist, was auf Füßen geht, und das, was sich in die Höhe erhebt und auf seinen Schwingen fliegt, das Bergland Syrien und Nubien samt dem Lande Ägyptens. Du stelltest jedermann an seinen Platz und bereitest ihnen, was sie nötig haben, sodass ein jeder seine Nahrung hat, und seine Lebzeit ist berechnet. Die Zungen sind gesondert, was die Sprache angeht, ihre Natur und ihre Hautfarben sind verschieden gemacht. Ungleich schufst du die Völkerschaften. [...]

Deine Strahlen nähren alle Felder. Wenn du aufgehst, leben sie und wachsen vor dir. Du schufst alle Jahreszeiten, um alles, was du gemacht hast, entstehen zu lassen, den Winter, um zu kühlen, und die Sommerhitze, damit sie dich schmecken können. Du machtest den Himmel fern, um auf ihn hinaufzugehen und alles zu sehen, was du geschaffen hast, obgleich du allein warst, als du in deiner Gestalt als der lebendige Aton aufgegangen warst, strahlend, leuchtend, fern und doch nah.

Handbuch der Religionsgeschichte, Bd. 1, S. 389 f.

1.3 Der Weltanfang in der griechischen Mythologie

Die griechische Mythologie vom Anfang der Dinge überliefert vielschichtige Bildmotive in unterschiedlichen Erzählvarianten, von denen hier die ausgewählt werden, deren mythologische Namen auch in heutigen (Umwelt- und Weltentstehungs-)Theorien wieder an Aktualität gewinnen.

Griechenland und Kleinasien

Chaos und Gaia

Die Erzählung des Dichters Hesiod (um 700 v. Chr.) spricht von der lebenserzeugenden und -tragenden griechischen Ur- und All-Mutter *Gaia*, die aus dem *Chaos* hervorgegangen ist. Das Chaos[41], verwandt mit Nacht und Finsternis, ist geworden. Es ist auch im Kosmos des Zeus nicht verschwunden. Von den Göttern wird es gehasst, die Titanen werden an seinen Rand gebannt. Hesiod sagt nicht, woher die Erde kommt. Sie entstand und wird ewig bleiben. Ihre breitbrüstige Gestalt verweist darauf, dass sie – als Mutter – viele ernähren kann. Sie brachte aus sich Uranos (den Himmel), Pontos (das Meer) und die Gebirge hervor. Auch die Herkunft des Götter- und Menschenvaters Zeus geht auf ihre Nachkommen aus ihrer Verbindung mit ihrem eigenen Sohn Uranos zurück.

41 *Chaos* ist die gähnende, klaffende Leere des Raumes, in dem alles Weitere entsteht (nicht wie später oft eine ungeordnete anfängliche Stoffmasse). – Die germanische Mythologie ist der griechischen wie auch der biblischen Vorstellung vom Anfang verwandt, da auch sie ihn als Chaos, als „gähnenden Schlund" schildert, in dem es weder Sand noch See noch Erde und Himmel gab.

Zuerst war das Chaos (gähnende Leere des Raumes), danach die breitbrüstige Gaia, niemals wankender Sitz aller Unsterblichen, die den Gipfel des beschneiten Olymps und den finsteren Tartaros bewohnen in der Tiefe der breitstraßigen Erde; weiter entstand Eros (Liebesbegehren), der schönste der unsterblichen Götter, der gliederlösende, der allen Göttern und Menschen den Sinn in der Brust überwältigt und ihr besonnenes Denken.

Aus dem Chaos gingen Erebos (finsterer Grund) und die dunkle Nacht hervor, und der Nacht wieder entstammten Aither (Himmelshelle) und Hemere (Tag), die sie gebar, befruchtet von Erebos' Liebe.

Gaia brachte zuerst, ihr gleich, den sternreichen Uranos hervor, damit er sie ganz bedecke und den seligen Göttern ein niemals wankender Sitz sei. Weiter gebar sie hohe Berge, liebliche Göttersitze für Nymphen, die zerklüftete Höhen bewohnen. Auch das unwirtliche Meer, das anschwillt und stürmt, erzeugte sie, doch ohne verlangende Liebe. Dann aber gebar sie, von Uranos umarmt, den tiefwirbelnden Okeanos [...] und die liebliche Tethys. Nach diesen wurde als jüngster der Krummes sinnende Kronos geboren, das schrecklichste ihrer Kinder.

Hesiod: Theogonie 115–135.

Okeanos

Der Dichter Homer nennt *Okeanos* den „Ursprung der Götter" und den „Ursprung von allem". Der Flussgott Okeanos besaß eine unerschöpfliche Zeugungskraft. Alles hat in ihm seinen Ursprung. Er strömt immer noch, am äußersten Rand der Erde, im Kreise in sich selbst zurück. Alle Wasser, Flüsse, Quellen, Brunnen, auch das Meer entspringen ununterbrochen seinem breiten, starken Strom. Mit ihm war die Göttin Tethys verbunden, die „Mutter" genannt wird. Der männliche Urstrom Okeanos konnte nur der „Ursprung von allem" sein in der Vereinigung mit einer empfangenden Ur-Wassergöttin. Das Ur-Paar aber, so erzählt Homer, enthalte sich seit Langem der Zeugung; denn ohne die Beendigung der Urzeugung könne unsere Welt nicht bestehen, weil alles ins Grenzenlose gezeugt worden wäre.

Der Orphische Schöpfungsbericht

Orpheus soll der griechischen Sage nach mit seinem bezaubernden Gesang und Kitharaspiel Tiere und Pflanzen, sogar die Herrscher der Unterwelt bewegt haben, aus ihr seine an einem Schlangenbiss gestorbene Frau Eurydike zu entlassen. Wider das Gebot drehte er sich jedoch auf dem Rückweg durch den Hades nach der ihm folgenden Gattin um, sodass sie nicht zu ihm zurückkehren konnte.

Orpheus soll ein besonderer Anhänger des Dionysos, des griechischen Gottes der Fruchtbarkeit und des Weines, nach dem Verlust Eurydikes aber ein

Apoll spielt auf der Lyra, Vase aus Vulci

Verehrer Apolls, des Gottes des Schönen, der Ordnung und des Lichtes, gewesen sein. Aus Rache für seine Untreue gegen Dionysos soll er von Thrakerinnen zerrissen, aber von den Musen bestattet worden sein, sein Haupt und seine Leier seien nach Lesbos geschwommen.

Orpheus gilt als der Stifter einer religiösen Bewegung, der Orphik („Lehre des Orpheus“, etwa seit dem 6. Jhd. v. Chr.). Zu ihr gehört der Schöpfungsbericht, dessen älteste erhaltene Wiedergabe sich in der Form einer Parodie in der Komödie „Die Vögel“ (414 v. Chr.) des Aristophanes findet:

In der Zeiten Beginn war Tartaros, Nacht, und des Erebos Dunkel und Chaos;
Luft, Himmel und Erde war nicht; da gebar und brütet’ in Erebos’ Schoße,
Dem weiten, die schattenbeflügelte Nacht das uranfängliche Windei;
Und diesem entkroch in der Zeit Umlauf der verlangenentzündende Eros,
An den Schultern von goldenen Flügeln umstrahlt und behend wie die wirbelnde Windsbraut.
Mit dem Chaos, dem mächtigen Vogel, gepaart, hat der in des Tartaros Tiefen
Uns ausgeheckt und heraufgeführt zu dem Lichte des Tages, die Vögel.
Noch war das Geschlecht der Unsterblichen nicht, bis er alles in Liebe vermischte.
Wie sich eins mit dem andern dann paarte, da ward der Okeanos, Himmel und Erde,
Die unsterblichen, seligen Götter all! – Und so sind wir erwiesenermaßen
Weit älter, als alle Unsterblichen sind! Denn dass wir von Eros gezeugt sind,
ist sonnenklar.

Handbuch der Religionsgeschichte, Bd. 3, S. 208.

1.4 Der Weltanfang in der griechischen Philosophie

Die Dichter Homer und Hesiod haben den Griechen ihre Götter „erschaffen" und ihnen ihre Namen und ihre Gestalten gegeben.[42] Diese Zuschreibung enthält bereits eine aufklärerische Distanzierung vom Mythos*, mit der die europäische Philosophie begann. Noch weiter vom mythologischen Sprechen entfernen sich die Denker, die nach dem „Anfang", nach einem „Urstoff", einem Prinzip im Dasein fragen. Die ältesten unter ihnen sind die drei Naturphilosophen aus Milet in Kleinasien. Der „Urstoff" war für Thales (um 624–546 v. Chr.) das Wasser, für Anaximenes (um 585–525 v. Chr.) die Luft und für Anaximandros (610–547 v. Chr.) eine Substanz, die er das Unbegrenzte oder Unbestimmte nannte.

Heraklit

Heraklit aus Ephesos (ca. 535–475 v. Chr.) verwendet in den uns überlieferten Fragmenten Bilder nicht im Erzählzusammenhang, sondern zur erklärenden Veranschaulichung eines alles durchströmenden ordnenden Weltgesetzes, eines „Verbindenden", „Gemeinsamen", das er „Logos"* nennt. Er sieht den Ursprung des Seins und seine Ganzheit in der ständigen Bewegung und **Einheit seiner Gegensätze**. Darauf verweisen seine berühmten Fragmente:

Fr. 53 Der Krieg ist der Vater aller Dinge.

Fr. 8 Das widereinander Strebende zusammengehend; aus dem auseinander Gehenden die schönste Fügung.

Fr. 49 a In dieselben Flüsse steigen wir und steigen wir nicht, wir sind und wir sind nicht.

Fr. 91 Man kann nicht zweimal in denselben Fluss steigen.

Kein Gott und kein Mensch hat die „eine Ordnung der Dinge" geschaffen. Sie wird von Heraklit öfter als *Feuer* bezeichnet, was kaum buchstäblich, aber auch nicht nur „ideell-symbolisch" zu verstehen ist, zumal das Feuer ebenfalls als „vernünftig", „göttlich" und „mächtig" bestimmt wird.

Fr. 30 Diese Weltordnung, dieselbe für alle Wesen, schuf weder einer der Götter noch der Menschen, sondern sie war immerdar und ist und wird sein ewig lebendiges Feuer, erglimmend nach Maßen und erlöschend nach Maßen.

Aus dem Feuer werden Weltanfang, -ende und -erneuerung. Das wohl bedeutet der Spruch:

Fr. 64 Alles lenkt der Blitz.

42 So steht es bei Herodot (2,53), dem griechischen Geschichtsschreiber (um 490–420 v. Chr.); vgl. dazu Nachwort zu Hesiod: Werke und Tage, Griechisch und Deutsch, Reclam Verlag: Stuttgart 1996, S. 99.

Platon

Platon aus Athen (427–347 v. Chr.) steht der Mythologie, zumal der Götterlehre, wie auch der Poesie zwar kritisch gegenüber, nimmt aber sorgsam ausgewählte Erzählstoffe in seine philosophischen Dialoge auf.

Platons Bild von der Welt und ihrem Anfang ist im Zusammenhang seiner **Ideenlehre** zu sehen, die im Zentrum seiner Philosophie steht.

Die „Idee" ist für ihn das „Sein" schlechthin: „Ewiges" im Gegensatz zum Werden, das sich Gleichbleibende im Gegensatz zum Wandelbaren, das Absolute im Gegensatz zum bloß Relativen, das „vielen Gleichnamigen Gemeinsame", das vollkommene Urbild im Gegensatz zu dessen unvollkommenem Abbild: Der Tischler z. B. verfertigt einen „realen" Stuhl im „Hinschauen" auf den „idealen" Stuhl, d. h. die „Idee des Stuhles". Er schafft somit ein Abbild von dem Urbild des Stuhles.

Das Reich der Ideen ist in eine aufwärtssteigende Stufenfolge gegliedert, deren höchste Stelle die Idee des Guten in der Einheit mit dem Schönen und Wahren einnimmt. Platon vergleicht sie mit der Sonne, gelegentlich bezeichnet er sie auch als Gottheit, als ersten Anfang des Seins. Sie ist das höchste Ziel auf dem schweren Weg der Erkenntnis, den er in seinem berühmten **„Höhlengleichnis"** (vgl. S. 92) veranschaulicht.[43]

So lässt er Timaios in dem nach ihm benannten Dialog (29 a–30 a) bei der Frage nach dem Urheber der Welt, der Ursache allen Werdens, zunächst auf die Begrenztheit der menschlichen Erkenntnisfähigkeit verweisen:

Wundere dich also nicht, wenn wir in vielen Dingen über vieles, wie die Götter und die Entstehung des Weltalls, nicht imstande sind, durchaus und durchgängig mit sich selbst übereinstimmende und genau bestimmte Aussagen aufzustellen […], sodass uns geziemt, indem wir die wahrscheinliche Rede über diese Gegenstände annehmen, bei unseren Untersuchungen diese Grenze nicht zu überschreiten.

Platon: Timaios 29 c, d.

Unter dieser einschränkenden Voraussetzung spricht Timaios von dem göttlichen Weltbildner (Demiurg), der die Welt als Abbild der Ideenwelt, als die schönste, vollkommenste und einzig mögliche erschaffen habe:

Alles Entstehende muss notwendig aus einer Ursache entstehen; denn jedem ist es unmöglich, ohne Ursache das Entstehen zu erlangen. […] Also den Urheber und Vater dieses Weltalls aufzufinden, ist schwer, nachdem man ihn aber auffand, ihn allen zu verkünden, unmöglich. […] Ist aber diese Welt schön und ihr Werkmeister gut, dann war offenbar sein Blick auf das Unvergängliche gerichtet. […] Indem nämlich Gott wollte, dass alles gut und, so viel wie möglich,

43 Vgl. Karl Vorländer: Geschichte der Philosophie, Bd. 1, Rowohlt: Hamburg 1963, S. 91–93, 98.

nichts schlecht sei, brachte er, da er alles Sichtbare nicht in Ruhe, sondern in ungehöriger und ordnungsloser Bewegung vorfand, dasselbe aus der Unordnung zur Ordnung, da ihm diese durchaus besser schien als jene.

Platon: Timaios 28–30.

Aristoteles

Aristoteles aus Stagira in Makedonien (384–322 v. Chr.), Schüler Platons, bestimmt in seiner „Metaphysik"* (XII, 7) die Natur als Prinzip der Bewegung und Veränderung und fragt nach der Ursache allen Werdens. Diese ist für ihn ein „erstes Bewegendes". Die Ursache selbst ist unbewegt. Sie ist immateriell, ewig und vollkommen, unteilbar und unzertrennlich. In der aristotelischen Bestimmung dieses Wesens als einziges, göttliches, leidloses, unwandelbares wird zum ersten Mal der **Monotheismus*** begrifflich formuliert.

1.5 Gottes Schöpfung im Alten Testament

Wie das griechische und ägyptische Erzählgut vom Anfang der Welt so ist auch das biblische nicht als historische bzw. naturwissenschaftliche Aussage zu verstehen, wenngleich es dem wissenschaftlichen Weltbild seiner Zeit nicht widerspricht. Es ist zu lesen als Zeugnis des Glaubens Israels an den Gott Jahwe*, der nach seinem Schöpfungswillen und -plan die Welt aus dem Chaos ordnete und gestaltete. Im Unterschied zu Vorstellungen vom Weltanfang durch ein *Werden* wird nach der biblischen Aussage der Weltbeginn durch ein *Schaffen* initiiert.

Die Schöpfungsberichte des Buchs Genesis

Das erste Buch des Alten Testaments, die **Genesis*** (griech. Ursprung, Entstehung, Schöpfung), dem zunächst eine mündliche Überlieferung vorausging, nahm auch Mythen benachbarter Kulturkreise in sich auf. Es enthält zwei Schöpfungsberichte. Dabei steht der jüngere, der in der Exilszeit (6. Jhd. v. Chr.) zum letzten Mal in größerem Umfang bearbeitet wurde, dem älteren aus der Zeit des Königs David (um 1000 v. Chr.) voran.

Nach dem ersten (jüngeren) Schöpfungsbericht (Gen 1,1–2,4a) erschuf Gott die Welt und als Vollendung seiner Schöpfung und zu deren Gebrauch den ihm ebenbildlichen Menschen. Von seinem Sechstagewerk ruhte er sich am siebten Tag aus, nachdem er es zuvor für gut, ja sehr gut befunden hatte.

Der zweite Schöpfungsbericht (Gen 2,4b–25), der sich an den ersten anschließt, erzählt in kürzerer Form von der Erschaffung der Erde und vom „Garten Eden" (Paradies), in den Gott das erste Menschenpaar hineinsetzte. Der Urvater *Adam* wurde aus Ackererde erschaffen und durch das Einhauchen von Gottes Atem belebt. Er sollte jedem Lebewesen einen Namen geben. Keines aber war ein zu ihm passender Gefährte. Deshalb bildete Gott aus seiner Rippe seine Frau *Eva* als sein „Gegenüber", die **Urmutter**. Das Paar erhielt von seinem Schöpfer den Auftrag, den Garten zu bebauen und sich zu vermehren. Von allen Bäumen durften sie essen, nur nicht vom Baum der Erkenntnis des Guten und Bösen. Bei Übertretung dieses Gebotes müssen sie sterben und das Paradies verlassen. Fortan wird die Erde Dornen und Disteln tragen und die Frau muss ihre Kinder in Schmerzen gebären.

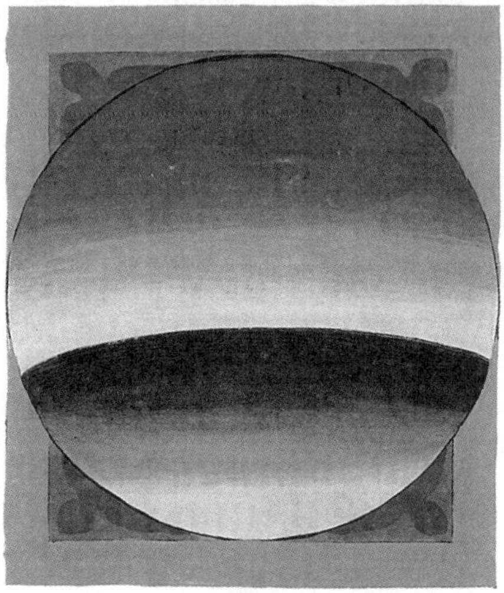

Die Schöpfung, gotische Buchmalerei zu Gen 1,3–5

Schöpfungsmotive in alttestamentlichen Psalmen

Psalmen (griech. *psalmos:* „zum Saiteninstrument gespieltes Lied", hebr. „Loblieder", „Preisungen") sind im Alten Testament eine Sammlung von 150 Liedern in freien Rhythmen, die aus den Lebenssituationen Einzelner oder der Gemeinden hervorgingen und vor allem bei festlichen und gottesdienstlichen Anlässen verwendet wurden. Aufgrund dieses lebendigen Gebrauchs und ihrer damit verbundenen Abwandlungen ist die Entstehungszeit der Psalmen (ca. 1000–150 v. Chr.) nur bei wenigen genauer datierbar. Ihre heutige Gestalt geht auf die Zeit nach dem Exil (ab 520 v. Chr.) zurück, als die Gemeinde sie sammelte und aufschrieb.

Es gibt unterschiedliche Gruppen von Psalmen: Dank-, Klage-, Vertrauens-, Wallfahrtspsalmen, Zions-Lieder, Weisheits- und Lehrgedichte u. a. Bekannt sind die Psalmen Davids (wobei die Bedeutung des Genitivs im Sinne von „für" oder „von" nicht eindeutig ist).

Verwandte psalmartige Dichtungen finden sich auch außerhalb Israels, z. B. Hymnen und Gebete in Mesopotamien und Ägypten. So ähneln z. B. die Motive im „Sonnengesang des Echnaton" denen des 104. Psalms, in dem freilich der eine, über aller Natur stehende Gott Israels verherrlicht werden soll.

Psalm 104

Ps 104,1 Lobe den Herrn, meine Seele! Herr, mein Gott, du bist herrlich; du bist schön und prächtig geschmückt.
3 Du baust deine Gemächer über den Wassern. Du fährst auf den Wolken wie auf einem Wagen und kommst daher auf den Fittichen des Windes,
4 der du machst Winde zu deinen Boten und Feuerflammen zu deinen Dienern;
5 der du das Erdreich gegründet hast auf festen Boden, dass es bleibt immer und ewiglich.
10 Du lässest Wasser in den Tälern quellen, dass sie zwischen den Bergen dahinfließen,
11 dass alle Tiere des Feldes trinken und das Wild seinen Durst lösche.
13 Du feuchtest die Berge von oben her, du machst das Land voll Früchte, die du schaffest.
14 Du lässest Gras wachsen für das Vieh und Saat zu Nutz des Menschen, dass du Brot aus der Erde hervorbringst,
19 Du hast den Mond gemacht, das Jahr danach zu teilen; die Sonne weiß ihren Niedergang.
20 Du machst Finsternis, dass es Nacht wird; da regen sich alle wilden Tiere.
24 Herr, wie sind deine Werke so groß und viel! Du hast sie alle weise geordnet, und die Erde ist voll deiner Güter.

1.6 Schöpfungsvorstellungen in der christlichen Tradition

Der Logos* des Johannes-Evangeliums

Das Johannes-Evangelium, dem vielschichtige Textquellen zugrunde liegen, entstand gegen Ende des 1. Jahrhunderts. Es steht im neutestamentlichen Kanon* hinter den drei Evangelien von Matthäus, Markus und Lukas. Im Unterschied zu ihnen erzählt der Verfasser des Johannes-Evangeliums nicht nur aus der Geschichte Jesu, sondern nimmt im Prolog (Vorrede) ausdrücklich Bezug auf den *Logos**, mit dem er den präexistenten Fleisch gewordenen Gottessohn, Christus, meint. In ihm sah die frühe christliche Gemeinde den Erfüller ihrer Heilserwartungen (Eschatologie*): die völlige Erneuerung der Schöpfung. Der Evangelist vereinigt jüdisches Traditionsgut, das an das Schöpferwort der Genesis anknüpft, und griechische Theologie, nach welcher der alles durchwaltende Logos* der oberste Gott selbst ist.

Joh 1,1 Im Anfang war das Wort, und das Wort war bei Gott, und Gott war das Wort.
2 Dasselbe war im Anfang bei Gott.
3 Alle Dinge sind durch dasselbe gemacht, und ohne dasselbe ist nichts gemacht, was gemacht ist.
4 In ihm war das Leben, und das Leben war das Licht der Menschen.
10 Er war in der Welt, und die Welt ist durch ihn gemacht.
14 Und das Wort ward Fleisch und wohnte unter uns, und wir sahen seine Herrlichkeit.

Aurelius Augustinus

Aurelius Augustinus (354–430), einer der christlichen Kirchenväter, bezog sich auf den Schöpfungsbericht vor allem mit seinen Fragen nach dem Wesen der Zeit, des Bösen und dem damit zusammenhängenden Theodizee-Problem, so in seinem „Gottesstaat" („De civitate dei") und seinen „Bekenntnissen" („Confessiones"). In seiner Auseinandersetzung mit den verschiedenen zeitgenössischen Verstehens- und Deutungsmöglichkeiten des Schöpfungsberichts – zumal der Frage nach dem „Anfang" oder „Urstoff" – erscheint es ihm gegenüber dem Absolutheitsanspruch einer einzigen Wahrheit gottesfürchtiger, verschiedene Deutungsmöglichkeiten zuzulassen:

Warum nicht besser beides, wenn beides wahr ist, – und wenn ein Drittes und ein Viertes und irgendetwas ganz anderes Wahres in diesen Worten zu sehen ist, warum soll man nicht glauben, dass er[44] all das gesehen hat, durch den der eine Gott die Heiligen Schriften den Auffassungen der Vielen angemessen niederschreiben ließ, dass sie Wahres und Verschiedenes darin sehen sollten. Ich jedenfalls erkläre unerschrocken aus Herzensgrund: wenn ich etwas von gipfelhoher Gültigkeit schreiben sollte, so wollte ich lieber so schreiben, dass meine Worte widerhallten, was ein jeder Wahres über diese Dinge fassen könnte, als dass ich eine einzige Wahrheit darüber so unverhohlen vorsetzte, dass ich die übrigen ausschlösse.

Augustinus: Confessiones XII, 21.

Augustinus geht es allein um den Glauben an den Schöpfergott, der sich durch den „Schatzmeister der Schrift" (den Schreiber der Genesis) offenbart hat, wie immer dieser selbst oder auch seine Leser das Geschriebene verstehen. Wichtig ist ihm die Anerkennung des „Beweggrundes" der Weltschöpfung, der darin liegt, „dass vom guten Gotte Gutes geschaffen werde" (De civitate dei XI, 21 f.).

44 Gemeint ist Moses, den Augustinus noch als den Verfasser des Schöpfungsberichts ansieht.

Dieses sorgfältig zu betrachten, erübrige alle Streitfragen über den Ursprung der Welt. Die „Mannigfaltigkeit an wahren Auffassungen" sind nämlich ihrem einen Endzweck, dem Gebot der Gottes- und Nächstenliebe, zu unterstellen, was Augustinus in einem betenden Bekenntnis ausdrückt:

> [...] wir alle aber, von denen ich bekunde, dass sie in diesen Worten Wahres schauen und sagen, wollen einander lieben und wollen gleicherweise dich lieben, unseren Gott, den Born der Wahrheit.
>
> *Augustinus: Confessiones XII, 30.*

Der heilige Franziskus von Assisi

Heinrich Dieckmann: Franziskus predigt den Fischen

Der heilige Franziskus (1182–1226) sah seinen Sendungsauftrag in der Erneuerung der Kirche durch Rückbesinnung auf ihre ursprünglichen christlichen Werte, vor allem auf die Nächstenliebe. Eine schwere Krankheit in seiner Jugend brachte ihn dem Tod nahe und führte ihn zu dem Entschluss, auf sein reiches elterliches Erbe zu verzichten, um sich fortan im Sinne der Nachfolge Jesu als besitzloser Wanderprediger dem Dienst der Armen und Bedürftigen zu widmen. Viele Anhänger schlossen sich ihm an. Er gründete zunächst in Italien, dann in fast allen europäischen Ländern Laienorden und Bruderschaften, die nach ihm benannt sind. Sein „Sonnengesang", der auch als eines der frühesten Zeugnisse altitalienischer Sprachkunst berühmt ist, entstand in der Zeit seiner Krankheit 1224–1225. Er dichtete ihn als Loblied auf die Geschöpfe und hielt sie dazu an, den Schöpfer nach Kräften zu loben. Franziskus preist Gottes Schöpfung in Bildern familiärer Beziehungen: Schwestern und Brüder sind für ihn nicht nur die Menschen, sondern alle Geschöpfe und Kräfte der Natur. Sein Sonnengesang ist auch eine Aufforderung zu Dank und Demut gegenüber dem väterlichen Schöpfer, dem Herrn der Welt und Richter der Menschen. Den „zweiten Tod", d. h. die ewige Verdammnis (vgl. Offb 2,11), müssen jene nicht fürchten, die ihr Leben unter das Gebot der Nächstenliebe stellen, die Franziskus im Zusammenhang der menschlichen Beziehung zur Schöpfung sieht.

Schon bald rankten sich Legenden um die Gestalt des Franziskus, die an den sagenumwobenen griechischen Sänger Orpheus denken lassen: Auch Franziskus ist die Gabe verliehen, Tiere und Pflanzen durch sein Verstehen und Sprechen ihrer Sprache zu bewegen. Seine Benennung der Erde als „Mutter“ erinnert an den griechischen Gaia-Mythos. Der Sonnengesang selbst ist der Psalmensprache verwandt, die dem ägyptischen Sonnengesang nahe ist.

1 […] Gepriesen seist du, mein Herr,
mit allen deinen Geschöpfen,
zumal der Herrin, Schwester Sonne,
denn sie ist der Tag
und spendet das Licht uns durch sich.

6 Und sie ist schön und strahlend in großem Glanz.
Dein Sinnbild trägt sie, Erhabenster.

8 Gepriesen seist du, mein Herr,
durch Bruder Mond und die Sterne,
am Himmel hast du sie gebildet,
hell leuchtend und kostbar und schön.

12 Gepriesen seist du, mein Herr,
durch Bruder Wind und durch Luft und Wolken
und heiteren Himmel und jegliches Wetter,
durch welches du deinen Geschöpfen den Unterhalt gibst.

16 Gepriesen seist du, mein Herr,
durch Schwester Wasser,
gar nützlich ist es
und demütig und kostbar und keusch.

20 Gepriesen seist du, mein Herr,
durch Bruder Feuer,
durch das du die Nacht erleuchtest;
und es ist schön und liebenswürdig
und kraftvoll und stark.

25 Gepriesen seist du, mein Herr,
durch unsere Schwester, Mutter Erde,
die uns ernährt und lenkt
und mannigfaltige Frucht hervorbringt
und bunte Blumen und Kräuter. […]

1.7 Schöpfungsvorstellungen im Islam

Der Koran gilt als heilige Schrift des Islam, als unvergängliches, ungeschaffenes Wort Gottes. Er ist in Suren* (Kapitel) eingeteilt, die in absteigender Länge geordnet und durch ein schlichtes Gebet, die Fatiha, eingeleitet sind. Man nennt sie oft „Vaterunser des Islam." Die Offenbarungen*, die Mohammed etwa von seinem 40. Lebensjahr (um 610) bis zu seinem Tod (632) begleiteten, wurden von seinen Anhängern auswendig gelernt und zum großen Teil auch auf verschiedenem Schreibmaterial – Knochen, Leder u. a. – geschrieben. Aber erst nach dem Tod Mohammeds ging man daran, die verstreuten Stücke zusammenzustellen. Es gab mancherlei Lesarten einzelner Verse, doch wurde etwa Mitte des 7. Jahrhunderts eine grundlegende und allgemein akzeptierte Redaktion geschaffen.

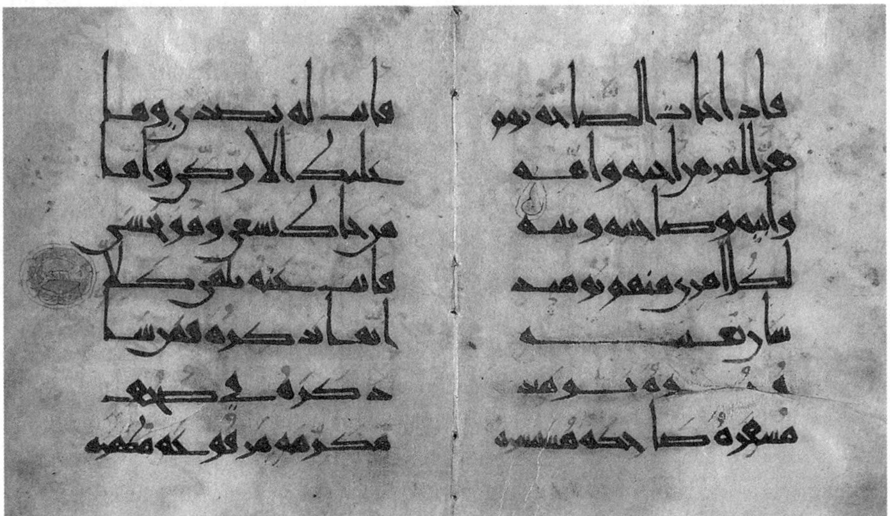

Koran-Handschrift, Seite aus dem Koran in Kufi

Auch der Koran, der sich als Bestätigung und Ergänzung der Tora* und des Evangeliums* versteht, überliefert den Glauben an einen einzigen Schöpfergott, Allah, der die Welt und den Menschen Adam durch seinen Willen und sein **Wort** aus Lehm erschaffen hat. Allah ist „der beste Schöpfer", sein Werk ist gut und auf Nutzen und Wohl der Menschen ausgerichtet (Sure 39,71 f.). Durch die Schöpfung kann die menschliche Vernunft ihn als den – unsichtbaren – allmächtigen und allwissenden Welterschaffer und -erhalter erkennen und ihn preisend und dankend anerkennen:

Sure 36,81 Ist nicht der, welcher die Himmel und die Erde erschuf, mächtig genug, eures-
gleichen zu erschaffen? Ja, er ist der wissende Schöpfer.
82 Sein Befehl ist nur, wenn er ein Ding will, dass er zu ihm spricht „Sei!“ und es ist.
Und Preis dem, in dessen Hand die Herrschaft aller Dinge ist. Und zu ihm kehrt
83 ihr zurück.
Allah ist's, der sieben Himmel und ebenso viele Erden erschaffen hat. Der Be-
65,12 fehl steigt zwischen sie hinab, auf dass ihr wisset, dass Allah über alle Dinge
Macht hat und dass Allah alle Dinge mit Wissen umfasst.

1.8 Vorstellungen von der Entstehung der Welt im nordischen Mythos, im Maya-Mythos und in afrikanischen Mythen

Der nordische Mythos

Die Weltentstehungsvorstellungen der vielschichtigen nordischen Mythen, die in den Gedichten des 9. und 10. Jahrhunderts geschildert werden, sind in ihrem Bildgehalt eng mit der nordischen Natur verflochten. Zu ihnen gehört die gähnende Kluft (*ginnunga gap:* leerer Raum) als Anfang aller Dinge. Es war **Chaos**, besser: gähnender Schlund, wo es weder Sand noch See, weder kalte Woge noch Erde und auch keinen Oberhimmel gab. Nirgends wuchs ein Gras. Der Norden des gähnenden Grundes füllte sich mit schweren Eis- und Reifmassen, die Winde und Sprühregen hervorbrachten. Der Süden war heiß und erfüllt von Feuerfunken, deren vordringende Wärme Eis und Reif schmelzen ließ. Es entstand ein Wesen wie von Menschengestalt mit riesenmäßigem Leib, von den Reifriesen erhielt es den Namen *Ymir,* d. h. „rauschen“, und meint den rauschenden Urstoff, das **Meeresgewässer**. Von ihm, dem Urleib, nahm die weitere Entwicklung ihren Lauf, von ihm stammen alle Riesen ab. Sie sind früher als die Götter, aber ebenso wie sie, nicht erschaffen, sondern von selbst aus dem Chaos und als ordnende geistige Mächte vor der Erschaffung der Erde entstanden. Sie zügelten die Elemente und stellten dem Chaos geordnete Zustände gegenüber, um dem Menschen eine bewohnbare Welt vorzubereiten.

Über den **Ursprung der Menschen** gibt es bei den germanischen Stämmen unterschiedliche Sagen. Nach einer wurde der Urmensch von einem göttlichen oder riesigen Wesen erzeugt. Eine andere berichtet, dass sie aus Hölzern bzw. Bäumen gefertigt wurden, welche die Götter vorfanden und belebten. Der Name des Stammvaters der Menschen *Askr*, Esche, verweist auf den Ursprung von Eschenholz. Eine solche Vorstellung überliefert auch Hesiod, nach dem Zeus das eherne Geschlecht aus Eschenholz erschaffen habe. In den nordischen Mythen von der Menschenschöpfung ist das Vorbild biblischer Schöpfungsgeschichten wiederzuerkennen.

Das heilige Buch „Popol Vuh" der Maya

Popol Vuh bedeutet „Buch des Rates" im doppelten Sinne des Wortes von Rat geben und Rat suchen. Es gilt als das heilige Buch der Maya, dessen Verfasser unbekannt sind. Wolfgang Cordan (1909–1966), der 1953 nach Mexiko kam und seitdem als Forscher unter den Indios lebte, entschlüsselte erstmals die Schriftsprache der Maya.

In den ersten Jahren der Niederlage der Indios gegen die Spanier, die 1525 das Hochland von Guatemala, 1541 Yukatán eroberten, entstand eine Abschrift in lateinischen Buchstaben. Sie hat wohl dem katholischen Padre Francisco Ximénez (gest. ca. 1721) für die Erstellung seiner zweispaltigen Handschrift vorgelegen, die links den Original-Wortlaut, rechts seine spanische Übertragung wiedergibt.

ARE V XE OHER

ESTE ES EL PRINCIPIO DE LAS

Erste Seite des Popol Vuh in der Handschrift des Padre Ximénez

Dass die natürlichen Lebensbedingungen der Nährboden kultureller Eigenheiten sowie mythologischer bzw. religiöser Vorstellungen sein können, zeigt sich im Popol Vuh besonders an der Bedeutung, welche dem Mais in der Geschichte von der Erschaffung des Menschen zukommt. Als herausragende Kulturpflanze und Hauptnahrungsmittel des alten Amerika gilt er zugleich als Lebensstoff, aus dem die Schöpfungsgötter sich zu Ehren den Menschen bildeten.

Popol Vuh berichtet von einer **mehrfachen Weltschöpfung und Weltzerstörung**. Die verwandtschaftlichen Motive in dieser „Maya-Bibel“ und dem Alten Testament* sind für die Forschung seit Ximénez immer noch ein Rätsel. Zu ihnen gehört auch die Erschaffung der Welt durch ein göttliches Schöpferwort.

Der indianische Erzähler lässt die Geschichte in seinem Heimatland Quiché[45] beginnen, verweist aber darauf, dass er bei seiner Niederschrift bereits unter dem Christentum lebte und dass es das, was er enthüllen will, das Popol Vuh, zwar noch gebe, jedoch dem Suchenden verborgen sei.

Hier beginnt die Kunde von Quiché, wie es genannt wird. Hier beginnen wir die alte Kunde: den Anfang und Ursprung von allem, was in der Stadt Quiché, was im Stamme Quiché geschah.

Hier werden wir enthüllen, erklären und berichten, was verborgen war: die Offenbarung von Tzakól und Bitól, von Alóm und Caholóm.[46]

Mächtig fürwahr die Beschreibung, die Kunde, wie alles geschaffen wurde, Himmel und Erde. [...] Vier Weltecken, vier Weltseiten machten Tzakól und Bitól, wie man sagt, die Mutter und der Vater von Leben und Schöpfung: die den Atem schufen und das Herz, Gebärerin und Hüter des erleuchteten Geschlechtes, der Lichttöchter, der Lichtsöhne; die Denker und Weisen über allem Sein im Himmel und auf Erden, in den Seen, in den Meeren. [...]

Das ist die Kunde:

Da war das ruhende All. Kein Hauch. Kein Laut. Reglos und schweigend die Welt. Und des Himmels Raum war leer.

Dies ist die erste Kunde, das erste Wort. Noch war kein Mensch da, kein Tier. Vögel, Fische, Schalentiere, Bäume, Steine, Höhlen, Schluchten gab es nicht. Kein Gras. Kein Wald. Nur der Himmel war da.

Noch war der Erde Antlitz nicht enthüllt. Nur das sanfte Meer war da und des Himmels weiter Raum.

Noch war nichts verbunden. Nichts gab Laut, nichts bewegte, nichts erschütterte, nichts brach des Himmels Schweigen. Noch gab es nichts Aufrechtes. Nur die ruhenden Wasser, das sanfte Meer, einsam und still. Nichts anderes.

Unbeweglich und stumm war die Nacht, umflossen von Licht, waren die-

45 Quiché: zusammengesetzt aus qui: viel; ché: Baum; also Waldland.
46 Tzakól: die Maurer.
Bitól: die Former (*bit* – bilden, formen, Figuren aus Ton machen).
Alóm: die Gebärerin; die Große Mutter.
Caholóm: der Söhne-Erzeuger; der Große Vater.

se: Tzakól, der Schöpfer; Bitól, der Former; der Sieger Tepëu und die Grünfederschlange Gucumátz; Alóm auch und Caholóm, die Erzeuger. […]

In der Dunkelheit kamen Tepëu und Gucumátz zusammen und sprachen miteinander. Also sprechend berieten sie und überlegten: sie kamen überein und ihre Worte und Gedanken glichen sie aus, während sie überlegten, dass mit dem Licht der Mensch erscheinen müsse. So beschlossen sie die Schöpfung und den Wuchs der Bäume und Schlingpflanzen, den Beginn des Lebens und die Erschaffung des Menschen. […]

Es trafen sich also Tepëu und Gucumátz und sprachen von Leben und Licht; von Helle und Dämmerung; und wer Nahrung schaffen würde und Unterhalt. „Es geschehe! Es fülle sich die Leere! Weichet zurück, ihr Wasser, und gebet Raum, dass die Erde aufsteige und sich festige!“ So sprachen sie.

Darauf schufen sie die Erde. Die Wahrheit ist, dass sie die Erde schufen. „Erde!“ sagten sie, und im Augenblick war sie geschaffen.

Popol Vuh, Das Buch des Rates, hrsg. von Wolfgang Cordan, S. 25 f., 29 f.

Nach bestimmtem Plan und in geordneter Reihenfolge, gemäß der sich ein Schöpfungsbereich aus dem vorher erschaffenen erhalten kann, setzen die Götter ihr Werk fort, das durch die Erschaffung des Menschen vollendet sein soll.

Haupt des jungen Maisgottes

An diesen aber haben sie den Anspruch, dass er seinerseits dem Erhalt, dem Dank und der Verehrung ihrer selbst dienen solle. Einen solchen Menschen zu bilden, gelang ihnen erst nach zwei misslungenen Experimenten, bei denen sie ihn zunächst aus Lehm, dann aus Holz schufen. Jedes ihrer Gebilde war nicht ein Mensch, sondern es war nur ein Entwurf, ein Versuch zum Menschen, den sie wegen seiner Untauglichkeit vernichteten. Ihre Anbeter vollkommener zu erschaffen gelang ihnen erst, als sie den Lebensstoff fanden: den Mais. Aus Maisbrei bildeten sie sich den Menschen:

Und sie überlegten weiterhin die Schöpfung und Formung unserer ersten Mutter und unseres ersten Vaters. Aus gelbem und weißem Mais machten sie sein Fleisch. Aus Maisbrei machten sie die Arme und Beine des Menschen. Einzig Maismasse trat in das Fleisch unserer Ahnen.

Popol Vuh, Das Buch des Rates, hrsg. von Wolfgang Cordan, S. 103.

Afrikanische Mythen

Der afrikanische Kontinent, der viele Religionen und Kulturen umfasst, ist kulturgeschichtlich in einen nördlichen und südlichen Teil gespalten. Einer der Unterschiede zwischen beiden bezieht sich auf die Entwicklung und den Gebrauch von Schrift. In den Ländern nördlich der Sahara und der Sahelzone haben sich schon frühzeitig Schriften herausgebildet. Unter den Zeugnissen phönikischer, griechischer, römischer, arabischer Schrift wird die der Ägypter zu den ältesten gerechnet. Ihre Hieroglyphen an Tempel- und Grabwänden geben Auskunft über Jenseitsvorstellungen, praktische Lebensvollzüge und religiöse Daseinsdeutungen (vgl. Aton-Hymnus 1.2., S. 51).

Demgegenüber hatten die Völker und Stämme südlich der Sahara und Äthiopiens allenfalls einfache Zeichen-, aber keine ausgeprägten Schriftsysteme. Erst im Kontakt mit Arabern und Europäern wurden ihre Weltdeutungen schriftlich festgehalten. Dies führte allerdings dazu, dass sie in erster Linie aus der Perspektive der Missionare, Kolonialherren und westlichen Ethnologen wiedergegeben wurden.

In den mündlich überlieferten afrikanischen Mythen finden sich verschiedene Vorstellungen von Weltanfang und -ende:

So erzählen sie, dass in der Frühzeit die Menschen näher bei den Göttern waren. Doch eine alte Frau schoss auf den Mond, oder die Menschen befolgten nicht die Verhaltensregeln der Götter. Deswegen zogen sich diese von den Menschen zurück. Oder in der Frühzeit waren der Himmel der Götter und die Erde der Menschen durch eine Bambusstange oder mit einem Seil aus Hanf verbunden. So konnten sich die Götter und die Menschen gegenseitig besuchen. Doch dann verletzten die Menschen ein Tabu, das ihnen die Götter gegeben hatten. Nun zogen die Götter das Seil und die Stange zum Himmel hinauf, die alte Verbindung wurde unterbrochen. Andere sagen, am Anfang tanzte sich ein Geisterwesen in Ekstase, doch dann zerbrach es voller Energie und Kraft. Aus seinem Körper entstand nun die ganze Welt mit den Bergen, den Wäldern, den Flüssen und den Tieren (Bambara-Stämme). Oder ein göttlicher Geist war am Anfang nur ein Wort; und aus diesem Wort wurden die Erde, das Wasser, die Luft und das Feuer (Ewe-Stämme).

Anton Grabner-Haider/Karl Prenner (Hrsg.): Religionen und Kulturen der Erde. Ein Handbuch, Wissenschaftliche Buchgesellschaft: Darmstadt 2004, S. 260.

Das letzte Beispiel erinnert an den Beginn des neutestamentlichen Johannes-Evangeliums: „Im Anfang war das Wort." (vgl. S. 54 f.)

Zusammenfassung: Weltschöpfung und Weltanfang

Die Vorstellungen vom Weltanfang in unterschiedlichen Mythen und Religionen zeigen gemeinsame Motive:

- **Urmeer** (Urflut) und **Chaos** (Leere, gähnender Abgrund, Finsternis) kommen in den Mythen der Inder, Ägypter, Griechen, der Maya, der nordischen Völker und in der alttestamentlichen Schöpfungsgeschichte der Juden und Christen vor.
  Das Chaos wird nach diesen Vorstellungen zu Beginn der Schöpfung durch Gott geordnet.
- Schöpfung durch einen oder mehrere **göttliche Schöpfer:**
  Durch ein göttliches **Wort** entstand die Welt nach den Überlieferungen der Maya, der Ägypter, Griechen, Juden, Christen, des Islam und nach einem afrikanischen Mythos.
  Die Schöpfung durch eine göttliche **Tat** (Hervorbringen, Bilden u. a.) findet sich ebenfalls in ägyptischen, jüdischen, christlichen und islamischen Überlieferungen sowie bei den Maya.
- Den Anfang durch **Werden**, Keimen, Emanation denken sich Inder, Griechen und die nordischen Völker.

2 Die Frage nach der Welt und ihrem Anfang im Dialog zwischen christlicher Theologie und Naturwissenschaft

2.1 Griechische Antike und frühes Christentum

Die Diskussion über die Frage nach der Schöpfung bzw. dem Anfang der Welt und die Antwortversuche mithilfe des Wissens über die Natur und ihre messbaren Ordnungsprinzipien lassen sich bis in die frühe Geschichte der Philosophie zurückverfolgen. Dass Heraklit dem Pythagoras (um 570–500 v. Chr.) „Vielwisserei" vorwarf, zeigt die unterschiedliche Bedeutung, die dem Wissen bereits zu ihrer Zeit beigemessen wurde.

Pythagoras selbst war der Gründer einer religiösen Bruderschaft, die sich zu einer Erneuerungsbewegung über das ganze damalige Griechenland ausweitete. Ihre Anhänger verpflichteten sich zu den „pythagoreischen Haupttugenden": Mäßigkeit, Einfachheit, Abhärtung im Hinblick auf eine seelische und leibliche Gesundheit, Treue gegen Götter, Eltern, Freunde. Ihr besonderes theoretisches Interesse galt der Mathematik und Musik. Pythagoras und seine Schule sahen nicht nur keinen Widerspruch zwischen der Erforschung und Erkenntnis von Zahl und Maß in Mathematik, Musik und Astronomie einerseits und der religiös-sittlichen Lebensführung andererseits, sondern auch Möglichkeiten, sie miteinander in Einklang zu bringen. Ihre wissenschaftlichen Verdienste, wie der nach Pythagoras benannte Satz oder die mathematische Begründung der Harmonielehre, sind heute allgemeiner bekannt als ihre physiologischen Studien zum Leib und zur richtigen Ernährung oder die Seelenlehre des Pythagoras.

Für die Pythagoreer war die Zahl der Anfang, d. h. das Grundprinzip. Alle anderen Dinge schienen ihnen der Zahl nachgebildet; selbst das Weltall wurde als Harmonie in der Zahl angesehen.

Pythagoras und die ihm zugeschriebene Lehre bzw. die ihm folgende Schule blieben nicht ohne Wirkung auf seine geistige Nachwelt: Platon knüpfte wiederholt an die Zahlenlehre an, darüber hinaus verweist Timaios' Eingeständnis der Begrenztheit menschlicher Erkenntnisfähigkeit auf einen Satz des Pythagoras: „Über das Unsichtbare haben Gewissheit zwar die Götter, wir als Menschen aber vermögen nur aus Anzeichen zu schließen."[47]

Augustinus, der als Vermittler zwischen dem nichtchristlich-antiken und dem christlichen Gedankengut gilt, lässt in seinen Ausführungen über die Be-

47 Pythagoras, zitiert nach: Karl Vorländer: Geschichte der Philosophie, Bd. 1, Rowohlt: Hamburg 1963, S. 20

deutung der Zahl Beziehungen zum Pythagoreismus und Platonismus erkennen. Das gilt nicht nur für seine Auseinandersetzung mit dem Verhältnis von Mathematik und Philosophie, sondern auch für die Auseinandersetzung mit dem Verhältnis von Schönheit und Maß in der Kunst, vornehmlich in Architektur und Musik. Sein Satz „Schönheit gefällt aufgrund der Zahl" („De ordine" VI 13,38) drückt seine Auffassung aus, dass es eine Entsprechung gebe zwischen mathematischer Ordnung und unserer sinnlichen Wahrnehmung von Schönheit, gemäß dem Spruch im Buch der Weisheit* Salomos (Weish 11, 20), nach dem der Schöpfer und Gott Israels als Weltbaumeister gedacht wird: „Du hast alles nach Maß und Zahl und Gewicht geordnet."

2.2 Der Primat der Theologie im ausgehenden Mittelalter

Die Umsetzung der Ideal-Vorstellung eines durch Gott geordneten Kosmos in ein Gesamtkunstwerk machten sich Architekten und Künstler gotischer Kathedralen zum Ziel. Eines ihrer berühmtesten Beispiele ist die französische Kathedrale in Chartres. Hier wurde um die 1. Jahrtausendwende n. Chr. die bedeutende Domschule gegründet, die eine der größten Sammlungen antiker Autoren im Abendland besaß. Auch Bücher großer arabischer Naturforscher gehörten zum Bestand der Bibliothek. Die „Schule von Chartres" förderte außer dem Studium der Theologie das der Astronomie, Meteorologie, Geologie, Optik, Anatomie, Medizin und besonders der Philosophie. Dabei nahmen Platon, vor allem sein Dialog „Timaios", und die pythagoreische Kosmologie eine Vorrangstellung ein.

An sie knüpfte eine der herausragendsten Persönlichkeiten der Chartres-Schule des 12. Jahrhunderts an, der im damaligen Europa berühmte Philosoph und Lehrer Thiery (Theoderich, Dietrich), der die Verbindung zwischen Theologie und Mathematik zu einem Höhepunkt brachte. Er war der Verfasser des „Sechstagewerks", einer Schrift, welche die Genesis* ausdrücklich aus naturwissenschaftlicher Sicht kommentierte. „Es war bei den Alten der Brauch", so sagte er, „zuerst die mathematischen Wissenschaften zu lernen, bevor man sich der Erkenntnis des Göttlichen nähern könnte."[48]

Auch Aristoteles gewann nach der Entdeckung seiner griechischen Urtexte bahnbrechende Bedeutung im Prozess der Vermittlung antiker und christlicher Geisteswelt, der nunmehr auch durch die Gründung der ersten Universitäten (um 1200) u. a. in Paris und Neapel vorangetrieben wurde.

48 Thiery, zitiert nach: Chartres. Ein Führer durch die Kathedrale, Kap.: Die Schule von Chartres (Michael Ladwein), Verlag Freies Geistesleben & Urachhaus: Stuttgart 1998, S. 201.

Gleichwohl standen Kunst und Wissenschaft unter dem Primat des Glaubens an die christliche Offenbarung, die durch die „heilige Wissenschaft“, die Theologie, ausgelegt wurde. Thomas von Aquin (1225–1274) erhob die Theologie in seiner architektonisch aufgebauten Schrift „Summa theologiae“ über alle „weltlichen“ Wissenschaften:

> Sie bedient sich der profanen Gelehrsamkeit. [...] Denn sie entlehnt ihre Prinzipien nicht der natürlichen Wissenschaft, sondern sie hat dieselben vermittels der Offenbarung [...] wie die Königin ihre Mägde hat, – in diesem Verhältnisse steht die heilige Wissenschaft zu den anderen.

Thomas von Aquin: Summa theologiae, zitiert nach: Karl Vorländer: Geschichte der Philosophie, Bd. 2, S. 225.

Thomas übernimmt die aristotelische Philosophie vom „ersten Beweger“, der in seiner christlichen Schöpfungstheologie der Schöpfer ist.

2.3 Die beginnende Umkehrung des Verhältnisses – das Vertrauen der Neuzeit in die Naturwissenschaft

Kunst und Wissenschaft als „zweite Schöpfung“

Die Etablierung der naturwissenschaftlichen Methode als von der Theologie losgelöstes Begründungsprinzip der Forschung begann im Zeitalter der Renaissance. Für Leonardo da Vinci (1452–1519) ist die Wissenschaft „eine zweite Schöpfung **mittels des Verstandes**, gleichwie die Malerei eine zweite Schöpfung mittels der Phantasie ist“. In seinen Untersuchungen leiten ihn die Prinzipien der Erfahrungen und der Gesetze der Natur, die er als Wissenschaftler ebenso wie als Künstler erforscht. Damit weist er bereits auf Kepler und Galilei voraus.

Nikolaus Kopernikus

Der „Stab“ Gottes als hilfreiche Hand der Wissenschaft

Nikolaus Kopernikus (1473–1543) gilt als die symbolische Gestalt der Wende vom Mittelalter zur Neuzeit. Seine revolutionäre Entdeckung von der Umdrehung der Erde um die Sonne („Kopernikanische Wende“) stand zwar auf dem päpstlichen Index* (bis 1757), er selbst aber hat sich niemals von dem Glauben an die allgegenwärtige Nähe Gottes getrennt. Die Mathematik war für Kopernikus nicht die oberste Instanz.

Sein Schüler Rhektikus verglich sie mit einem Stab, der den Menschen leiten kann, und verwies damit auf die hilfreiche Hand Gottes, die den Stab führt.

In der Mitte von allem aber residiert die Sonne. Denn wer könnte in dem wunderschönen Tempel der Welt diese Leuchte an einen anderen oder besseren Platz setzen als dorthin, von wo sie das Ganze gleichermaßen erleuchten kann? Einige bezeichnen ja die Sonne nicht unpassend als das Licht der Welt, andere als den Geist und noch andere als den Regierer. [...] So residiert die Sonne wahrhaftig auf einem Königsthron und lenkt von dort aus die umkreisende Familie der Gestirne.

Karl Vorländer: Geschichte der Philosophie, Bd. 3, S. 115.

Nach Kopernikus muss der Mensch mit dem „sinnlichen Auge" und dem „übersinnlichen Auge" schauen, um die Weltenharmonie zu erkennen.

Galileo Galilei (1564–1642) und Johannes Kepler (1571–1630) bekannten sich zu der Lehre des Kopernikus.

Die neue Selbstgewissheit des Ich und die Schöpfungsordnung

René Descartes (1596–1650) wirkte am geistigen Umbruch zur Moderne entscheidend mit durch seine neue Methode des Zweifels, mit der das denkende Subjekt, losgelöst von jeglicher Bindung an Glauben und Offenbarung, seinen Weg zur Selbstgewissheit und zur Erkenntnis der Welt finden kann. Sie mündet in dem berühmten Satz: *„Cogito ergo sum."* („Ich denke, also bin ich.") Gleichwohl erkennt auch Descartes die Existenz Gottes an und sucht sie zu beweisen: Mit der Selbstgewissheit seines eigenen Ich kann er auch die ihm „eingeborene" Idee eines allervollkommensten Wesens nicht ungedacht lassen. Diese „Idee" muss eine Ursache haben und dieses Wesen kann nur Gott selbst sein.

René Descartes

Die ganze Kraft dieses Beweises liegt in der Erkenntnis, dass ich selbst mit der Natur, die mir eigentümlich ist – nämlich im Besitz einer Vorstellung Gottes – unmöglich existieren könnte, wenn nicht auch Gott wirklich existierte, derselbe Gott, sage ich, dessen Vorstellung in mir ist, d. h. der alle die Vollkommenheiten besitzt, die ich zwar nicht begreifen, aber doch gewissermaßen mit den Gedanken berühren kann. [...] Unter Natur, allgemein betrachtet, verstehe ich nichts anderes als entweder Gott selbst oder die von Gott eingerichtete Schöpfungsordnung; unter meiner Natur im Besonderen aber nichts anderes als den Inbegriff alles dessen, was Gott mir verliehen hat.

René Descartes: Meditationen. Über die Grundlagen der Philosophie, 3. und 6. Meditation.

Die Wissenschaft als „Zeugnis für die Schöpfung"

Stellten diese Denker auch das Verhältnis von Naturwissenschaft und Theologie – aus christlich-mittelalterlicher Sicht – auf den Kopf, so leugneten sie doch nicht Gott als den Schöpfer der Welt. Johannes Keplers (1571–1630) Gedanken über die Schöpfung stehen in seiner Schrift „Mysterium cosmographicum" („Das Weltgeheimnis") einerseits in der Tradition der Vorstellung von Gott als dem Weltbaumeister, andererseits rechtfertigen sie gerade aus der Schöpfung die gottgegebene, nicht an materiellen Nutzen gebundene Forschungslust des Menschen:

Ich will nicht davon reden, dass mein Gegenstand ein wichtiges Zeugnis für die Tatsache der Schöpfung ist. […] Denn wir sehen hier, wie Gott gleich einem menschlichen Baumeister, der Ordnung und Regel gemäß, an die Grundlegung der Welt herangetreten ist und jegliches so ausgemessen hat, dass man meinen könnte, nicht die Kunst nehme sich die Natur zum Vorbild, sondern Gott selber habe bei der Schöpfung auf die Bauweise des kommenden Menschen geschaut. […] Denn der allgütige Schöpfer, der die Natur aus dem Nichts ins Dasein gerufen, hat er nicht jedem Geschöpf das, was notwendig ist, dazu aber noch Schmuck und Lust und überreiche Fülle bereitet? Sollte er den Geist des Menschen, den Herrn der ganzen Schöpfung, sein eigenes Ebenbild, allein ohne beseligende Wonne lassen? Ja, wir fragen nicht, welchen Nutzen erhofft das Vöglein, wenn es singt. […] Ebenso dürfen wir nicht fragen, warum der menschliche Geist so viel Mühe aufwendet, um die Geheimnisse des Himmels zu erforschen. Unser Bildner hat zu diesen Sinnen den Geist gefügt, nicht bloß, damit sich der Mensch seinen Lebensunterhalt erwerbe – das können viele Arten von Lebewesen mit ihrer unvernünftigen Seele viel geschickter –, sondern auch dazu, dass wir vom Sein der Dinge, die wir mit Augen betrachten, zu den Ursachen ihres Seins und Werdens vordringen, wenn auch weiter kein Nutzen damit verbunden ist.

Johannes Kepler: Mysterium cosmographicum, zitiert nach: Karl Vorländer: Geschichte der Philosophie, Bd. 3, S. 246.

2.4 Welterforschung ohne Schöpfer? – Möglichkeiten und Grenzen eines neuen Dialogs

Haben sich auch in der Neuzeit mit der zunehmenden Verselbstständigung und unter dem wachsenden Primat der naturwissenschaftlichen Methoden die Wissenschaften voneinander und vor allem von Philosophie und Theologie abgespalten, so ist heute doch das Bedürfnis nach Diskussionen über Möglichkeiten ihrer Annäherung unübersehbar. Herausgefordert wird z. B. ein gemeinsames Suchen nach ethischen Wertsetzungen und Handlungsorientierungen durch den medizinischen Fortschritt im Zusammenhang mit den Fragen nach dem Beginn und Ende menschlichen Lebens. Das Vordringen des Menschen in das Weltall macht auch Anfang und Ende der Welt zum ständig aktuellen Thema der Auseinandersetzungen. Die Rechtfertigung von Forschungslust und -auftrag durch den Schöpfer scheitert nicht nur an der Erkenntnis ihres Missbrauchs und dessen verheerenden Folgen, sondern vor allem daran, dass der Glaube an Gott oder ein göttliches Prinzip selbst keine Basis konsensfähiger Wertungen mehr ist. Er wurde zur unverbindlichen Geschichte, selbst wenn ein Einzelner seine Forschung noch aus ihm begründen mag.

Gott als Weltbaumeister

So überschreibt der als „Chaosforscher" berühmt gewordene Mathematiker Benoît B. Mandelbrot die Darstellung Gottes als Weltbaumeister: *„Here God creates circles, waves, and fractals."*

Sein Rückgriff auf ein tradiertes Gottesbild wird zum Zitat ohne Glaubensbekenntnis. Aber sein eigentliches Interesse gilt weder dem Schöpfer und dessen Schaffen noch dem Schöpfungsglauben seines Künstlers, sondern dem Nachweis der „Fraktale"* in den geometrischen Formen seines Werkes. Natürlich hat der mittelalterliche Maler diese Formen benutzt und wohl in den ihm bereits gegebenen Möglichkeiten studiert, aber aus der Intention der ehrfürchtigen Anerkennung des göttlichen Meisters. Denn dieser gab dem Menschen die Fähigkeit zu seiner „zweiten Schöpfung". Jahrhunderte später aber wählt ein Mathematiker eben dieses Bild und einige Formen aus ihm aus, um daran, losgelöst von der ursprünglichen Beziehung des Bildes, seine Erkenntnisse bzw. Hypothesen zu demonstrieren. Hier wird das, was der existenzielle Bezug einer religiösen Vorstellung und deren Darstellung war, zur Hintergrundfolie.

Gleichwohl kann der gläubige Mensch im ästhetischen Genuss von Mandelbrots computererzeugten Bildern aus Phänomenen von Natur und Kunst seinen Glauben an einen Schöpfer bestätigt finden. Dieser nämlich habe ja in seinem Werk die Möglichkeiten der Schönheit und deren wissenschaftliche und künstlerische Entdeckung durch den Menschen angelegt, wie es Kepler beschrieb.

Bei aller Bereitschaft zum Dialog verweisen heutige Theologen und Naturwissenschaftler auch auf die Notwendigkeit der Trennung ihrer Forschungsinteressen und der darin begründeten Methoden: „Dialog kann nun gewiss nicht heißen, dass sich die Naturwissenschaft in Theologie verwandelt oder umgekehrt. Dialog muss vielmehr heißen, dass dieselbe Wirklichkeit von verschiedenen Perspektiven aus bearbeitet wird, sodass es in dem Verfahren zu einem Zusammenspiel mehrerer Disziplinen und so zu einer mehrdimensionalen Wahrnehmung der Wirklichkeit kommt.“[49]

Jürgen Audretsch warnt denn auch vor populärwissenschaftlichen Büchern, in denen aus der Kosmologie die Existenz Gottes be- oder widerlegt wird: „Man kann eine naturwissenschaftliche Argumentation nicht durch einen etwas verschwommen gehaltenen Zwischenbereich hindurch nahtlos in Theologie übergehen lassen, wie das gerade am Beispiel des Anfangs der Welt und der Schöpfungstheologie oft versucht wird.“[50]

Betont wird der *Modell*charakter moderner kosmologischer Konstruktionen. „Die Aussagen, die in der Kosmologie gemacht werden, reichen hinsichtlich ihrer Vertrauenswürdigkeit von ‚empirisch belegt‘ bis ‚rein spekulativ‘.“ Die Fragen unter verschiedenen Aspekten münden immer wieder in dem zu erwartenden Zirkel, „dass wir mit fortschreitender Entwicklung der Physik bei der Rückschau nur von dem Anwendungsgebiet der einen physikalischen Theorie in das einer anderen Theorie kommen, ohne in irgendeinem Sinne das ‚Ende der Physik‘ und damit den ‚Anfang des Universums‘ zu erreichen“.[51]

Laut Audretsch erzwingt eine physikalische Kosmologie keine theologischen Konzepte. Umgekehrt sei auch die Theologie von der physikalischen Beweislast, „von ihrer vermeintlichen Aufgabe befreit. Sie ist also frei, von ihrem eigentlichen Ort auszugehen, und dies ist [...] der Mensch“.[52] Glaube und Naturwissenschaft sind unterschiedliche Erfahrungstypen, bleiben aber in der Kern- und Ausgangsfrage der Theologie und Philosophie verbunden: Warum ist überhaupt etwas und nicht nichts? „Für den Glauben gibt die Kosmologie nicht die zentralen Grunderfahrungen wieder. [...] Das Reden von Gott als dem Schöpfer“, so Audretsch, „sollte daher in der Argumentation nicht von

49 Hans Weder, in: Forum Theologische Literaturzeitung, Kosmologie und Kreativität, hrsg. von Jürgen Audretsch und Hans Weder, Bd. 1, Evangelische Verlagsanstalt: Leipzig 1999, S. 13.
Jürgen Audretsch (geb. 1942) ist Professor für Theoretische Physik an der Universität Konstanz. Zu seinen Forschungsgebieten gehören Quantenoptik, Quantenfeldtheorie sowie die Allgemeine Relativitätstheorie. Hans Weder (geb. 1946) ist Ordinarius für Neues Testament an der Universität Zürich, er ist u. a. Mitglied der Studiorum Novi Testamenti Societas, der Acádemie Internationale des Sciences Religieuses und der Theologischen Kammer der EKD.

50 Jürgen Audretsch, ebd., S. 27 f.

51 Jürgen Audretsch, ebd., S. 42.

52 Jürgen Audretsch, ebd., S. 44.

der Weltentstehung ausgehen. Es kann nur vom einzelnen Menschen ausgehen und muss mit der Frage beginnen: ‚Was wollen die Dinge, die Natur, die anderen Menschen und meine Erfahrungen mit ihnen sagen?'"[53]

Zusammenfassung: Die Frage nach der Welt und ihrem Anfang im Dialog zwischen christlicher Theologie und Naturwissenschaft

Für den Versuch, naturwissenschaftliche Erkenntnisse mit religiös-sittlichen Vorstellungen in Einklang zu bringen, finden sich im Abendland bereits Beispiele in der frühen griechischen **Antike**. So versuchten Pythagoras und seine Anhänger die Erforschung und Erkenntnis von Zahl und Maß mit ihrer religiös-sittlichen Lebensführung in Einklang zu bringen.

Augustinus und das ihm verpflichtete **christliche Mittelalter** integrieren die pythagoreische Philosophie in die Schöpfungstheologie. Gott wird als Weltbaumeister angesehen.
Thomas von Aquin bezieht den aristotelischen Gedanken vom ersten Beweger auf den Schöpfergott der jüdisch-christlichen Offenbarung.

In der **Renaissance** begann sich das Verhältnis zwischen der Theologie und den „profanen" Wissenschaften umzukehren. Leonardo da Vinci sah Kunst und Wissenschaft als „zweite Schöpfung" an. Aber auch die **„kopernikanische Wende"** und die neue Selbstgewissheit des Subjekts durch den „methodischen Zweifel" des Descartes bedeuteten keine *Ab*-Wendung der Naturwissenschaftler und Philosophen vom Glauben an den Schöpfer und seine Schöpfung.
Nur aus seiner ehrfurchtsvollen Anerkennung des „allgütigen Schöpfers" rechtfertigte Kepler die Wissenschaft als „Zeugnis für die Schöpfung" und die Forschungslust als gottgegeben zum Nutzen des Menschen.

In der **Neuzeit** haben sich die Wissenschaften zunehmend von Theologie und Philosophie gespalten. Der Glaube an einen Schöpfer und seine Schöpfung ist dem einzelnen Forscher zwar freigestellt, aber nicht mehr allgemeiner Konsens, der Sinn und das Ziel des wissenschaftlichen Fragens leitet.

Auch wenn Theologie und Naturwissenschaft sich auf unterschiedliche Erfahrungen und Methoden stützen, **setzen ihre Vertreter heute auf den Dialog**. Eine Möglichkeit der Begegnung zwischen ihnen sehen sie in der gemeinsamen Bezogenheit auf die existenziell und ethisch wichtige Frage: „Was wollen die Dinge, die Natur, die anderen Menschen und meine Erfahrungen mit ihnen aussagen?"

53 Jürgen Audretsch, ebd., S. 46.

3 Weltende

3.1 Die Mythen vom Anfang und Ende des „Goldenen Zeitalters"

Schon in der Antike gab es neben der Anschauung von einer aufsteigenden Menschheitsentwicklung Spekulationen über einen sich abwärts bewegenden Verlauf menschlicher Geschichte, der mit zunehmenden sittlichen und sozialen Missständen einhergeht. Der griechische Dichter Hesiod (um 700 v. Chr.) spricht von verschiedenen Zeitaltern, wobei er das erste als das „goldene", d. h. „glückliche", beschreibt, zu dem die Menschen durch Gerechtigkeit und Arbeit wieder zurückkehren können.

Schon die persische Apokalypse „Bahman Yast" enthält einen verwandten Mythos*: Der allwissende Schöpfergott lässt Zarathustra einen Baum schauen, dessen vier Zweige aus Gold, Silber, Kupfer und Eisen die vier Weltalter bedeuten können. Diese Vorstellung geht ihrerseits auf die Vorstellung von vier Weltaltern zurück.

Der Weltalter-Mythos des Hesiod war Vorbild für die römischen Dichter Ovid (43 v. Chr. – ca. 18 n. Chr.), Vergil (70–19 v. Chr.) und Horaz (65–8 v. Chr.), seine Nachwirkung reicht bis in unsere Zeit.

Auch ein afrikanischer Mythos erzählt über eine „goldene Zeit" am Anfang und deren Ende. Einige Motive erinnern an die alttestamentliche Geschichte vom verlorenen Paradies durch den Sündenfall. „Die Tiere und die Menschen konnten miteinander sprechen. Es gab unter ihnen keine Kriege und keinen Tod. Die Früchte der Felder wuchsen von selbst, die Menschen mussten keine Arbeit leisten. Doch dann brach eine alte Frau eine Taburegel, so kam die Urzeit zu Ende. Jetzt kam der Tod über die Menschen, nur ihre Seelenkräfte leben unsichtbar weiter."[54]

3.2 Die spätisraelitisch-urchristliche Literaturgattung der Apokalypse

Die literarische Gattung der „Apokalypse" (ca. 200 v. Chr. bis 200 n. Chr.) thematisiert die „Enthüllung" oder „Offenbarung" der „letzten Dinge" (griech. *apokalypsis:* Enthüllung). In einer Apokalypse spiegeln sich in verschlüsselter Bildsprache Auseinandersetzungen mit politischen und gesellschaftlichen Krisen, die auch religiöse Krisen mit sich bringen. So ist das jüdische apokalyptische Schrifttum im Zusammenhang mit den Erfahrungen von Not und Be-

54 Anton Grabner-Haider/Karl Prenner (Hrsg.): Religionen und Kulturen der Erde. Ein Handbuch, Wissenschaftliche Buchgesellschaft: Darmstadt 2004, S. 261.

drängnis zu sehen, denen das alte Volk Israel durch Exil und Fremdherrschaft ebenso ausgeliefert war wie die noch junge christliche Gemeinde durch ihre Verfolger. Die apokalyptischen Seher verkünden die Schrecken von End- und Wendezeiten zugleich als **Zeiten der Entscheidung und Bewährung des Glaubens** vor dem Horizont ihrer Heilserwartung, die auf das zukünftige Erscheinen des Erlösers, des Messias, gerichtet ist. In diesem Sinne wollen sie mit ihren Schriften zum Ausharren im Glauben mahnen und ermutigen.

Apokalyptische Visionen des Judentums und des frühen Christentums spiegeln Vorstellungen von der **Erneuerung der Welt** nach ihrem Ende durch kosmische und menschliche Katastrophen. Diese werden als Strafe für Sünde und Schuld verstanden.

Albrecht Dürer: Die vier apokalyptischen Reiter, Holzschnitt um 1498

Die Hoffnungen richten sich auf ein Eschaton (griech. *es'chaton:* Ende), ein Jenseits, in dem nach einem siegreichen Kampf des Guten gegen das Böse und einem letzten („jüngsten“) göttlichen Gericht Tod und Leid überwunden und ein verlorener ursprünglich paradiesischer Zustand wiederhergestellt wird. Die „Offenbarung des heiligen Johannes“ (ca. 90–95 n. Chr.) steht in dieser Tradition. Sie wird auch „Apokalypse“ genannt und beschließt als letztes Buch den neutestamentlichen Kanon*. Mit ihrem Symbol- und Bildreichtum ist sie bis heute Ausdruck von Endzeitstimmungen, zu deren Gestaltung sie auch immer wieder Künstler inspiriert.

Sie vermittelt eine zentrale Botschaft: die Erwartung der Wiederkunft des Menschensohnes Jesus Christus als Weltenrichter beim „Jüngsten Gericht“ und der Auferstehung der Toten, das ewige Leben in einer Welt ohne die durch den Sündenfall des ersten Menschenpaares verursachten Leiden. Der Verfasser, der sich selbst Johannes nennt, war zur Zeit der Christenverfolgung durch Domitian auf die Insel Patmos verbannt worden. Hier schreibt er seine prophetischen Visionen, die er als gottgegebene „Offenbarung Jesu Christi“ versteht. In allegorischen Bildern und rätselhaften Zahlen entwirft er ein zukünftiges Katastrophen-Szenario von kosmischen Erschütterungen, Krieg, Hunger und Pest, das durch Posaunen der Engel ausgerufen und durch die „Apokalyptischen Reiter“ verbreitet wird: Auf einem weißen Pferd wird der Völkerkrieg, auf einem roten der Bürgerkrieg, auf einem schwarzen der Hunger und auf einem fahlen der Tod symbolisiert.

Der Kampf zwischen dem Messias Jesus Christus und dessen teuflischem Widersacher, dem Antichristen, endet mit dem Sieg der Gerechten. Die neue Weltordnung konstituiert sich aus der Erneuerung der paradiesischen Schöpfungsordnung. So erinnert auch der Spruch des göttlichen Herrschers „Sieh' ich mache alles neu!“ (Offb 21,5) an Gottes Schöpfungswort in der Genesis. Das letzte Buch des Neuen Testaments* verbindet sich mit dem ersten des Alten Testaments* im Glauben an den einen Schöpfergott, der sich geoffenbart hat in der Dreieinigkeit mit dem Geist und seinem Sohn Jesus Christus, dem Heilsbringer und Erlöser der Welt. Er ist der Herr über ihren und der Zeiten Anfang und Ende. Die Symbolsprache des Johannes drückt das aus in dem ersten und letzten Buchstaben des griechischen Alphabets: A und Ω (Offb 1,11).

3.3 Die Weltzeitalter in der altnordischen Völuspá[55]

Das althochdeutsche Wort für Welt (griech. *kosmos,* lat. *mundus*) *wëralt* (aus *wër:* Mensch und *old:* Zeitalter) verweist auf die Vorstellung, dass sich das Weltgeschehen in mehreren Zeitaltern abspielt.

Das Ende trifft aber auch die Götter. Den Weltuntergang schildert die *Völuspá,* die als ein Höhepunkt in der altwestnordischen Literatur und als ein Zeugnis der Übergangszeit zwischen dem alten germanischen Glauben und dem Christentum angesehen wird. Ihre Bilder sind denen der Johannesapokalypse verwandt: die Verfinsterung der Sonne, das Herabfallen der Sterne, Auflösung der sittlichen Ordnung, Krieg, Weltbrand, Weltuntergang und Welterneuerung nach einem göttlichen Gericht, bei dem die Gerechten mit der ewigen Seligkeit belohnt, die Bösen mit dem Sturz in den Höllenrachen bestraft werden.

3.4 Die islamischen Vorstellungen vom Weltuntergang

Islamische Vorstellungen des Weltuntergangs enthalten Motive vom goldenen Zeitalter sowie apokalyptische Motive aus jüdisch-christlicher Tradition, die aber im Sinne des muslimischen Weltbildes umgebildet und ergänzt wurden: Auch hier geht die Verschlechterung der Zeitverhältnisse mit dem sittlichen Verfall, d. h. der Missachtung des islamischen Gesetzes, einher. Wie in der Johannesapokalypse richtet ein apokalyptisches Tier große Zerstörungen an. Jesus selbst aber wird den Islam annehmen und nach seinem Tod neben Mohammed beigesetzt werden. Es wird ein Jüngstes Gericht geben. Die ganze Welt mit all ihren Lebewesen wird zerstört. Aber dann stellt Gott die Ordnung wieder her und erweckt die Toten zu neuem Leben, bei dem sie sich mit ihren früheren Leibern verbinden. Die Gerechten erwartet die Seligkeit im himmlischen Paradies, die

Max Beckmann: Apokalypse

55 Völuspá („Der Seherin Gesicht"), ein Teil der Edda-Dichtung, einer Handschriftensammlung (2. Hälfte des 13. Jahrhunderts) mit Liedern aus Mythologie und Heldensage, die bis in die Wikingerzeit, 8.–11. Jahrhundert, zurückgehen.

Ungerechten die Verdammnis in der Hölle. Jeder wird nach seinen guten und bösen Taten gerichtet, die in einem ihm übergebenen Buch aufgezeichnet sind und auf einer Waage abgewogen werden. Der Glaube wiegt die Sünden auf.

Wie die jüdische und christliche Endzeit-Theologie unterliegt auch die islamische unterschiedlichen Deutungen.

Zusammenfassung: Weltende

Schon in der **Antike** gab es Spekulationen über einen sich abwärts bewegenden Verlauf der Menschheitsgeschichte. Der griechische Dichter Hesiod spricht von verschiedenen Zeitaltern. Zum ersten, dem „goldenen", „glücklichen", können Menschen durch Gerechtigkeit und Arbeit wieder zurückkehren.
Vorstellungen von einer „goldenen", „paradiesischen" Zeit am Anfang und deren Ende gibt es auch in der persischen Apokalypse sowie in afrikanischen Mythen.

Die **spätisraelitisch-urchristliche Literaturgattung der Apokalypse** thematisiert die „Offenbarung" der „letzten Dinge". Die apokalyptischen Seher verkünden die Schrecken von End- und Wendezeiten als Zeiten der Bewährung des Glaubens vor dem Horizont der Heilserwartung.
Die neutestamentliche Apokalypse des Johannes vermittelt die Botschaft der Wiederkunft Christi als Weltenrichter, der Auferstehung von den Toten, der Belohnung der Gerechten, der Verdammung der Ungerechten, der Wiederherstellung der ursprünglichen Schöpfungsordnung nach dem siegreichen Kampf gegen den Antichristen.

Die **altnordische Anschauung** der Weltzeitalter, des Weltuntergangs und der Welterneuerung wird in der Völuspá geschildert: Bei einem mit Naturkatastrophen verbundenen göttlichen Gericht werden die Gerechten von den Bösen geschieden.

Die **islamischen Vorstellungen** vom Weltuntergang enthalten Motive vom goldenen Zeitalter sowie der jüdisch-christlichen Tradition. Nach dem Jüngsten Gericht wird Gott die Weltordnung wiederherstellen, die Gerechten werden mit dem himmlischen Paradies belohnt, die Ungerechten mit der Verdammnis in der Hölle bestraft.

4 Gott und Mensch in Kosmos und Evolution

Neben den Vorstellungen von der *Weltschöpfung* durch die unmittelbare Tat eines Gottes gibt es auch die von der *Weltentstehung* als *Emanation,* d. h. als „Ausfluss" aller Dinge aus dem Einen. Das Eine ist das Vollkommene, das ist und bleibt. Alles aber, was aus dem Einen hervorgeht, wird mit zunehmender Entfernung von ihm immer unvollkommener. Das Prinzip dieser Weltdeutung *„ex nihilo nihil fit"* („aus nichts entsteht nichts") steht im Gegensatz zum biblischen Schöpfungsbericht. Es findet sich sowohl in der indischen als auch in der spätgriechischen Philosophie vor allem der Gnostiker* und wirkte nach bis in die Monadenlehre* von Gottfried Wilhelm Leibniz (1646–1716).

Die Theorien des Evolutionismus (lat. „Entwicklung", „Entfaltung"), die sich zumeist als Abstammungstheorien erweisen, lassen den Glauben an die einmalige Erschaffung der Welt durch einen göttlichen Schöpfer und an darin lebende unveränderliche Geschöpfe in den Hintergrund treten oder geraten sogar mit ihm in Konflikt. Ihnen liegt das Denkmodell einer kontinuierlich aufsteigenden Entwicklung von einem Niedrigeren zu einem Höheren zugrunde.

4.1 Ein neues Bild vom Menschen

Entwicklungstheorien

Schon Johann Wolfgang von Goethe (1749–1832) nennt in seinem Aufsatz „Versuch, die Metamorphose der Pflanzen zu erklären" (1790) die „successive gegliederte Steigerung" eine fortschreitende Weiterbildung, die sich aus bereits im Samen bzw. in der Mutterpflanze angelegten Formen vollzieht: „Alles ist Blatt und durch diese Einfachheit wird die größte Mannigfaltigkeit möglich." Der Begriff der Metamorphose verweist gegenüber einer *statisch* klassifizierten Auffassung von Natur auf die *Veränderung* der Urgestalt: „Gestaltenlehre ist Verwandlungslehre. Die Lehre von der Metamorphose ist der Schlüssel zu allen Zeichen der Natur." (Definition der Morphologie von 1807)

Jean-Baptiste de Lamarck (1744–1829) vertrat die Theorie der **Veränderlichkeit der Arten**. Ihr Vervollkommnungstrieb wird durch ihr Bedürfnis nach Vergrößerung bis zur vom Leben selbst gegebenen Grenze bewegt. Neue Organismen sind das Ergebnis immer neuer Anpassungen, die vererbt werden. Beispielsweise hatten die Giraffen nach Lamarck ursprünglich kurze Hälse, die dadurch länger wurden dass sie sich dauernd zu den Blättern hoher Bäume strecken mussten, um diese zu erreichen.

Herbert Spencer (1820–1903) veröffentlichte 1852 sein Werk „The Development Hypothesis". Er wendet das Evolutionsprinzip nicht nur auf Bereiche der Biologie an, sondern darüber hinaus auf die der Psychologie, der Ethik und der Soziologie. Sein Ausdruck *„Survival of the fittest"* wurde zum Namen für die Evolutions- und Selektionstheorie: Der Sieg des Stärkeren im Konkurrenzkampf und die Anpassung an die sich wandelnden Existenzbedingungen bewirken eine fortschreitende Verbesserung der Arten.

Thomas Robert Malthus (1766–1834) gab 1798 seine Streitschrift „An Essay on the principle of population" heraus. Unter der Voraussetzung der sozial-ökonomischen und rechtlichen Gleichheit aller Menschen setzt sich der anglikanische Geistliche in diesem demographischen Werk mit den gesetzlichen Maßnahmen gegen das durch die beginnende Industrialisierung zunehmende Massenelend („Poor Law Bill") und mit sozialen Utopien seiner Zeit kritisch auseinander. Er widerspricht der allgemeinen Auffassung, dass das Bevölkerungswachstum von Epidemien, Krieg oder Teuerungen gehemmt wird. Demgegenüber sieht er die Ursache des menschlichen Elends in der Neigung aller Lebewesen, sich über die ihnen zur Verfügung stehende Nahrungsmittelmenge hinaus zu vermehren. Nur so viele werden groß und überleben, wie sich Nahrung beschaffen können. Die Diskrepanz zwischen Bevölkerungs- und Nahrungsmittelwachstum, die Malthus mit genauen Proportionsberechnungen zu belegen sucht, kann seiner Auffassung nach nur durch die Einschränkung der menschlichen Vermehrung ausgeglichen werden.

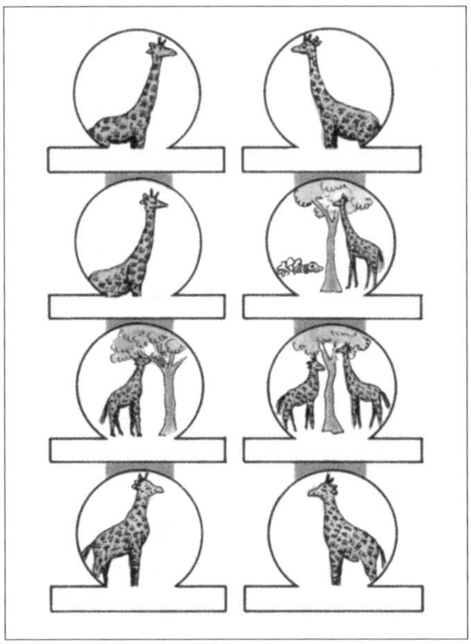

Evolution nach Lamarck und Darwin

Charles Darwin (1809–1882) bezog sich zwar auf das Malthus'sche Prinzip der „natürlichen Auslese" und auf Spencers „Überleben der Tüchtigsten", entwickelte seine Theorie aber darüber hinaus. An den Gedanken der gleichwertigen Keime aller knüpfte er die Frage nach den Ursachen des Überlebens der einen und des Zugrundegehens anderer. Er kam zu der Erkenntnis, dass Umwelt, Wettbewerb und der Grad der Anpassungsfähigkeit an die Daseinsbedingungen Einfluss auf das Überleben und die Entwicklung haben.

Als graduierter Theologe und ursprünglicher Anhänger der Schöpfungslehre war sich Darwin der Problematik der Veröffentlichung seiner Abstammungsgeschichte der Lebewesen bewusst. Erst nach der Herausgabe von Teilbereichen seiner langjährigen Untersuchungen, die er seit 1837 in seinen berühmten „Note Books" gesammelt und in Einzelwerken niedergelegt hatte, erschien 1859 sein Buch „On the Origin of Species by Means of Natural Selection". Materialien für seine Erkenntnisse, dass die heutigen Organismen auf eine lange Entwicklungsgeschichte nach dem Prinzip der natürlichen Auslese im Wettbewerb der einzelnen Lebewesen zurückgehen, hatte er durch empirische Forschungen auf einer Weltreise vor allem in Südamerika und auf den Galapagos-Inseln gefunden.

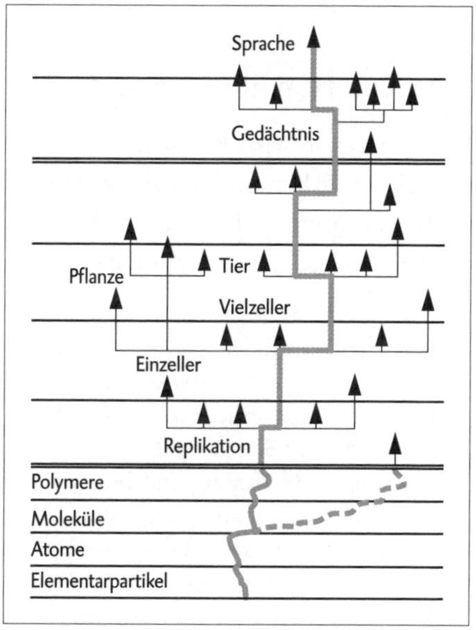

Laut Darwin hat sich der Mensch – als Spezies Tier – von seinen affenartigen Vorfahren zu einem Wesen mit Denk-, Sprach- und moralischem Urteilsvermögen entwickelt.

Durch die Evolutionstheorie sieht sich nicht nur der traditionelle Glaube an einen vorausplanenden Schöpfergott infrage gestellt, sondern entsprechend auch die Auffassung, dass der Mensch die „Krone der Schöpfung" und diese ihm zu seinem Nutzen untergeordnet sei.

Darwin selbst verstand sich nicht als „Darwinist" im Sinne derer, welche „den Kampf ums Dasein" als Rechtfertigung einer Ellbogenmoral – heute „Sozialdarwinismus" genannt – zu rücksichtslosen sozialen Ausbeutungspraktiken und Rassendiskriminierungen missbrauchten. „Hat der weiße Mann, der seine Natur erniedrigt, indem er seinen schwarzen Mitmenschen zum Sklaven macht, nicht oft in ihm ein anderes Tier sehen wollen?"[56] – Dieser Satz versteht sich aus Darwins Ablehnung eines aufsteigenden Fortschritts, demzufolge sich vollkommene, d. h. ideale Lebewesen entwickeln und nur eine einzige mögliche Rangordnung herausbilden. Deren Wertung sei ohnehin vom Betrachterstandpunkt des Menschen gesetzt:

56 Charles Darwin: Die Abstammung des Menschen, 1874, in: Jonathan Howard: Darwin. Eine Einführung, Reclam: Stuttgart 1996, S. 106.

Es ist absurd zu sagen, ein Tier stehe über dem anderen – wir betrachten jene, deren Hirnstruktur/intellektuelle Fähigkeit am weitesten entwickelt sind, als die am höchsten Stehenden […], wer wagt angesichts der mit schönsten Savannen und Wäldern bedeckten Erde zu sagen, dass Intellektualität das einzige Ziel dieser Welt sei?

Darwin's Notebooks on the Transmutation of Species, in: J. Howard: Darwin. Eine Einführung, S. 134 f.

4.2 Evolution ohne Schöpfer?

Darwin bezieht sich bei seinen Überlegungen, ob eine Evolution ohne das ständige Wirken eines Schöpfers möglich ist, auf die zu seiner Zeit verbreitete Auffassung, dass die beiden Aussagen „die Arten sind unveränderlich (konstant)“ und „die Arten sind erschaffen“ zusammengehören.

Ich sehe keinen vernünftigen Grund, warum die in diesem Werke entwickelten Ansichten irgendwie religiöse Gefühle verletzen sollten. […] Ein berühmter geistlicher Schriftsteller schrieb mir, er habe „allmählich einsehen gelernt, dass es ebenso erhaben sei, von der Gottheit zu glauben, sie habe nur wenige der Fortentwicklung zu anderen Formen fähige Ursprungstypen erschaffen, als anzunehmen, sie habe immer neue Schöpfungsakte ins Werk setzen müssen, um die durch die Wirkung ihrer Gesetze verursachten Lücken auszufüllen.“

Warum, wird man fragen, haben denn bis vor kurzem fast alle bedeutenden Naturforscher und Geologen die Veränderlichkeit der Arten bestritten? Man kann nicht behaupten, dass die organischen Wesen im Naturzustande keiner Veränderung unterlägen, und ebenso wenig lässt sich beweisen, dass im Verlauf langer Zeiten die Summe der Veränderungen eine begrenzte ist.

Charles Darwin: Die Entstehung der Arten, S. 666 f.

Für Darwin selbst schließt die naturwissenschaftliche Erkenntnis der Veränderlichkeit der Lebewesen den Glauben an ihren Schöpfer nicht aus, wie er im Schlusssatz seines Werkes „Die Entstehung der Arten“ bezeugt:

Es ist wahrlich etwas Erhabenes um die Auffassung, dass der Schöpfer den Keim alles Lebens, das uns umgibt, nur wenigen oder gar nur einer einzigen Form eingehaucht hat und dass, während sich unsere Erde nach den Gesetzen der Schwerkraft im Kreise bewegt, aus einem so schlichten Anfang eine unendliche Zahl der schönsten und wunderbarsten Formen entstand und noch weiter entsteht.

Charles Darwin: Die Entstehung der Arten, S. 678.

Zustimmung anderer Naturforscher zu seiner Lehre erwartete Darwin keineswegs, andererseits aber ist es seiner Ansicht nach „ja leicht, seine Unwissenheit hinter Ausdrücken wie ‚Schöpfungsplan‘ ... usw. zu verbergen und zu behaupten, man gebe eine Erklärung, während man lediglich eine Tatsache mit etwas anderen Worten feststellt“.[57]

Die in der modernen Bibelwissenschaft geschulten Exegeten lehnen heute überwiegend einen fundamentalistischen Kreationismus*, d. h. die Lehre einer buchstäblich für wahr geglaubten Schöpfungsgeschichte, ab.

Die Lehramtsäußerungen der katholischen Kirche rückten inzwischen von einer Genesisinterpretation der Bibelkommission ab, die noch 1909 die „besondere Erschaffung des Menschen“ und „die Formung der ersten Frau aus dem ersten Mann“ als „Tatsachen, die die Grundsätze des christlichen Glaubens berühren“, verkündete.

Am 29. Januar 1986 stellte Johannes Paul II. bei einer Generalaudienz heraus, dass Schöpfungsglaube und Evolutionslehre kein Widerspruch seien:

Zu den bekanntesten Seiten der Heiligen Schrift gehört sicher die Darstellung von der Erschaffung der Welt. Ihr erinnert euch: dort wird das schöpferische Werk Gottes in strenger, feierlicher Form auf die sieben Tage einer Woche aufgeteilt. „Gott sprach: Es werde ... und so geschah es“ (Gen 1,3 ff.). So schuf er Himmel und Erde, den ganzen Kosmos, und am sechsten Tage schließlich auch den Menschen. Am siebten Tage ruhte Gott, nachdem er das ganze Werk der Schöpfung vollendet hatte.“ Die meisten kennen diese Texte: aber nicht alle verstehen, dass hier tiefe geistige, religiöse Aussagen in einer für uns Menschen zugänglichen Form gemacht werden. Diese Aussagen widersprechen darum in keiner Weise der Theorie einer allgemeinen *Weltevolution,* wenn diese sich auf naturwissenschaftlich beweisbare Ergebnisse beschränkt. Der christliche Glaubenssatz von der Erschaffung der Dinge durch Gott reicht tiefer, ist grundsätzlicher Art, spricht vom Sein der Dinge, nicht von ihrer sichtbaren Oberfläche. Wir dürfen im Glauben bekennen, dass alle Dinge von Gott her „gut“ sind, ja sogar „sehr gut“, wie der Genesistext am Ende betont. Die Verunstaltung der geschaffenen Dinge zum Bösen und Üblen stammt nicht aus der guten Schöpferhand Gottes.

Johannes Paul II., zitiert in: Rainer Koltermann: Universum. Mensch. Gott – Der Mensch vor den Fragen der Zeit, S. 65–78.

57 Charles Darwin: Die Entstehung der Arten, Reclam: Stuttgart 1998, S. 668.

4.3 Die christliche Evolutionstheorie Pierre Teilhard de Chardins

Die Evolutionstheorien richteten ihr Interesse überwiegend auf „Abstammung“ und damit auf die Vergangenheit. Pierre Teilhard de Chardin (1881–1955), Paläontologe, Geologe, Philosoph und Theologe (Jesuit), hat den Schwerpunkt seiner Forschungen auf die Frage nach dem zeitlichen und humanen **Wohin der Entwicklung** gelegt. Im Zentrum seiner Forschung steht der Mensch im Kosmos.

Teilhard de Chardins bekanntestes naturwissenschaftlich-theologisches Werk „Le phénomène humain“ („Der Mensch im Kosmos“), das zwischen 1938 und 1940 entstand, war vonseiten der römisch-katholischen Kirche umstritten und wurde erst nach Teilhard de Chardins Tod 1955 zur Veröffentlichung freigegeben. Darin gliedert Teilhard de Chardin die Weltentwicklung dreifach:

- **Kosmogenese:** die Entstehung des Kosmos und der Materie;
- **Biogenese:** die Entstehung und Entwicklung der Lebewesen, die sich im Aufbau des Nervensystems, der Psychogenese, fortsetzte;
- **Noogenese:** die Entstehung des Menschen durch das Erreichen des reflektiven und Ich-Bewusstseins.

Mit den materialistisch oder zumindest agnostisch* Denkenden sieht sich Teilhard de Chardin darin einig, dass die Evolution ein Aufstieg zum Bewusstsein ist. Daraus folgert er: Mit dem Erreichen der Stufe des Homo Sapiens ist der evolutionäre Prozess noch nicht beendet, vielmehr bringt der Mensch die „Noosphäre“, die Sphäre des Denkens, hervor, die sich in der Neuzeit über die ganze Erde verbreitet. Mit dem Aufsteigen der Kultur, die im Zeitalter der Menschenrechte und der Demokratie erstmals universellen Charakter hat, geht die zunehmende Vereinzelung des Menschen einher. Gleichwohl strebt das Wachstum der Noosphäre auf einen Punkt der Reife zu.

Das Kennzeichen einer Menschheit wird in einer höheren Form kollektiven Bewusstseins bestehen, das seinen Ausdruck nicht etwa in einer immer größeren Ausweitung und Differenzierung unseres Gefühlslebens und unseres Wissens finden kann, sondern viel eher in einer auf einheitlicher Grundlage aufgebauten Weltanschauung. In diesem Sinne könnte man – theoretisch und philosophisch – auch sagen, dass die Menschheit dann ihr Ende erreichen wird, wenn sie, endlich ans Ziel des Erkennens gelangt, ihre Glieder durch einen letzten, allumfassenden Denkakt zu einer gemeinsamen Idee und einer gemeinsamen Liebe bekehrt haben wird. [...] Die Evolution muss am Ende in irgendeinem höchsten Bewusstsein gipfeln. Muss aber dieses Bewusstsein, eben um das höchste zu sein, nicht das Höchstmaß dessen haben, was die Vollendung des unsern ausmacht: die erhellende Rückstrahlung seines Wesens auf sich selbst?

Pierre Teilhard de Chardin: Der Mensch im Kosmos, S. 121, 266.

Teilhard de Chardin entwirft in hypothetischer Vorstellung die ungewöhnliche Perspektive eines spindelförmigen Universums mit einem letzten Brennpunkt, einem absoluten Endpunkt, in dem sich alle Schichten der Natur wieder zusammenfalten. Er ist für ihn eine Art „Ur-Einheit", die einem „Ur-Atom" entsprechen würde. Diesen Gipfelpunkt nennt Teilhard de Chardin **Omega**, auf den hin er das Ziel der Evolution gerichtet sieht. Auf den christlichen Glauben bezogen ist das ideelle Bild für dieses „Zentrum der Zentren" Gott, seine universelle Lebenskraft ist Christus.

Das Evolutionsprinzip schließt für Teilhard de Chardin das **Zukunftsprinzip** und damit für die Menschen das **Hoffnungsprinzip** ein. Gegen die „Mode des Skeptizismus" der heutigen „aufgeklärten Leute" ruft er zur Überwindung der Hoffnungslosigkeit auf:

[...] kaum erwachen wir zur Idee der Evolution, so werden die Gefahren deutlich. Wie erwachsene Söhne [...] sind wir daran zu entdecken, dass sich etwas in der Welt entwickelt, mitten unter uns – vielleicht auf unsere Kosten. Wir gelangen sogar zu der noch schwerer wiegenden Erkenntnis, dass wir in dem großen begonnenen Spiel nicht nur die Spieler sind, sondern zugleich auch die Spielkarten und der Einsatz. Wenn wir den Spieltisch verlassen, geht nichts mehr weiter. Und nichts kann uns zwingen, weiter zu spielen. Lohnt das Spiel die Mühe? Oder sind wir die Betrogenen? Der Mensch, seit Jahrtausenden ans „Weitergehen" gewöhnt, hat die Frage noch kaum in seinem Herzen gestellt. [...] Was hinter der modernen Unruhe sich herausbildet und heranwächst, ist nichts Geringeres als eine organische Krise der Evolution. [...] Es müssen uns der Raum und die Möglichkeiten gesichert sein, um uns verwirklichen zu können, das heißt im Vorwärtsschreiten [...] bis ans Endziel von uns selbst zu gelangen, [...] ein Stillstand oder Rückgang ist nicht möglich: einfach weil jedes Wachstum der inneren Schau wesentlich den Keim zu einer neuen Schau bildet, die anderen enthält und noch weiter vorwärts trägt.

Daher die höchst eigentümliche Situation unseres Geistes, der [...] nur dann weiterstreben will, wenn die Hoffnung besteht, er könne irgendwie durch sich selbst zu einer endgültigen Erfüllung gelangen. [...]

Absoluter Optimismus oder absoluter Pessimismus. Keine mittlere Lösung zwischen beiden, denn der Fortschritt ist seinem Wesen nach alles oder nichts. Zwei Richtungen – und nur zwei: die eine nach oben, die andere nach unten, ohne die Möglichkeit, auf halbem Wege stehen zu bleiben.

Übrigens gibt es weder in dem einen noch in dem andern Sinn eine greifbare Evidenz, aber damit wir hoffen können, laden Vernunftgründe zu einem Akt des Glaubens ein [...] Wir haben festgestellt, dass das Leben, auf der Stufe des Denkens angelangt, ohne den seiner Struktur gemäßen Anspruch auf immer höheren Aufstieg nicht fortdauern könnte.

Dies genügt zur Sicherung von zwei Voraussetzungen, deren unser Handeln unmittelbar bedarf:

Erstens gibt es für uns in der Zukunft, in irgendeiner und zumindest in kollektiver Form, nicht nur ein Fortleben (survivance), sondern ein höheres Leben (survie).

Zweitens müssen wir, um diese höhere Existenzform zu erahnen, zu entdecken und zu erlangen, immer entschiedener in jener Richtung denken und weitergehen, in der die von der Evolution durchlaufenen Linien sich am engsten zusammenfügen.

Pierre Teilhard de Chardin: Der Mensch im Kosmos, S. 234–239.

Zusammenfassung: Gott und Mensch in Kosmos und Evolution

Die Evolutionstheorie vor allem Darwins stellte die Anhänger der biblischen Schöpfungslehre vor die Frage, inwieweit das traditionelle durch Genesis 1 vermittelte Menschen- und Gottesbild mit dem der neuen naturwissenschaftlichen Erkenntnisse vereinbar sei.

Charles Darwin ging es um das Aufzeigen gegenseitiger Abhängigkeit der Lebewesen voneinander und des entwicklungsgeschichtlichen Zusammenhangs von Mensch und Tier. Er sah sich darum in keinem Widerspruch zum Glauben an einen Schöpfer.

Pierre Teilhard de Chardins Verdienst war es, die Geisteswissenschaften, vor allem die Theologie, zur Auseinandersetzung mit der Evolutionstheorie herausgefordert zu haben. Er hielt die Verbindung zwischen Wissenschaft und Religion für möglich, weil dasselbe Leben beide beseelt.

5 Fortschritt und Ziel der Geschichte

Die Fragen nach dem *Woher* und dem *Wohin* beziehen sich zwar der unmittelbaren Wortbedeutung nach auf Raum und Zeit, andererseits kann sich in ihnen aber auch das Wozu als „Sinn"-Frage artikulieren. Der Mensch ist im Unterschied zu anderen Lebewesen fähig, sein Leben auch im Rückblick zu bedenken und auf Zukünftiges hinzublicken. Er kann sich darüber klar werden, ob und wie weit er Subjekt oder Objekt seiner Geschichte ist und sein kann und muss. Wie hat er die Geschehnisse und Ereignisse einzuordnen und zu deuten? Haben sie für ihn einen Zusammenhang, unterliegen sie dem Zufall oder einer unsichtbar fügenden Macht? Sind sie eine Reihe von Wiederholungen oder zeigt sich in ihnen eine Entwicklung zum Besseren, ein Fortschritt?

Antworten auf solche Fragen spiegeln Sichtweisen aus den Perspektiven der jeweiligen Betrachter und geben Einblick in die Selbsterfahrungen und -auslegungen von Individuen und Gruppen, Völkern und Kulturen unterschiedlicher Zeiten und Räume. Angesichts der Möglichkeiten und der „Freiheit" der modernen Wissenschaften wurde es zum ethischen Problem, dass dem Forscherdrang und entsprechend dem „Fortschritt" keine anderen Schranken gesetzt zu sein scheinen als nur die der naturgegebenen Begrenztheit des Menschen oder seiner freiwilligen Selbst-Begrenzung. Gibt es aber ein Bedürfnis, ein Bewusstsein oder gar die Pflicht des modernen Menschen, all die jeweiligen und vielfältigen Einzelziele einem „Endziel" zu- oder unterzuordnen?

Gibt es *den* „Fortschritt der Geschichte" oder gibt es nur einzelne Fortschritte in unterschiedlichen, womöglich ungleichzeitigen Geschichten? Mit welchem Maß lassen sich Raum und Zeit, Räume und Zeiten in Bezug auf „Fortschritt", „Fortschritte" messen, ausweiten oder begrenzen? Diese Thematik enthält vielschichtige Fragen, die hier in einigen Beispielen aus Religion und Philosophie dargestellt werden.

5.1 Die Frage nach dem Ziel (telos)

Pierre Teilhard de Chardin hat die ausstehende und entscheidende Frage moderner Evolutions- und Zukunftsforschung aufgedeckt und damit an Denk- und Deutungstraditionen angeknüpft, die nicht nur den Anfang und Ursprung, sondern auch das **Ziel der Welt** und des Menschen thematisieren.

Telos ist das griechische Wort für „Ziel", „Ende", „Vollendung" (im doppelten Wortsinn von vollständigem Ende und Vollkommenem). In seinem Dialog „Phaidros" (249 c) bezieht Platon das Vollkommene auf die Fähigkeit zur Erinnerung an jenes, was unsere Seele einst gesehen hat. Wer sich solcher Erinnerungen recht bedient, kann wahrhaft vollkommen *(téleios)* sein. Platon spricht hier von der „Sehnsucht nach dem Damaligen". Gemeint ist die Schau der „**Ideen**"*, das sind Urbilder, von denen die im Irdischen wahrgenommenen Erscheinungsbilder nur Ab- oder Ebenbilder sind.

Die **höchste Idee** ist die des Guten, die mit dem Wahren und Schönen eine Dreieinigkeit bildet und die „die Ursache alles Richtigen und Schönen ist" (Politeia 517 c). Derjenige, der die Ideen schaut, ist „in ein Geheimnis geweiht" (Politeia 250 b–d). Damit benutzt Platon das Wort *telos* im Sinne der Sprache des Mysterien-Kultes, wo es in seiner Pluralform „Weihen", „Mysterien"* oder „Feier" bedeutet. Dem Eingeweihten wird durch Kulthandlungen und Vertiefung in die Lehren eine unmittelbare Beziehung zum Göttlichen zuteil. Platon stellt seine Philosophie in diese Tradition. Für ihn ist das höchste Ziel des Philosophen die Erkenntnis des höchsten „Vollkommenen", die ihn selbst vollkommen macht. Insofern diese Erkenntnis Erinnerung *(anámnesis)* ist, liegen Vollendung und Ziel im Anfang, zu dem der Erkenntnis Suchende auf- und zurückstrebt. Einem jeden Menschen wohnt die Anlage (das Organ) zu dieser Erkenntnis inne. Bildung ist nicht: Wissen in die Seele einpflanzen, das es zuvor noch nicht in ihr gegeben hat, sondern dieses aus ihr hervorzuholen. Sokrates versteht deshalb das Lehren und Bilden als Geburtshilfe (Maieutik), seine Methode ist gezieltes Fragen, welches die „Wiedererinnerung", die Geburt der Erkenntnis einleitet.

Den Aufstieg aus der Höhlenfinsternis des Nicht-Erkennens zum Ziel der Erkenntnis der höchsten Idee, der Sonne, veranschaulicht Platon in seinem **Höhlengleichnis**, das Sokrates dem Glaukon erklärt:

Sokrates: Dieses Gleichnis nun, mein lieber Glaukon, musst du seinem vollen Umfang nach mit den vorhergehenden Erörterungen in Verbindung bringen: die durch den Gesichtssinn uns erscheinende Welt setze der Wohnung im Gefängnis gleich, den Lichtschein des Feuers aber in ihr der Kraft der Sonne. Den Aufstieg nach oben aber und die Betrachtung der oberen Welt musst du der Erhebung der Seele in das Reich des nur geistig Erkennbaren vergleichen, wenn du eine richtige Vorstellung von meiner Meinung bekommen willst, da du sie ja zu hören begehrst. Gott mag wissen, ob sie richtig ist. Was sich mir also als richtig darstellt, ist dies: In dem Bereich des Denkbaren zeigt sich zuletzt und schwer erkennbar die Idee des Guten; hat sie sich aber einmal gezeigt, so muss man schlussfolgern, dass sie für alle die Urheberin alles Rechten und Schönen ist, da sie im Bereich des Sichtbaren das Licht und dessen Herrn (die Sonne) erzeugt, im Bereich des Denkbaren aber selbst als Herrscherin waltend uns zu Wahrheit und Vernunft verhilft. Daher muss also diese Idee erkannt haben, wer einsichtig handeln will, sei es in persönlichen oder in öffentlichen Angelegenheiten.

[...]

Unsere vorliegende Untersuchung [...] zeigt, dass diese Wissenskraft das Organ, durch welches ein jeder zu Kenntnissen kommt, der Seele eines jeden innewohnt. Ganz ähnlich, wie wenn man das Auge nicht anders aus dem Dunklen nach dem Hellen umwenden könnte als mitsamt dem ganzen Leibe, so muss man sie mitsamt der ganzen Seele aus dem Bereich des Werdenden nach der anderen Seite umkehren, bis sie fähig geworden ist, die Betrachtung des Seienden und des Hellsten unter dem Seienden auszuhalten; dies aber ist, wie wir behaupten, das Gute. Nicht wahr?
Platon: Politeia VII,1–5.

Die Idee des Guten steht im Zentrum der Ethik Platons. Ihre Erkenntnis soll das Ziel eines jeden Menschen sein. In Platons utopischer Vision vom Idealstaat („Politeia") sollen sich ihr insbesondere die Philosophen widmen. Sie sollen die Polis regieren und sind für die Erziehung zur höchsten Tugend im Sinne der Idee des Guten verantwortlich, aus der heraus sich das Ziel des Staatswesens bestimmt: die höchste Glückseligkeit aller.

Otto Dix: Die Geburt, 1919

Aristoteles hat den Telos-Begriff im Zusammenhang mit seiner Lehre vom „Endzweck", der „Teleologie"[58], in die Philosophie eingeführt. Er verknüpfte Ursache und Ziel durch das „um ... zu". Seine Erwägungen über die **Ursachen** betreffen sowohl den Anfang im Sinne des Ursprungs (z. B. der Bewegung): das „zugrunde Liegende", dasjenige, „woraus etwas wird", als auch das **Endziel** im Sinne von **Endzweck:** Der Endzweck ist dasjenige, um dessen Willen etwas ist bzw. wird. So ist z. B. das Ziel des Spazierengehens die Gesundheit. Gut ist, was seine Zweckbestimmung erfüllt. Es ist das, wonach jede Kunst(fertigkeit), jede Handlung strebt. So entwirft Aristoteles eine Hierarchie der Ziele und der Arten der „Zweckursachen", des „Guts" um eines Höheren willen. Denn alles Unvollkommene erstrebt ein Vollkommenes. Es gibt zwar viele Ziele in vielen Wissens-, Kunst- und Handlungsbereichen, die wiederum um anderer Ziele willen da und gut sind. Das „höchste Ziel" aber

58 Der Begriff *Teleologie* wurde erst von Christian Wolff (1679–1754) eingeführt. Vgl. Hoffmeister: Wörterbuch der philosophischen Begriffe, Meiner Verlag: Hamburg 1955, S. 604.

ist das „**höchste Gut**", das um keines anderen, sondern nur um seiner selbst willen da ist. Im Bereich der Theologie, der Frage nach der Ursache allen Werdens, ist es „das göttliche Wesen", der unbewegte Beweger, der vollkommen, vollendet ist und sich selbst genügt: ein ewiges, unbewegtes und vom Sichtbaren abgeschiedenes Wesen.

Im Bereich der **Ethik** ist nach Aristoteles das höchste Ziel die *„Eudaimonia"*, die Glückseligkeit, denn sie erstreben alle Menschen um ihrer selbst willen:

Jede Kunst und jede Lehre, desgleichen jede Handlung und jeder Entschluss scheint ein Gut zu erstreben, weshalb man das Gute treffend als das bezeichnet hat, wonach alles strebt […]

Da der Handlungen, Künste und Wissenschaften viele sind, ergeben sich auch viele Ziele. Das Ziel der Heilkunst ist die Gesundheit, das der Schiffsbaukunst das Schiff, das der Strategik der Sieg, das der Wirtschaftskunst der Reichtum. Wo solche Verrichtungen unter einem Vermögen stehen, wie z. B. die Sattlerkunst und die sonstigen mit der Herstellung des Pferdewerkzeuges beschäftigten Gewerbe unter der Reitkunst […], da sind jedesmal die Ziele der architektonischen, d. h. der leitenden Verrichtungen vorzüglicher als die Ziele der untergeordneten, da letztere nur um der ersteren willen verfolgt werden […]

Da der Ziele zweifellos viele sind und wir deren manche nur wegen anderer Ziele wollen, so leuchtet ein, dass sie nicht alle Endziele sind, während doch das höchste Gut ein Endziel oder etwas Vollendetes sein muss.

Wenn es aber nur ein Endziel gibt, so muss dieses das Gesuchte sein, und wenn mehrere, dasjenige unter ihnen, welches im höchsten Sinne Endziel ist. Als Endziel im höheren Sinne gilt uns das seiner selbst wegen Erstrebte […] und das, was niemals wegen eines anderen gewollt wird, […] mithin als Endziel schlechthin und als schlechthin vollendet, was allezeit seinetwegen und niemals eines anderen wegen gewollt wird. Eine solche Beschaffenheit scheint aber vor allem die Glückseligkeit zu besitzen. Sie wollen wir immer wegen ihrer selbst, nie wegen eines anderen, während wir die Ehre, die Lust, den Verstand und jede Tugend zwar auch ihrer selbst wegen wollen, […] doch wollen wir sie auch um der Glückseligkeit willen in der Überzeugung, eben durch sie ihrer teilhaftig zu werden. Die Glückseligkeit dagegen will keiner wegen jener Güter und überhaupt um keines anderen willen […] Das vollendet Gute muss sich selbst genügen […] Die Glückseligkeit stellt sich dar als ein Vollendetes und sich selbst Genügendes, da sie das Endziel alles Handelns ist.

Aristoteles: Nikomachische Ethik I 1, 1094 a, b; I 5, 1096 b – 1097 b.

Der Mensch aber ist ein *zoon politikón* (politisches Lebewesen). Deshalb ist sein Ziel dadurch bestimmt, dass er nicht nur seine je eigene Glückseligkeit erreicht, sondern diese im Rahmen der Gemeinschaft *(polis)*. Aristoteles sieht das Ziel des Staates nicht nur in der Erhaltung des physischen Lebens, sondern in der **Vervollkommnung des sittlichen Lebens** um des höchsten menschlichen Gutes willen.

Denn wenn dasselbe auch für den Einzelnen und für das Gemeinwesen das nämliche ist, so muss es doch größer und vollkommener sein, das Wohl des Gemeinwesens zu begründen und zu erhalten. Man darf freilich schon sehr zufrieden sein, wenn man auch nur einem Menschen zum wahren Wohle verhilft, aber schöner und göttlicher ist es doch, wenn dies bei einem Volke oder Staate geschieht.

Aristoteles: Nikomachische Ethik I 1, 1094 b, S. 253.

5.2 Der Begriff des Fortschritts

Wie verhält sich nun der *Telos*-Gedanke zum modernen Verständnis von „Fortschritt"? Das Wort „Fortschritt" kann sich in seiner Singular-, seiner Plural- und Adjektivform auf vielerlei Bereiche beziehen: Man spricht von „Fortschritten" in Kenntnissen und Fähigkeiten oder man bewertet politische, soziale und andere Phänomene mit den Gegensatzbezeichnungen „fortschrittlich" und „konservativ".

Unter Fortschritt im weiteren Sinne verstehen wir gemeinhin das Zugehen auf ein „Besseres" oder gar das **Erreichen eines „Besseren"**, oft auch im Verhältnis zu „Rückschritt" und „Stillstand". Nach diesem Wortsinn wird die Qualität von „Fortschritt" eher vor einem zeitlichen Zielhorizont gesehen im Unterschied zu der aristotelischen Zielbestimmung. Diese gründet strukturell auf einer hierarchischen Stufenfolge, die von „gut" zu „gut", d. h. von Zielerfüllung zu Zielerfüllung, aufsteigt. Demgegenüber ist die Beschaffenheit „gut" im modernen Verständnis von „Fortschritt" immer ein „besser" im Vergleich zu einem Vorangegangenen, das in sich selbst nie „gut genug" und daher „verbesserungsbedürftig" ist. Nach dem Erreichen des „Besseren" wird wiederum ein neues „Besseres" erstrebt und so fort. Zwar können im Zuge der Verbesserungen viele Einzelziele um eines nächsten übergeordneten Zieles willen verfolgt werden, aber ein Ende liegt allenfalls in der Begrenztheit der jeweiligen Sache selbst.

Das „Weiterstreben" muss jedoch nicht nur aus der erforderlichen Notwendigkeit der Sache entstehen, sondern es kann auch angetrieben sein von der Lust am Wagemut Kräfte messender Grenzüberschreitung, des Über-sich-Hinauswachsens, obgleich das Vorhandene womöglich „ausreichend", „befriedigend", „gut" oder gar „paradiesisch" sein und bleiben könnte. Hier schließen sich psychologische, anthropologische und ethische Fragen an, z. B. gehört dieses Streben zur menschlichen Natur?

Als Beispiel für das Bedürfnis und die Fähigkeit des Menschen, das jeweils Vollkommenere anzustreben, nennt Platon die Möglichkeit des Lernens und der Wissenserweiterung vor allem der Jugend.

Scheint es laut Thomas von Aquin der Natur der menschlichen Vernunft innezuwohnen, schrittweise vom Unvollkommenen zum Vollkommenen zu gelangen, wie verhält sich dann diese von Gott geschaffene und von ihm als gut bewertete Natur zu dem den menschlichen Erkenntnisdrang einschränkenden Verbot, vom Baum der Erkenntnis zu essen?

Ist das „Fortschrittliche" womöglich kein Gegensatz zum „Konservativen"? Gehört zum „Fortschritt" auch das „Bewahren" dessen, was einmal – gar im Laufe einer langen Tradition – als ein „Gut" erkannt und erreicht wurde? Inwieweit erhebt sich daraus der ethische Anspruch zur freiwilligen Selbstbegrenzung des Menschen?

5.3 Das Streben nach Vollkommenheit

Bereits in alten mythischen und religiösen Erzählungen gibt es Vorstellungen vom Streben nach Vervollkommnung und Vollkommenheit, die oft mit Stolz und Überheblichkeit von Menschen und auch von Göttern zusammen gesehen werden.

Der **Maya-Mythos** z. B. erzählt – im Unterschied zum biblischen Schöpfungsbericht –, dass die Götter selbst ihre menschlichen Geschöpfe als missglückt bewerteten. Erst nach mehrfachen Versuchen gelang ihnen der optimale Mensch. Den aber erschufen sie weniger um seiner als vielmehr um ihrer selbst willen, damit sie durch ihn die erstrebte Ehrerbietung erhielten.[59]

Der **biblische Schöpfergott** beurteilt sein Menschenwerk wie seine Schöpfung insgesamt als gut.[60] Dem Menschen selbst wird vom biblischen Erzähler zur Last gelegt, der Versuchung und der Verheißung seiner Selbst-Übersteigung nachzugeben und dadurch das vorhandene gottgegebene Paradies zu verlieren. Die Überheblichkeit und Maßlosigkeit des Menschen wird mit dessen Schwächung bzw. mit dem Verlust von vorhandenem Gut bestraft. Auch zahlreiche Märchen und Sprichwörter erheben derartige Anschauungen zur „Volksweisheit", z. B. „Gott lässt die Bäume nicht in den Himmel wachsen".

59 Vgl. S. 67 f.
60 Vgl. S. 57 f.

Die **alttestamentliche Geschichte vom Sündenfall** (Gen 3,1–24) berichtet, dass Adam und Eva ihre Gottebenbildlichkeit zu einem „Sein wie Gott" überschreiten wollten, indem sie die von ihm gesetzte Grenze übertraten: Selbst der ganze Garten Eden, das Paradies, war ihnen nicht genug, wenn sie nicht auch die Frucht vom einzig verbotenen Baum – der Erkenntnis, des Lebens, der Unterscheidung von Gut und Böse – essen durften. Diese Ur-Sünde zerstörte die von Gott geplante Schöpfungsordnung. Der menschliche Übergriff in den Bereich des Göttlichen wird mit dem Verstoß aus der Sphäre des Vollkommenen bestraft. Das bedeutet im Alten Testament: Verlust des Paradieses, Arbeit, Geburtswehen, Tod und demzufolge Sehnsucht nach der Erlösung durch eine Wiederherstellung des Paradieses.

Die Vertreibung aus dem Paradies

Gen 3,1 Aber die Schlange war listiger als alle Tiere auf dem Felde, die Gott, der Herr, gemacht hatte, und sprach zu dem Weibe: Ja, sollte Gott gesagt haben: ihr sollt nicht essen von allen Bäumen im Garten?

2 Da sprach das Weib zur Schlange: Wir essen von den Früchten der Bäume im Garten;

3 aber von den Früchten des Baumes mitten im Garten hat Gott gesagt: Esset nicht davon, rühret sie auch nicht an, dass ihr nicht sterbet!

4 Da sprach die Schlange zum Weibe: Ihr werdet keineswegs des Todes sterben,

5 sondern Gott weiß: an dem Tage, da ihr davon esset, werden eure Augen aufgetan und ihr werdet sein wie Gott und wissen, was gut und böse ist.

6 Und das Weib sah, dass von dem Baum gut zu essen wäre und dass er eine Lust für die Augen wäre und verlockend, weil er klug machte. Und sie nahm von der Frucht und aß und gab ihrem Mann, der bei ihr war, auch davon, und er aß.

7 Da wurden ihnen die Augen aufgetan, und sie wurden gewahr, dass sie nackt waren und flochten Feigenblätter zusammen und machten sich Schurze.

9 Und Gott, der Herr, rief Adam und sprach zu ihm: Wo bist du?

10 Und er sprach: Ich hörte dich im Garten und fürchtete mich; denn ich bin nackt, darum verstecke ich mich.

11 Und er sprach: Wer hat dir gesagt, dass du nackt bist? Hast du gegessen von dem Baum, von dem ich dir gebot, du solltest nicht davon essen?

12 Da sprach Adam: Das Weib, das du zu mir gesellt hast, gab mir von dem Baum und ich aß.

Da sprach Gott, der Herr, zum Weibe: Warum hast du das getan? Das Weib
13 sprach: Die Schlange betrog mich, sodass ich aß.
Und zum Weibe sprach er: Ich will dir viel Mühsal schaffen, wenn du schwan-
16 ger wirst; unter Mühen sollst du Kinder gebären. Und dein Verlangen soll nach
deinem Manne sein, aber er soll dein Herr sein.
Und zum Manne sprach er: Weil du gehorcht hast der Stimme deines Weibes
17 und gegessen hast von dem Baum, von dem ich dir gebot und sprach: Du sollst
nicht davon essen, – verflucht sei der Acker um deinetwillen! Mit Mühsal sollst
du dich von ihm nähren dein Leben lang!
Dornen und Disteln soll er dir tragen und du sollst das Kraut auf dem Felde
18 essen.
Im Schweiße deines Angesichts sollst du dein Brot essen, bis du wieder zu Erde
19 werdest, davon du genommen bist. Denn du bist Erde und sollst zu Erde wer-
den.
Und Gott, der Herr, sprach: Siehe, der Mensch ist geworden wie unsereiner und
22 weiß, was gut und böse ist. Nun aber, dass er nur nicht ausstrecke seine Hand
und breche auch von dem Baum des Lebens und esse und lebe ewiglich!
Da wies ihn Gott, der Herr, aus dem Garten Eden, dass er die Erde bebaue, von
23 der er genommen war.
Und er trieb den Menschen hinaus und ließ lagern vor dem Garten Eden die
24 Cherubim mit dem flammenden, blitzenden Schwert, zu bewachen den Weg
zu dem Baum des Lebens.

Der **Turmbau zu Babel** (Gen11,1–9) zeigt das ideale Bild einer ursprünglich einheitlichen Sprache der Menschen. Weil sie über sich hinaus bis in den Himmel bauen wollten, bestrafte und schwächte Gott sie durch Sprachzersplitterung und -verwirrung:

Gen 11,1 Es hatte die Welt einerlei Zunge und Sprache.
2 Als sie nun nach Osten zogen, fanden sie eine Ebene im Lande Sinear[61] und
wohnten daselbst.
3 Und sie sprachen untereinander: Wohlauf, lasst uns Ziegel streichen und bren-
nen! – und nahmen Ziegel als Stein und Erdharz als Mörtel
4 und sprachen: Wohlauf, lasst uns eine Stadt und einen Turm bauen, dessen
Spitze bis an den Himmel reiche, damit wir uns einen Namen machen; denn
wir werden sonst zerstreut in alle Länder.
5 Da fuhr der Herr hernieder, dass er sähe die Stadt und den Turm, die die Men-
schenkinder bauten.
6 Und der Herr sprach: Siehe es ist einerlei Volk und einerlei Sprache unter ihnen
allen, und dies ist der Anfang ihres Tuns; nun wird ihnen nichts mehr verwehrt
werden können von allem, was sie sich vorgenommen haben zu tun.

61 Sinear, auch Schinar: Name für Babylonien.

7 Wohlauf, lasst uns hernieder fahren und dort ihre Sprache verwirren, dass keiner des anderen Sprache verstehe!
8 So zerstreute sie der Herr von dort in alle Länder, dass sie aufhören mussten, die Stadt zu bauen.
9 Daher heißt ihr Name Babel[62], weil der Herr daselbst verwirrt hat aller Länder Sprache und sie von dort zerstreut hat in alle Länder.

Platons „Symposion" („Gastmahl") greift im Gespräch über das Wesen des Eros auf den **Mythos* von der ehemals vollkommenen menschlichen Natur** zurück. Dazu lässt er im Dialog über das Wesen des Eros den Komödiendichter Aristophanes erzählen, dass es einst nicht nur ein männliches und ein weibliches, sondern ein drittes, gemeinschaftliches, d. h. männlich-weibliches Ge-

Emil Rudolf Weiss,
Die Umarmung, 1898

schlecht gab. Die Gestalt eines jeden Menschen aber war rund und sie bewegte sich nicht nur aufrecht, sondern „wie die Radschlagenden" fort (Kugel und Kreis sind Symbole der Vollkommenheit). Sie waren gewaltig an Kraft und Stärke, hatten auch große Gedanken und wollten sich einen Zugang zum Himmel bahnen, um die Götter anzugreifen. Zeus bestrafte sie für ihre Ausgelas-

62 Der Erzählstoff hat seinen Ursprung in Babylon. Wohl im 12. Jhd. v. Chr. wurde von Nebukadnezzar I. ein gewaltiger Tempelturm des Hauptgottes von Babel, Marduk, begonnen und vollendet unter Nebukadnezzar II., lange nach dem Jahwisten*. Dieser legte möglicherweise seiner Erzählung ein Spottlied auf den zunächst gescheiterten Plan zugrunde, das er im Sinne seines Glaubens an Jahwe* umgedeutet hat.

senheit durch ihre Schwächung, die ihm zugleich nützlich sein sollte, weil er dadurch seine Verehrer vermehrte: Er zerschnitt sie in zwei Hälften „wie wenn man Früchte zerschneidet, um sie einzumachen, oder wenn sie Eier mit Haaren zerschneiden" (Symposion 190b–e).

Seit dieser Teilung aber sehnt sich jede Hälfte nach der zu ihr passenden: „[...] von langem her ist die Liebe zueinander den Menschen angeboren, um die ursprüngliche Natur wieder herzustellen, und versucht aus zweien eins zu machen und die menschliche Natur zu heilen" (Symposion 191 d).

5.4 Beispiele philosophischer Fortschritts-Kritik

„Die Welt schreitet fort, die Zukunft ist glänzend, niemand kann diese Tendenz der Geschichte ändern." Diesen Satz aus Mao Tse-tungs „Rotem Buch" sieht der Philosoph Ludger Oeing-Hanhoff in Korrespondenz zum Fortschrittsglauben der Aufklärung des 18. Jahrhunderts. Laut Marquis de Condorcet (1743–1794), einem französischen Philosophen, Politiker und Staatstheoretiker, werde die Zeit kommen, „da die Sonne auf Erden nur noch auf freie Menschen scheint, die keinen Herrn über sich als ihre Vernunft anerkennen, da es Tyrannen und Sklaven, Priester und ihre stumpfsinnigen und heuchlerischen Werkzeuge nur noch in den Geschichtsbüchern oder auf den Theaterbrettern geben wird".[63]

Immanuel Kant

Diese Fortschrittsgedanken beziehen sich auf das Ziel der Verwirklichung individueller und sozialer Freiheit aller Menschen, ein Ideal, das sich aus den Anschauungen der Aufklärung begründet. Gibt es aber in Bezug auf „die Aufklärung" überhaupt jemals einen Fortschritt, wenn man sie daran misst, wie Immanuel Kant (1724–1804) sie definiert? „Aufklärung ist der Ausgang des Menschen aus seiner selbst verschuldeten Unmündigkeit. [...] Habe Mut, dich deines eigenen Verstandes zu bedienen."[64] Sind Verstand und Vernunft die Haupt-, gar die einzigen Qualitäts-Kriterien, an denen Fortschritt gemessen werden kann?

Wurde auch Kants Bestimmung von Aufklärung immer wieder kritisiert, so sind doch seine Gedanken „zum ewigen Frieden" und der „Idee einer Weltrepublik" immer noch von Bedeutung:

63 Ludger Oeing-Hanhoff: Fortschritt, in: Handbuch philosophischer Grundbegriffe, Bd. 2, Kösel Verlag: München 1973, S. 473.
64 Immanuel Kant: Was ist Aufklärung?, 1784.

Da es nun mit der unter den Völkern der Erde einmal durchgängig überhand genommenen (engeren oder weiteren) Gemeinschaft so weit gekommen ist, dass die Rechtsverletzung an einem Platz der Erde an allen gefühlt wird: so ist die Idee des Weltbürgerrechts keine phantastische und überspannte Vorstellungsart des Rechts, sondern eine notwendige Ergänzung des ungeschriebenen Kodex, sowohl des Staats- als Völkerrechts zum öffentlichen Menschenrechte überhaupt, und so zum ewigen Frieden, zu dem man sich in der kontinuierlichen Annäherung zu befinden nur unter dieser Bedingung schmeicheln darf.

Immanuel Kant: Schriften zur Anthropologie, Geschichtsphilosophie, Politik und Pädagogik 1, S. 214.

Zu den Bedingungen für einen dauerhaften Frieden rechnet Kant auch die „Bedingungen der allgemeinen Hospitalität“, die Rechte und Pflichten sowohl des Gastgebers als auch des Gastes regeln, indem sie einerseits den ungerechten Überfall auf die ursprünglich ansässige Bevölkerung eines Gebietes („inhospitales Verhalten“), andererseits auch die feindselige Behandlung von Fremden ausschließen. Darin eingeschlossen ist das Recht, auf fremdem Boden nicht feindselig behandelt zu werden, da die Oberfläche der Erde allen Menschen gemeinschaftlich gehört und niemand mehr Recht hat, an einem Ort der Erde zu sein, als ein anderer.

Immanuel Kant

Kant äußert zum Fortschritt folgende Fragen:

1. „Welchen Ertrag wird der Fortschritt zum Besseren dem Menschengeschlecht abwerfen?“ – Nach Kant ist das sichtbare Kriterium zur Beurteilung des Resultats (des Ertrags) allein die sittliche Beschaffenheit des Menschengeschlechts.
2. „In welcher Ordnung allein kann der Fortschritt zum Besseren erwartet werden?“– Kant zählt die Bildung der Jugend, die ständige Selbsterneuerung des Staates und das Bemühen, zunehmend den Krieg schwinden zu lassen, auf.
3. Eine ironische Distanz zum (medizinischen) Fortschritt vermittelt Kant in seinem „Beschluss“:

Ein Arzt, der seinen Patienten von Tag zu Tag auf baldige Genesung vertröstete: den einen, dass der Puls besser schlüge, den anderen, dass der Auswurf, den dritten, dass der Schweiß Besserung verspräche, u.s.w., bekam einen Besuch von einem seiner Freunde. Wie geht's, Freund, mit eurer Krankheit? war die erste Frage. Wie wird's gehen? Ich sterbe vor lauter Besserung! – Ich verdenke es keinem, wenn er in Ansehung der Staatsübel an dem Heil des Menschengeschlechts und dem Fortschreiten desselben zum Besseren zu verzagen anhebt; allein ich verlasse mich auf das heroische Arzneimittel, welches Hume anführt, und eine schnelle Kur bewirken dürfte.– „Wenn ich jetzt (sagt er) die Nationen im Krieg gegeneinander begriffen sehe, so ist es, als ob ich zwei besoffene Kerle sähe, die sich in einem Porzellanladen mit Prügeln herumschlagen. Denn nicht genug, dass sie an den Beulen, die sie sich wechselseitig geben, lange zu heilen haben, so müssen sie hinterher noch allen den Schaden bezahlen, den sie anrichteten. Sero sapiunt Phryges.[65] Die Nachwehen des gegenwärtigen Krieges aber können dem politischen Wahrsager das Geständnis einer nahe bevorstehenden Wendung des menschlichen Geschlechts zum Besseren abnötigen, das schon jetzt im Prospekt ist.

Immanuel Kant: Schriften zur Anthropologie, Geschichtsphilosophie, Politik und Pädagogik 1, S. 367 f.

Otto Dix: Kriegskrüppel, 1920
Die Kriegsbilder von Otto Dix und Pablo Picasso (s. nächste Seite) zeigen exemplarisch die Konfrontation der Möglichkeiten von „Fortschritt" mit dessen Kehrseite angesichts des Krieges. Die „Kriegskrüppel" machen sichtbar, dass „Fortschritt" im ursprünglichen Sinne des Wortes ad absurdum geführt ist, wenn die Füße zum Fortschreiten fehlen, weil sie im Krieg oder in dessen Folgen weggerissen wurden.

65 Übersetzung des Herausgebers: „Spät werden die Phrygier weise."

Pablo Picasso: Guernica, 1937

Friedrich Nietzsche

Friedrich Nietzsche (1844–1900) öffnet den kritischen Blick auf den Fortschritt nicht aus der Perspektive der sozialen und zeitlichen *Aufwärts*entwicklung einer Bewegung der Menschheit *insgesamt.* Vielmehr lenkt er den Betrachterstandpunkt auf die Zusammenschau verschiedener Linien, *„isochronische Linien"* (griech. *isos*: gleich; *chronos*: Zeit), die sich durch Zeiten und Räume der Kulturen ziehen und an denen sich „Glücksfälle des Gelingens" zeigen:

Die Menschheit stellt nicht eine Entwicklung zum Besseren oder Stärkeren oder Höheren dar; [...] Fortentwicklung ist schlechterdings nicht mit irgendwelcher Notwendigkeit Erhöhung, Steigerung, Verstärkung ... in andrem Sinne gibt es ein fortwährendes Gelingen einzelner Fälle an den verschiedenen Stellen der Erde und aus den verschiedenen Kulturen heraus, in denen in der Tat sich ein höherer Typus darstellt: etwas, das im Verhältnis zur Gesamt-Menschheit eine Art „Übermensch" ist. Solche Glücksfälle des großen Gelingens waren immer möglich und werden vielleicht immer möglich sein. Und selbst ganze Stämme, Geschlechter, Völker können unter Umständen einen solchen Treffer darstellen. ... Von den ältesten uns erratbaren Zeiten der indischen, ägyptischen und chinesischen Kultur bis heute ist der höhere Typus Mensch viel gleichartiger als man denkt ...

Friedrich Nietzsche, in: Kritische Studienausgabe, Bd. 13, S. 191.

Dennoch klingen „im kleinen und erbärmlichen Leben" die Akkorde des großen Lebens vergangener Menschen hindurch: Jede Wertschätzung hat ihre Herkunft in großen Bewegungen einzelner Seelen.

Nietzsche selbst wollte sein Bild vom Übermenschen* nicht darwinistisch ausgelegt wissen: Der Mensch ist als der je Einzelne nicht das Produkt einer

Fortentwicklung mit irgendwelcher Züchtung, Erhöhung, Steigerung oder Verstärkung, womöglich im Sinne genetisch-technischer Vollkommenheitsideologie oder Entwicklungsteleogie. Denn „wenn es einmal möglich sein wird, isochronische Linien durch die Geschichte zu ziehen, so wird der moderne Begriff Fortschritt artig auf den Kopf zu stehen kommen". Wo Nietzsche vom Übermenschen spricht, gebraucht er das Wort in seinem zusammengesetzten Sinne: „Über-Mensch", d. h. für ihn: über den Menschen hinausgehen im Sinne von: über-winden. So lässt er Zarathustra, die poetisch-philosophische Hauptgestalt seines Werkes „Also sprach Zarathustra", sagen: „Der Mensch ist Etwas, das überwunden werden soll." **Der Übermensch ist der Selbst-Überwinder.** Inwiefern aber soll er sich selbst überwinden? Die Antwort liegt in Nietzsches Kritik am modernen Fortschrittsoptimismus. Dieser habe seine Wurzeln im tiefen Pessimismus. Die unentwegt geschäftige, Leid und Tod verdrängende Hast des modernen Wissenschafts- und Fortschrittsgläubigen verberge in Wirklichkeit seinen Nihilismus*, seine Schwermut aufgrund des Verlustes an Sinn, der ihm nicht mehr durch einen Glauben an Gott vermittelt werden kann.[66] Der Übermensch aber ist für Nietzsche der Bezwinger der Schwermut, die auch nach christlicher Auffassung eine der Hauptsünden ist.

Friedrich Nietzsche

Wodurch aber soll der Mensch die Schwermut überwinden, wenn ihm jeglicher Bezug zu einem Glauben an ein Jenseits fehlt? Nietzsches Antwort widerspricht ebenfalls dem Fortschrittsoptimismus: Der Mensch überwindet die Schwermut durch das **Ja zum Leben** selbst, d. h. durch die bewusste Annahme auch seines Leidens und Sterbens, von Geburt und Tod.

Das Prinzip der Selbst-Überwindung sieht Nietzsche als ein gemeinsames in vielen Moralsystemen und teilt es mit ihnen. Er erkannte jedoch, dass mit dem Wandel der Werte ein **Prozess neuer Wert- und Sinnfindung** begonnen hat, der vom Menschen eine gesammelte schöpferische Kraft verlangt. Er selbst bekannte aber, dass er die neuen Werte nicht ohne Bezug auf die alten finden konnte, wobei er deren Grenzen zu erkennen hatte: „Werte legte erst der Mensch in die Dinge, sich zu erhalten, – er schuf erst den Dingen Sinn, einen Menschen Sinn! [...] Wandel der Werte, – das ist Wandel der Schaffenden." (Kritische Studienausgabe, Bd. 4, S. 74)

66 Vgl. S. 164–166.

Zarathustra spricht – auch in Anspielung auf die Gesetzestafeln des Dekalogs* – von den „Tafeln der Überwindungen“ und sagt:

> Tausend Ziele gab es bisher, denn tausend Völker gab es […], es fehlt das Eine Ziel. Noch hat die Menschheit kein Ziel. Aber sagt mir doch, meine Brüder, wenn der Menschheit das Ziel noch fehlt, fehlt da nicht auch – sie selber noch?
>
> *Friedrich Nietzsche: Also sprach Zarathustra, in: Kritische Studienausgabe, Bd. 4, S. 76.*

Wie vor ihm Kant so ist auch Nietzsche davon überzeugt, dass der Mensch nicht ohne den **Entwurf eines Idealbildes als Leitlinie** für sein Zugehen auf die Zukunft auskommen kann. Zur Wahrnehmung dieses Bildes aber gehört die **Hinwendung zur „Muße“** (*otium* im Gegensatz zu *neg-otium:* Pflicht, Arbeit). Sie war für Aristoteles Voraussetzung und Ziel geistigen Lebens, ja eines der Fundamente abendländischer Kultur. Die *vita contemplativa* (das beschauliche Leben) jenseits der hektischen Aktivitäten des modernen „zeitaufkaufenden“ nach Fortschritt jagenden Lebens war für Nietzsche eine zentrale Kategorie seiner **Kulturkritik**. Sein Ideal des Über-Menschen steht durchaus auch in Verbindung mit der Tradition der „Übersteigung“ des Menschen, wie sie im Sinne des Thomas von Aquin durch die *vita contemplativa* möglich werden kann.

An Nietzsches Kritik des Fortschrittsoptimismus knüpften u. a. die Philosophen Martin Heidegger, Herbert Marcuse und Karl Löwith an.

Hermann Hesse

Wie Nietzsche kämpft auch Hermann Hesse (1877–1962) gegen das, was er „in unserer Öffentlichkeit den verlogenen Optimismus“ nennt.[67]

In „Zarathustras Wiederkehr“ (1919) inszenierte Hesse eine kritische Begegnung der aus dem ersten Weltkrieg in die Hauptstadt zurückgekehrten Soldaten mit Nietzsches Zarathustra, den sie zu Beginn ihrer Jugendzeit als ihren Propheten, Lehrer und Führer verehrt hatten. Als geschlagene Verlierer in ihrem besiegten Land wollen sie von ihm wissen, was sie tun sollen. Seine Antwort ist für die Tatensüchtigen enttäuschend. Rezepte für „nötige Fälle“ und „Rattenfängerkenntnisse“ zur „Weltverbesserung“ kann und will er nicht anbieten. Ist denn das beklagte „Böse“ nur den historisch-gesellschaftlichen Umständen zur Last zu legen? Oder sind es nicht auch wir selbst, die wir stets aufs Neue die eilfertige Unruhe in uns erzeugen, welche uns in unserer Zer-

67 Hermann Hesse: Die Kunst des Müßiggangs, Suhrkamp Verlag: Frankfurt a. M. 1973, S. 6.

rissenheit nicht rasten und unsere Unzufriedenheit bis in kriegerische Expansionen ausufern lässt? Neben den tatsächlichen Tötungen durch Menschen ist für Hesse auch jedes Nichtanerkennen von Leben, jede Härte, jede Gleichgültigkeit, jede Verachtung nichts anderes als Töten. Daher sieht er die Aufgabe des Menschen darin, innerhalb seines eigenen, einmaligen Lebens einen Schritt weiter zu tun als vom Tier zum Menschen.

Im Zusammenhang mit dem Gebot „Du sollst nicht töten" fragt Hesse nach dem Wesen des Fortschritts:

Die Welt wird nicht rascher fortschreiten, wenn Ihr Dichter zu Volksrednern, Philosophen zu Ministern macht. Sie wird fortschreiten überall da, wo ein Mensch das tut, wozu er da ist, was seine Art von ihm fordert, was er darum gut und gerne tut. Und die Beschäftigung mit der Zukunft und der Glaube an den einstigen Menschen und das tastende Spiel mit den Möglichkeiten der Ferne und Zukunft wird, auch wenn die Praktiker es stets als einen Luxus betrachten werden, dennoch immer wieder genau ebenso notwendig sein wie die Organisationen der Politik, wie das Häuserbauen und Brotbacken [...] „Du sollst nicht töten!" [ist] die Grundforderung jedes Fortschrittes, jeder Menschwerdung.

Hermann Hesse: Krieg und Frieden, S. 155 f.

5.5 Die Pflicht zur Utopie: Der „Fortschritt" zum humanum?

Bedürfen wir zum Fortschritt unseres Menschseins der Utopie, einer universalen Sozial- und Friedensordnung, deren Verwirklichung wir – im Wissen um unsere Gebrechlichkeit und Grenzen – einzeln und als Menschengemeinschaft erstreben sollten?

Die Bedeutung des künstlich zusammengesetzten Wortes *Utopie* (griech. *ou*: nicht; *topos*: Ort) verweist darauf, dass ihm keine Wirklichkeit entspricht. Der Begriff wird zurückgeführt auf das 1516 von Thomas Morus (1478–1535) erschienene Buch „De optimo rei publicae statu sive nova insula Utopia" (Von der besten Verfassung des Staates und der neuen Insel Utopia), in dem Morus einen Idealstaat schildert, der auf der erdachten Insel Utopia liegt. Mit ihm beginnt eine vielfältige Literatur der Utopie der Neuzeit in Europa, die bereits in Platons „Politeia" („Der Staat") und Augustinus' „De civitate dei" („Über den Gottesstaat") ihre Vorgänger hatte. Die Form des utopischen Staatsromans bzw. -dialogs diente ihren Verfassern, um im Ausblick auf eine ideale Gesellschaft eine vorhandene schlechte zu kritisieren.

Ernst Bloch (1885–1977) lenkte als Philosoph der Sozial-Utopien erneut die Aufmerksamkeit auf Platons „Politeia“, Thommaso Campanellas „Civitas solis“ („Sonnenstaat“, 1623), Francis Bacons „Nova Atlantis“ (1627) und auf Thomas Hobbes’ staatsphilosophisches Werk „Leviathan“ (1651).

In seiner Philosophie sozialistischer Welterneuerung zeigte Bloch den „Geist der Utopie“[68] und die **Hoffnung als Triebkraft menschlicher Kreativität und Geschichte** auf. Das – freilich *noch nicht* eingelöste – Wort „Heimat“ ist für ihn „absoluter Zielbegriff“ eines humanen Sozialismus und realer Demokratie, deren Möglichkeiten die utopische Fantasie in Phänomenen des Gelungenen und Gelingens schon vorscheinen sieht. Bis jetzt aber steht das Erreichen des Ziels noch aus. Im Schlusskapitel seines dreibändigen Werks „Das Prinzip Hoffnung“ schreibt Bloch: „Das Ziel insgesamt ist und bleibt noch verdeckt. [...] Ziel ist jene Gemeinschaft, wo die Sehnsucht der Sache nicht zuvorkommt, noch die Erfüllung geringer ist als die Sehnsucht.“ Ziel ist es also, dass das Sein sich der **Hoffnung** bis zur Identität mit ihr angenähert hat. Das Buch endet mit den Sätzen:

Die wirkliche Genesis ist nicht der Anfang, sondern am Ende, und sie beginnt erst anzufangen, wenn Gesellschaft und Dasein radikal werden, das heißt sich an der Wurzel fassen. Die Wurzel der Geschichte aber ist der arbeitende, schaffende, die Gegebenheiten umbildende und überholende Mensch. Hat er sich erfasst und das Seine ohne Entäußerung und Entfremdung in realer Demokratie begründet, so entsteht in der Welt etwas, das allen in die Kindheit scheint und worin noch niemand war: Heimat.

Ernst Bloch: Das Prinzip Hoffnung, Gesamtausgabe, Bd. 5, S. 1628.

Blochs im Sinne kommunistischer Utopie verwendeter Heimatbegriff enthält gleichwohl Aspekte jüdischer Eschatologie*.

Vor Ernst Bloch aber hatte bereits Immanuel Kant die Utopie als sittlichen Anspruch verteidigt. Seine Anmerkungen dazu stehen im Zusammenhang mit den drei Grundfragen, denen sich die Philosophie zu stellen habe:
1. Was kann ich wissen?
2. Was soll ich tun?
3. Was darf ich hoffen?

Sie sind bezogen auf die höchste Frage: „Was ist der Mensch?“

Kants Formulierung der „Pflicht zur Utopie“ gewinnt im Sinne seines Aufklärungsgedankens wieder an Aktualität, wenn „Pflicht“ heute nicht nur dem

68 Auch Titel seines Erstlingswerkes, 1918.

Staatsoberhaupt, sondern jedem mündigen Staatsbürger zugesprochen wird:

Es ist mit diesen Staatsschöpfungen[69] wie mit der Weltschöpfung zugegangen: kein Mensch war dabei zugegen, noch konnte er bei einer solchen gegenwärtig sein, weil er sonst sein eigener Schöpfer hätte sein müssen. Ein Staatsprodukt wie man es hier denkt, als dereinst, so spät es auch sei, als vollendet zu hoffen, ist ein süßer Traum; aber sich ihm immer zu nähern, nicht allein denkbar, sondern, so weit es mit dem moralischen Gesetze zusammen bestehen kann, Pflicht, nicht der Staatsbürger, sondern des Staatsoberhauptes.

Immanuel Kant: Streit der Fakultäten, in: Schriften zur Anthropologie, Geschichtsphilosophie und Pädagogik 1, S. 366.

Zusammenfassung: Fortschritt und Ziel der Geschichte

In der europäischen Denktradition wurde immer wieder die Frage nach dem **Ziel** des individuellen bzw. gesellschaftlichen Lebens und der Geschichte gestellt:

- Für Platon ist es die höchste Idee, die Idee des Guten, die auf dem Weg der Erkenntnis (als Wiedererinnerung) erreicht werden soll. Aus ihr heraus bestimmt sich auch das Ziel des Staatswesens: die **Glückseligkeit** aller.
- Aristoteles entwirft eine Hierarchie der Ziele im Sinne von Zweckbestimmungen und Vollkommenheitsbestrebungen, an deren Spitze das höchste Gut steht. Dieses ist für den Menschen die **Eudaimonia** (Glückseligkeit). Sie für die Gemeinschaft der Menschen zu ermöglichen, ist das Ziel des Staates.
- Kant entwirft eine Utopie des **universalen Weltfriedens** und Bloch die soziale Menschengemeinschaft, in der der Einzelne seine Identität findet (**Heimat**).
- Aus einer religiösen Perspektive zielt die Geschichte auf ein Ende und einen **Neuanfang der Welt** (Apokalypse) oder auf einen **göttlichen Brennpunkt** (Teilhard de Chardin).
- Das Bedürfnis des Menschen zur **Vervollkommnung und Selbstübersteigung** wird in religiösen und mythischen Erzählungen als Übergriff des Menschen in die verbotene göttliche Sphäre gedeutet, der mit seinem Fall und seiner Schwächung bestraft wird.
  Davon unterscheidet sich der Maya-Mythos, in dem die Götter selbst ihre Unzulänglichkeit bei der Erschaffung des Menschen zugeben und ihr Werk durch mehrere Versuche zu ihrer eigenen Ehre vervollkommnen wollen.

Fortschritt selbst ist kein Ziel. Er ist Bewegung, Weg zum „Ziel".
Der moderne Gebrauch des Wortes „Fortschritt" drückt im Allgemeinen das Zugehen auf ein „Besseres" oder das Erreichen eines „Besseren" aus, oft auch im Verhältnis zu „Rückschritt" und „Stillstand". Dabei stellt sich die Frage nach dem Verhältnis des „Fortschritts" zum „Bewahren" dessen, was bereits als „Gut" vorhanden ist.
Kritiker des modernen Fortschrittsoptimismus sind u. a. Hermann Hesse und Friedrich Nietzsche.

69 Kant bezieht sich hier auf Staatsutopien von Platon, Morus u. a.

6 Heil und Heilsgeschichte

6.1 „Heil“ aus religiöser Sicht

Dass die Welt nicht „heil“ ist, erzeugt die Utopien einer „heilen Welt“ und der Wege zu ihr in zahlreichen individuellen, sozialen oder politischen Vor- und Darstellungsweisen. Was aber bedeutet Heil im religiösen Sinne?

Jede Religion hat ihren besonderen Bezug dazu, wo und wie immer sie sich dem Problem des *Unheils* stellt, mit dem der Mensch konfrontiert ist. Die Antworten, auf welche Weise das „Heil“ gesucht und gefunden werden soll bzw. kann, hängen davon ab, wo der Ursprung des Unheils gesehen wird.

Die Heilslehre Buddhas

Nach dem Verständnis des Buddhismus liegt der **Ursprung des Unheils im Leben selbst**. Jeder Einzelne muss das Böse in sich selbst bekämpfen und so sein eigener Retter sein: Um aus dem qualvollen Kreis des Daseins herauszufinden und das Ziel der Erlösung vom Weltleiden zu erreichen, bedarf es einiger Anstrengungen auf dem langen Weg der Selbstläuterung und -befreiung von den Fesseln des Durstes nach dem Leben.

Im Unterschied zu den Religionen, die sich – wie die der alttestamentlichen Glaubensüberlieferung – in ihren ethischen Handlungen einem persönlichen Gott verpflichtet sehen, gibt es im Buddhismus keinen Gott, von dem Gebote und entsprechend auch Rechtfertigungs- und Heilsvorstellungen abzuleiten wären. „Töten, Stehlen, geschlechtliche Ausschreitung, Lügen, Verleumden, Schimpfen, Plappern, Habgier, Übelwollen und falsche Anschauung, das ist das diesseitige Ufer, das Unterlassen von diesen zehn Dingen ist das jenseitige Ufer.“[70] Dieser Satz aus den überlieferten Reden Buddhas gehört zu den Hauptvorschriften, die als „reine Sittengesetze“ bezeichnet werden.

„Die unablässige geistige Vervollkommnung führt schließlich in vielen Existenzen zu einem Geisteszustand, in dem alle Leidenschaften erloschen sind, damit schon in diesem Leben jene vollständige Meeresruhe des Gemüts erreicht wird, die von den verschiedenen Religionen unter verschiedenen Namen als das Hochziel menschlichen Strebens bezeichnet wird. Ist das Kamma*, das diese letzte Existenz eines Heiligen* ins Dasein rief, aufgezehrt, so stirbt er, um nie wiedergeboren zu werden. Er verlischt im Nibbâna* wie eine Flamme, deren Brennstoff sich erschöpft hat.“[71]

70 In: Helmuth von Glasenapp: Die fünf Weltreligionen, Diederichs Verlag: München 1996, S. 120.
71 Reden des Buddha, hrsg. von Helmuth von Glasenapp, Philipp Reclam Verlag: Stuttgart 1998, S. 10.

Die Texte aus den Lehren Buddhas verdeutlichen, was mit dem Zustand der Leidenschaftslosigkeit gemeint ist:

Nibbâna (das Verlöschen)
Auch der Sansâra*, dessen Anfang und Ende unausdenkbar ist, muss für den vergehen, der die wahre Erkenntnis besitzt.

Unausdenkbar, ihr Mönche, sind Anfang und Ende dieses Kreislaufs des Lebens von Geburt und Tod zu wieder neuer Geburt, ist der Sansâra. Sein einstmaliger Beginn ist jenen Wesen unbekannt, die durch das Nichtwissen daran gehindert sind, durch den Durst nach dem Leben gefesselt dahin eilen, von Dasein zu Dasein getrieben.

Es kommt, ihr Mönche, die Zeit, wo der große Ozean austrocknet, verzehrt wird, nicht mehr besteht; nicht aber künde ich euch, ihr Mönche, ein Zuendekommen des Leides für jene Wesen, die durch das Nichtwissen daran gehindert, durch den Durst nach dem Leben gebunden dahineilen, von Dasein zu Dasein getrieben. [...]

Es kommt, ihr Mönche, die Zeit, wo die große Erde verbrannt, vernichtet wird, nicht mehr besteht. Nicht aber künde ich euch ein Zurruhekommen des Leides für jene Wesen, die durch das Nichtwissen daran gehindert, durch den Durst gefesselt dahineilen, von Dasein zu Dasein getrieben.

Gleich dem Hunde, der, mit einem Riemen an einen Pfosten gebunden oder an eine Säule angeschlossen, um diesen Pfosten oder diese Säule herumläuft und sie umkreist, ebenso wahrlich, ihr Mönche, handelt ein unwissender, gewöhnlicher Mensch, welcher diese edlen Wahrheiten nicht kennt und nicht in der Lehre für einen guten Menschen geübt ist, der die Gestalt als sein Selbst schaut, der das Fühlen, das Unterscheidungsvermögen, die Triebkräfte, das Bewusstsein als sein Selbst ansieht [...] Wer aber um die Gestalt, das Fühlen, das Unterscheidungsvermögen, die Triebkräfte, das Bewusstsein sich bewegt, wer sie umkreist, der wird nicht frei von diesen allen. Er vermag sich nicht von Geburt, von Alter und Tod, von den Leiden, den Klagen, von Betrübnis, Niedergeschlagenheit und Unruhe zu lösen, nicht wird er von den Leiden befreit, so sage ich.

Wer nun aber, ihr Mönche, im heiligen Wissen belehrt ist, ein edler Hörer, welcher die edlen Wahrheiten schaut, der wohl unterwiesen ist in der heiligen Pflicht für einen guten Menschen, wer nicht die Gestalt, das Gefühl, das Unterscheidungsvermögen, die Triebkräfte und das Bewusstsein als das Selbst betrachtet [...] dieser wird, während er sich äußerlich noch um die Gestalt bewegt, um sie seinen Kreislauf des Lebens vollbringt, von der Gestalt erlöst; er wird von dem Fühlen, dem Unterscheidungsvermögen, den Triebkräften, dem Bewusstsein frei. Frei ist er von Geburt, Alter, Tod, Unglück, Klagen, Kummer, Niedergeschlagenheit und Unruhe, vom Leiden wird er erlöst; so verkünde ich euch dies.

Reden des Buddha, hrsg. von Helmuth von Glasenapp, S. 68 f.

Das Wesen des Nibbâna

Es gibt, ihr Mönche, einen Bereich, wo weder Erde noch Wasser, noch Feuer, noch Wind ist, wo die Sphäre der Unendlichkeit des Raumes und der Unendlichkeit des Bewusstseins nicht mehr besteht. Wo nicht irgendetwas mehr ist, weder die Sphäre des Unterscheidens noch die des Nichtunterscheidens, nicht diese Welt noch die jenseitige Welt, wo beide, Sonne und Mond, nicht mehr sind. [...]

Ich verkündige euch ein Nichtkommen und Gehen, ein Nichtfeststehen und Vergehen, die Freiheit von der Wiedergeburt; ein Nichtstillstehen und ein Nichtweitergehen. Keinen Grund gibt es mehr für das Sehnen nach dem Leben. Dies ist das Ende des Leides.

Reden des Buddha,
hrsg. von Helmuth von Glasenapp, S. 71.

Das Nibbâna als das Ungeborene, nicht Gewordene

Es gibt, ihr Mönche, ein Ungeborenes, ein Nichtgewordenes, das durch nichts bedingt ist: Wenn, ihr Mönche, dieses Ungeborene, Nichtgewordene, Unerschaffene, das keine Bedingung hat, nicht sein würde, so wäre auch für dieses Geborene, Gewordene, Geschaffene, aus der Bedingung Erwachsene kein Entrinnen zu finden.

Weil es aber, ihr Mönche, jenes Ungeborene, Nichtgewordene, Ungeschaffene, Unbedingte gibt, darum wird für das Geborene, Gewordene, Geschaffene, von Ursachen Bedingte eine Erlösung erkannt. [...]

Das Geborene, Gewordene, das Entstandene, das Geschaffene, ursächlich Bedingte, Vergängliche, das Alter und Tod reifen lassen, das ein Nest der Krankheit ist, leicht zu zerstören, das zur Grundlage die Unterstützung der Nahrung hat, nicht genügt dies, um sich daran zu freuen.

Welches die Befreiung von jenem bedeutet, das jenseits noch liegt des erwägenden Denkens, das Ewige, das Ungeborene und nicht Entstandene, die leidfreie und fehlerlose Stätte, das Vergehen der schlechten Daseinsfaktoren, das Zurruhekommen der Triebkräfte, das ist das Glück.

Reden des Buddha,
hrsg. von Helmuth von Glasenapp, S. 72.

Heilsvorstellungen im Islam

Im Gegensatz zur buddhistischen Erlösungsvorstellung wird im Islam die Rettung des Gläubigen, sein endgültiges Heil an die Vorstellung des **jüngsten Gerichtes** geknüpft. Zwar wird dabei alle Hoffnung auf die Barmherzigkeit Gottes gesetzt, aber gleichwohl muss der Einzelne selbst sich dem Heil annähern, indem er übt, die Anweisungen des Korans* zu befolgen.

Die Vorstellungen vom Weltanfang und -untergang beinhalten den Glauben an die Ordnung der Schöpfung Gottes. Nach ihrem Tod werden die Menschen von den Engeln Nakîr und Munkar verhört. Die Bösen werden mit Höllenqualen bestraft, die Guten dürfen von ihrem Grabe aus das Paradies schauen, in das Propheten, Glaubenskämpfer, Märtyrer und andere Auserwählte sofort nach ihrem Tod gelangen. Der Jüngste Tag ist auch das Weltgericht über jeden Einzelnen, dessen Taten auf einer großen Waage gewogen werden. Dabei wiegt der Glaube alle Sünden auf. Die Guten gehen auf ewig ins Paradies ein, die Verdammten müssen für immer Höllenqualen leiden.

Sind aber nicht die Menschen in ihren Handlungen und damit ihre Seligkeit oder Verdammnis von Gott angesichts seiner Allmacht vorherbestimmt? Diese Frage, die das Verhältnis von „Heil" im Verhältnis zum Mitwirken des Einzelnen betrifft, wird von Koran-Deutern unterschiedlich beantwortet: Orthodoxe heben besonders hervor, dass das menschliche Schicksal von Gott vorherbestimmt sei, während andere die Willensfreiheit des Menschen betonen, eine dritte Position sucht zwischen diesen beiden zu vermitteln: Der Mensch habe die freie Entscheidung, das zu bejahen oder abzulehnen, was Gott in ihm wirke.

Heilshoffnung im Christentum

„Heil" im biblischen Sinne hat die Bedeutung von „heilen", „erlösen", „helfen", „retten" „von Feinden befreien". **Heilshoffnung**, erwachsen aus der Sehnsucht nach Frieden, Freiheit und Gerechtigkeit, ist im Alten Testament **auf Jahwe* gerichtet**, im Neuen Testament **auf dessen Sohn Jesus Christus**, der deshalb auch als „Heiland" bezeichnet wird. An seine Auferstehung knüpft sich die Erwartung seiner Wiederkehr und die Hoffnung, dass alle vom ewigen Verderben gerettet werden, die gemäß seiner frohen Botschaft (Evangelium*) vor allem der Nächsten-, zumal der Feindesliebe leben.

„Heilsgewissheit" bedeutet eine feste Hoffnung auf Heil. Dabei gibt es zwei Möglichkeiten ihrer Auslegung, die einander zu widersprechen scheinen: Einerseits kann sich der Christ vor Gottes Gericht **allein durch seinen Glauben** (und nicht durch seine Werke) des Freispruchs von seinen Sünden und damit seiner Rettung gewiss sein. Andererseits sind es gerade die **Werke**, durch die er das Heil erlangen kann. Der Apostel Paulus gründet seine Hoffnung auf die schon von Gott erbrachten Heilstaten, mahnt die Gläubigen aber auch zum Lebenswandel im Sinne des jesuanischen Anspruchs. Neben der Drohung, dass die Lasterhaften vom Reich Gottes ausgeschlossen werden, gibt es auch die Erwartung der Gnade für diejenigen, die sich als Christen bewähren. Die Spannung zwischen beiden Auffassungen löst sich in der Deutung, dass der durch Gnade Erlöste an seinem Heil mitwirken muss.

6.2 Heilsgeschichte

Was hat „Heil“ mit „Geschichte“ zu tun? Wie lassen sie sich als zusammengehörig denken? „Geschichte“ steht im deutschen Wortzusammenhang mit „Geschehen“ (althochdeutsch *gisciht,* mittelhochdeutsch *geschiht:* was geschieht, Ereignis, Folge von Ereignissen, Schickung, Zufall usw.). Außer in diesem Sinne hat „Geschichte“ die Bedeutung von „Erzählen“ neuer und überlieferter Ereignisse in schriftlicher oder mündlicher Form.

Geschichte-Schreiben oder Geschichte-Erzählen ist auch Geschichte-Deuten und -Zitieren (im Rückgriff auf schon Erzähltes). Es entspringt dem Bedürfnis des Menschen, Geschehenes zu verstehen, sein Handeln im Nachhinein wertend auszulegen und auf Zukünftiges hin zu orientieren.

So sind die „biblischen Geschichten“ nicht in erster Linie Tatsachen, sondern **Deutungsgeschichten:** Erzählungen, mit denen das Volk Israel und die frühe Christengemeinde aus der Tradition ihrer Schöpfungs- und der Erlösungstheologie ihren Glaubensweg durch die Folge von Geschehnissen bezeugen. Ihn deuten sie als Heils-Weg bzw. Heilsgeschichte.

Heilsgeschichte ist für den gläubigen Menschen nicht eine Geschichte außerhalb von Raum und Zeit. Die Ereignisse der Profangeschichte werden vor dem Horizont einer Heilserwartung gedeutet, die sich in unterschiedlichen Vorstellungen und Bildern äußern kann. Beziehen sich diese – wie die des Alten und Neuen Testamentes – auf den Glauben an das Ende der Welt und den Anbruch des Reiches Gottes, so benutzt man dafür seit dem 19. Jahrhundert das Wort **Eschatologie***, d. h. „die Lehre von den letzten Dingen“, von dem „Ende der Geschichte und der Welt“. Nicht „Entwicklung“ und „Fortschritt“ sind dabei tragende Gedanken, sondern die **Ausrichtung auf ein letztes Ziel:** die Erlösung als künftige Wiederherstellung der paradiesischen Schöpfungsordnung.

Israel begreift seine Geschichte als Heilsgeschichte. Aus seinem Glauben an seine Gotterwähltheit deutet es **Geschichte als Erfahrung von Heil oder Unheil** durch das Handeln Gottes. Es macht darum auch keine Trennung zwischen „profaner“* Geschichte (Weltgeschichte) und „heiliger“ Geschichte: Jahwe* schloss mit seinem Volk am Berg Sinai einen heiligen Bund (Ex 34), bei dem Mose die Gesetzestafeln mit den 10 Geboten (Dekalog*) erhielt. Die Befolgung der 10 Gebote ist Israels Treuebeweis, ihre Missachtung Treuebruch gegenüber Jahwe*, der mit Ausschluss aus der Heilssphäre bestrafen, aber auch nach dem Bekunden von Reue mit Vergebung den Bund erneuern kann. „Ich sinne Gedanken zum Heil und nicht zum Unheil, euch eine Zukunft und Hoffnung zu gewähren“ (Jer 29,11), spricht Gott nach den Worten des Propheten Jeremia (um 650 v. Chr.). Die **Propheten** waren für das heilsgeschichtliche Denken Israels von größter Wichtigkeit. Sie griffen in die Politik ein, tadelten ihr Volk einerseits für die Verletzung seiner Bundestreue und deuteten die Vernichtung seiner nationalen Selbstständigkeit als Strafgericht Gottes in oftmals apokalyptischen Visionen, andererseits ermutigten sie es zum Durchhalten in schwerer Bedrängnis mit dem Ausblick auf eine endgültige Heilszeit, gar die Rückkehr des Paradieses. Dabei werden dem Volk Israel immer wieder die Meilensteine seiner Geschichte zur Besinnung auf seine **Selbstverpflichtung** und **Umkehr** ins Gedächtnis gerufen. Der Jahwist* stellt seine Erzählungen unter das Thema der Verheißung und geht dabei bis zum Schöpfungsbericht zurück: Mit der Schuld des ersten Menschenpaares beginnt auch die Geschichte von Gericht und Gnade über das Volk Israel. Als dessen Stammvater berief Gott Abraham, dem er eine zahllose Nachkommenschaft und die Besitznahme des Landes Kanaan zusagte. Gott erfüllt seine Versprechungen: Nach Jahren der Kinderlosigkeit zeugte Abraham mit seiner Frau Sara seinen einzigen Sohn Isaak und erreichte, nachdem er auf Befehl Jahwes* sein Heimatland am Euphrat verlassen hatte, das „gelobte Land" (Gen 12), wo er der Erzvater des Volkes Israel wurde.

Otto Dix: Zerstörung Jerusalems (1960)

Der Heilsgedanke setzt sich fort in den Erzählungen über die Fronarbeit der Israeliten bei den Ägyptern, aus der sie unter Moses flohen (Auszug aus Ägypten), und über den Bundesschluss am Berg Sinai bis hin zu den Geschichten über die Zeit König Davids, die Eroberung und die Zerstörung Jerusalems (597/586 v. Chr.) durch die Babylonier (unter König Nebukadnezzar) und die Deportation der Oberschicht nach Babylon (babylonisches Exil). In all den geschichtlichen Ereignissen, ob sie als Prüfung, Bestrafung oder Belohnung des Volkes Israel durch seinen Gott gedeutet werden, erhält sich der Glaube an die göttliche Lenkung aufrecht und die **Hoffnung auf eine endgültige Zeit des Heiles**, in der sich die Verheißungen erfüllen und die Sehnsucht ihr Ziel findet.

Das **heilsgeschichtliche Denken im Neuen Testament** knüpft an das im Alten Testament an: Mit **Jesus**, der als Erfüller der prophetischen Weissagungen gesehen wird, beginnt die **Vollendung der Heilszeit**. Durch ihn, seinen Sohn, hat Gott einen neuen Bund mit seinem Volk geschlossen.

Das neue Volk Israel sieht in Jesus den Messias, der durch sein Sterben am Kreuz die Schuld der Welt auf sich genommen hat. Als neuer Adam ist er durch seine Auferstehung Sieger über den Tod, die Strafe für die Schuld des alten Adam und seiner Frau Eva. Ihr gegenüber ist Maria, die jungfräuliche Gebärerin des Gottessohnes, Trägerin neuer Heilshoffnung. Die Johannesapokalypse, die Offenbarung der Wiederherstellung des Paradieses, zeigt sie als schwangere Frau am Himmel, ein Bild, in dem sie als Mutter des Messias und zugleich als Heilsgemeinde gedeutet wird.

Jesus Christus leitete die Erneuerung der Schöpfung ein und führt sie zu ihrem Ziel, das er selbst ist. Von hier aus versteht sich, dass der *Telos*-Gedanke des Aristoteles sich mit der christlichen Theologie vermitteln ließ. Er wurde vor allem von den Kirchenvätern aufgegriffen und in der christlichen Lehre des Mittelalters, der Scholastik, mit der Auffassung der Welt als Seinsordnung *(ordo)* verbunden. Auch in der Evolutionstheologie Teilhard de Chardins findet sich die Vermittlung von Telosgedanken und christlicher Eschatologie wieder.

Das endgültige Heil aber steht bis zum Jüngsten Tag noch aus. Bis dahin lebt die Christenheit in einer „Zwischenzeit", in der die Christen ihr Leben in Erwartung des Endes und des Zieles der Geschichte der Welt (vgl. Apokalypse des Johannes) auf Jesus richten und dessen Entscheidungsruf zur Umkehr folgen; denn er ist die Wende zum Heil: „Der Weg, die Wahrheit, und das Leben" (Joh 14,6), das „Wort Gottes, das Fleisch geworden ist" (Joh 1,14).

Im **Zentrum der neuen Botschaft Jesu** steht die **Bergpredigt*** (Mt 5–7): Für den Evangelisten Matthäus, der die Bergpredigt als Sammlung von Jesusworten niederschrieb, war der Ort der Offenbarung des Heils und der damit verbundene Handlungsanspruch nicht mehr nur der Berg Sinai, sondern darüber hinaus und vor allem der Berg, auf dem Jesus seine Botschaft verkündete. Sie überbietet das alttestamentarische Gesetz durch eine einzige Regel, in der sich alle anderen zusammenfassen bzw. ihr unterordnen lassen: Die „Goldene Regel"* (Mt 7,12), die der „Heiland" selbst beispielhaft vorgelebt hat durch seine Hinwendung zu den Verachteten, Kranken, Hungernden, Sündern, Ausgestoßenen, Feinden.

Mt 7,12 Alles nun, was ihr wollt, dass euch die Leute tun sollen, das tut ihnen auch! Das ist das Gesetz und die Propheten.

Dem Bewusstsein vom Neuen Bund zwischen Gott und seinem Volk entspricht ein **neues Verhältnis zu Gott**, der nach dem Beispiel Jesu in einer neuen Weise des Gebets angerufen werden soll: als „Abba", d. h. „mein Vater". Im christlichen „Vater-unser"-Gebet ist diese neue Beziehung zwischen Gott und Mensch greifbar:

Mt 6,9 Darum sollt ihr also beten:
Vater unser im Himmel!
Dein Name werde geheiligt.
10 Dein Reich komme.
Dein Wille geschehe wie im Himmel so auf Erden.
11 Unser täglich Brot gib uns heute.
12 Und vergib uns unsere Schuld, wie wir vergeben unsern Schuldigern.
13 Und führe uns nicht in Versuchung,
sondern erlöse uns von dem Übel.

Denn dein ist das Reich und die Kraft und die Herrlichkeit in Ewigkeit. Amen.

Auch das Pfingstwunder* wurde als **Zeichen des „neuen Bundes“** gedeutet: Die Sprachverwirrung – die Strafe für den Menschenhochmut beim Turmbau zu Babel – wurde mit dem Beginn der öffentlichen Verkündigung der Jesus-Botschaft aufgehoben: Fünfzig Tage nach der Auferstehung Jesu, am Gedenktag des Sinai-Bundes, erschienen den Jüngern Zungen wie von Feuer, die auf jeden von ihnen herabkamen: Der heilige Geist* erfüllte sie und sie sprachen in „fremden Zungen“, sodass die Anwesenden verschiedener Sprachen sie staunend in ihrer eigenen verstanden.

Zusammenfassung: Heil und Heilsgeschichte

Eine Vorstellung von „Heil“ haben alle Religionen, insofern sie sich mit der Erfahrung von „Unheil“ konfrontiert sehen.

Die **Sehnsucht nach der Erlösung vom Bösen** im Menschen selbst und in der Welt hat unterschiedliche Glaubensvorstellungen und -systeme hervorgebracht, mit deren Hilfe sich der Gläubige Erlösung von dem bedrückenden Erdenleben erhofft.

Das **Gemeinsame im jüdischen, christlichen, islamischen und buddhistischen Verständnis** ist die Forderung an den Einzelnen, im Sinne seiner jeweiligen ihn verpflichtenden Glaubenslehre seinen Lebenswandel zu führen.
Im Unterschied zum Glauben an die „Vollendung der Geschichte“ (durch die Wiederherstellung des Paradieses nach dem Weltgericht) ist nach buddhistischer Vorstellung das Ziel der Erlösung vom Kreislauf des Leidens das Nibbâna: Das völlige Erlöschen nach einem langen Weg der Selbstläuterungen, der Selbstbefreiung vom „Durst nach dem Leben“.

Das Juden- und Christentum glauben sich als „Volk Gottes“ eingebunden in eine **Heilsgeschichte** mit Jahwe* und erwarten die Ankunft des Messias, der für die Christen bereits in Jesus erschienen ist, dessen Wiederkunft und damit die endgültige Erlösung des Einzelnen und der Welt aber noch aussteht. Die Heilserfüllung fällt mit der Vollendung der Zeit zusammen, die die Aufrichtung des Reiches Gottes ist.

Tod und Unsterblichkeit

1 Der Umgang mit dem Tod

Bereits die ältesten Mythen*, unzählbare Gestaltungen der bildenden Künste, der Musik und der Dichtung sowie theologische und philosophische Denkkonstruktionen unterschiedlicher Kultur- und Zeiträume verweisen auf die Sehnsucht des Menschen, über den Tod hinaus, womöglich mit dem, was ihm auf immer bewahrenswert erscheint, fortzubestehen. Unsterblichkeit wird nur dem Göttlichen, Gott oder Göttern eingeräumt, wodurch sie sich von den Menschen unterscheiden bzw. über sie erhoben sind, die ihrerseits allenfalls in ihrem Nachwuchs oder Nachruhm fortleben und sich damit der Unsterblichkeit annähern. „Alle Menschen nämlich", belehrt Diotima Sokrates in Platons „Symposion" „sind fruchtbar sowohl dem Leibe als auch der Seele nach, und wenn sie zu einem gewissen Alter gelangt sind, so strebt unsere Natur zu erzeugen. [...] Es ist aber dies eine göttliche Sache und in dem sterblichen Lebenden etwas Unsterbliches, die Empfängnis und die Erzeugung."[72]

Der **Begriff der Unsterblichkeit** des Menschen ist an die Vorstellung eines Wesenskerns der Person gebunden, der über den Verfall ihres physischen Organismus hinaus selbstständig erhalten bleibt. In der europäischen Denktradition hat sich das Erkenntnis- und Deutungsinteresse auf das Verhältnis von Leib und Seele ausgerichtet, wobei die Fortsetzung der Existenz zumeist auf die der Seele und auf deren mögliche Wiederverleiblichung bezogen wird. Dass philosophische Antwortversuche auf die letztlich unlösbare Frage auch dem religiösen Glauben seine besondere Bedeutung für das Selbstverständnis des Menschen einräumen, zeigen u. a. Platon und Kant.

So erzählt Sokrates in Platons Dialog „Phaidon" angesichts seines bevorstehenden Sterbens den Mythos von der Unterwelt und dem Fortleben der Seele. Einerseits betrachtet er diesen Mythos vom Standpunkt der Vernunft aus kritischer Distanz, andererseits sieht er ihn als Glaubenswagnis. Er zeigt, dass nicht nur die Gewissheit des Todes, sondern mehr noch der Unsterblichkeitsglaube dem Menschen eine Richtschnur für die sittliche Bewältigung seines Lebens und auch der Akzeptanz seines Endens bedeuten kann.

72 Platon: Symposion 206 c, in: Sämtliche Werke, Bd. 2, Hamburg 1974, S. 235.

Auch Immanuel Kant argumentiert für die Unsterblichkeit unter dem sittlichen Aspekt: Sie ist ebenso wie die Existenz Gottes und die Freiheit nicht theoretisch zu erkennen, wohl aber als „regulative Idee"* im moralischen Gebrauch der Vernunft zu suchen und auf demselben zu gründen.

Einen sittlichen Anspruch knüpft auch Ernst Bloch (1885–1977) an die Auseinandersetzung mit Tod und Unsterblichkeit. Er sucht im Sinne seines kritischen Marxismus unter sozial-utopischem Aspekt nach Wunschinhalten menschlicher Identität in den unterschiedlichen Äußerungs- und Erscheinungsformen von Kunst und Alltag, Religion und Moral. In seinem Werk „Das Prinzip Hoffnung" verweist er auf das Selbstwertgefühl und -bewusstsein von Menschen, die sich nicht mit ihrem physischen Ende zufriedengeben. Ihre religiösen Vorstellungen sowie ihre paradiesischen Wunschträume und Wunschlandschaften vom Leben nach dem Tod deutet er als „Hoffnungsbilder gegen die Macht der stärksten Nicht-Utopie: den Tod". Dabei räumt er ein, dass kein Mensch weiß, ob der Lebensprozess keine Verwandlung enthält und duldet, wie unsichtbar diese auch sein mag. Für Bloch gehört der Tod, gegen den kein Kraut gewachsen sei, zum Prozess der Identifizierung des Menschen in der Welt, die er zu einer sozial und individuell nicht entfremdeten machen soll: zur „Heimat".

Unverkennbar spiegeln sich in den Auffassungen von Tod, Unsterblichkeit und Weiterleben nach dem Tode die **jeweiligen Weltbilder** ihrer Entstehungsgeschichte.

Ein großes literarisches Denkmal christlicher Glaubensvorstellungen vom Jenseits setzte Dante Alighieri (1265–1321) mit seinem epischen Gedicht „La Divina Commedia" („Die Göttliche Komödie"), das zugleich als ein Kompendium philosophischen, theologischen, historischen und physikalisch-astronomischen Wissens gerühmt wird. Der Dichter schildert seine Wanderung durch Hölle, Fegefeuer und Paradies, wo er – ganz im Sinne ihrer Verfehlungen und Verdienste – auf die Seelen meist berühmter Verstorbener trifft, bis er schließlich auf der Schwelle zum Paradies seiner Geliebten Beatrice begegnet, die ihm durch ihren Tod vorausgegangen und ihm Leiterin auf dem Weg der Tugend bis vor Gottes Thron war.

Deutungen und Bewertungen, die eine menschliche Gemeinschaft bzw. Gesellschaft dem Tod beimisst, zeigen sich nicht zuletzt darin, in welchem Bild sie ihn sieht: z. B. als Freund, als Erlöser, als Sensenmann mit den entsprechenden Symbolen, die an die begrenzte Lebensspanne und ablaufende Zeit erinnern sollen (die Elle, die Sanduhr u. a.).

Die Besinnung darauf, mitten im Leben vom Tod umfangen zu sein, bedeutet für den jüdischen, den christlichen oder den muslimischen Gläubigen die Auseinandersetzung mit seiner Schuld, der Ursache des Todes im Sinne des alttestamentlichen Sündenfallberichtes. Darauf verweist in der katholischen Kirche die Zeremonie der Aschebestreuung zu Beginn der Fastenzeit (nach dem Karneval) am **Aschermittwoch:** Die Asche, Symbol der Vergänglichkeit alles Irdischen und der Buße für die Sünde, wird aus geweihten Olivenbäumen, Palmen oder anderen Bäumen bereitet. Nach einem Brauch seit dem 10. Jahrhundert wird sie feierlich vom Priester gesegnet, der sie den Gläubigen in Kreuzform auf die Stirn zeichnet mit den Worten „Bedenke, o Mensch: Staub bist du und zu Staub kehrst du zurück." (vgl. Gen 3,19).

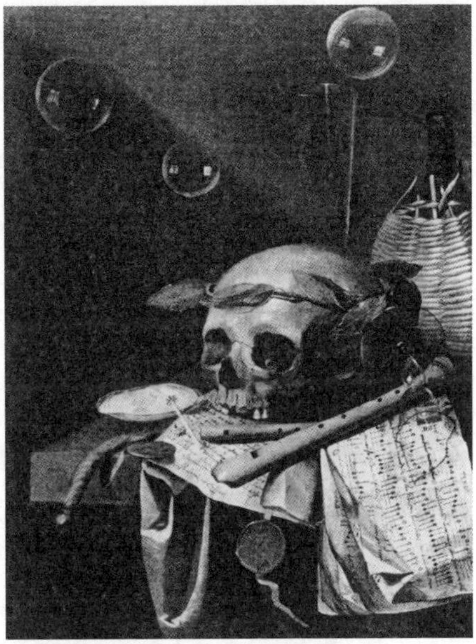

S. Renard de Saint-André, Vanité, Musée des Beaux Arts, Lyon

Vanitas-Stillleben (lat. *vanitas*: Nichtigkeit, leerer Schein, Lügenhaftigkeit) vor allem des 17. Jahrhunderts drücken die Ambivalenz von Lebenslust und Vergänglichkeitsgefühl aus: Die Darstellungen der Bildgegenstände – Früchte, Fisch und Fleisch, Blumen, Schmetterlinge, Schmuck, Folianten, Musikinstrumente, Trink- und Speisegefäße, Stundenglas, Totenschädel und Seifenblasen – deuten den Reichtum des Irdischen zugleich in seiner Endlichkeit als leeren Schein und Prahlerei.

Den mannigfaltigen „Totenkultkulturen" unterschiedlicher Völker und Zeiten, Regionen und Religionen liegt ein übereinstimmendes Bedürfnis der Menschen zugrunde, ihre Toten nicht nur überhaupt beizusetzen, sondern ihnen in würdiger Form das „letzte Geleit" zu geben, die „letzte Ehre" zu erweisen und womöglich mit ihnen verbunden zu bleiben.

Dass der Leichnam wenigstens mit Erde bedeckt sein müsse, damit der Tote nicht ruhelos umherirre, ist schon den griechischen Mythen und auch der Tragödie „Antigone" des Dichters Sophokles (um 497/96–443/42 v. Chr.) zu entnehmen.

„Der Grieche verbrannte seine Toten, der Perser begrub sie, der Inder überzog sie mit Hyalos, der Skythe verspeiste sie und der Ägypter balsamierte sie ein." Das berichtet Lukian von Samosta (ca. 120–180 n. Chr.) in seinen „Totengesprächen" über die Totenbräuche seiner Zeit.

In Religionen wie dem Judentum, Christentum und Islam wurde die Erdbestattung aufgrund des Glaubens an die leibhaftige Auferstehung der Toten bevorzugt, wogegen die Feuerbestattung verboten war. Sie wurde in der Bibel mit Menschenopfern in Verbindung gebracht und nur bei Verbrechern erlaubt (Dtn 12,31; Jes 30,33; Lev 20,14; 21,19). 1963 hob die katholische Kirche das Verbot der Feuerbestattung auf.

Der **Umgang mit den Sterbenden und Toten**, die Riten, Bräuche und Anlagen der Bestattung und des Gedenkens lassen darauf schließen, welche Bedeutung je nach zeitlichem und kulturellem Umfeld sowohl dem Sterbenden und Verstorbenen zu seinen Lebzeiten als auch dem Tod und seiner Vergegenwärtigung, ja dem Leben selbst zuerkannt wird.

Etruskisches Grabgemälde aus der Tomba del Triclinio, frühes 5. Jhd. v. Chr., Tarquinia, Museum

Bilder des **Totentanzes** entstanden im mittelalterlichen Europa besonders in der Zeit der Pest im 14. Jahrhundert. Als makabere Darstellungen des unvorhersagbaren Auftretens des Todes und seines unwillkommenen Tanzes mit einem jeden – welchen Ranges, Alters und Geschlechtes auch immer – stehen sie den Aussagen jener entgegen, die das Jenseits als Fortsetzung des Daseins nicht nur ohne Not, sondern in heiterem Genuss zeigen: So z. B. die Wandbilder der Etruskergräber in Tarquinia, die zu den bedeutendsten Zeugnissen antiker Malerei gehören. Hier scheinen Szenen aus dem Leben der reichen

Oberschicht (bis ins 5. Jahrhundert v. Chr.) einen Tanz ins Jenseits zu inszenieren, bei dem die Lebenden von den Toten nicht getrennt, sondern mit ihnen in Musik, Spiel und Liebe vereint sind.

Haben sich gegenüber den Todesauffassungen vergangener Kulturen die Einstellungen des Menschen in der *modernen* Welt mit seinem Verhältnis zur Religion und entsprechend zum „Jenseits“, vor allem aber durch die Erfahrungen von Weltkriegen und Holocaust*, verändert? Inwieweit bedingen diese Faktoren einander? Werden Bilder von Massengräbern, geschändeten Friedhöfen, unbeerdigten Toten und zur Wiederverwertung zerteilten Leichen die überwiegenden Zeugnisse des 20. Jahrhunderts an die Nachwelt sein?

Der **Wandel der Todesideale und -muster** wird von dem französischen Historiker und Soziologen Philippe Ariès untersucht. In seinen „Studien zur Geschichte des Todes im Abendland“ stellt er 1975 für die moderne Leistungsgesellschaft dar, dass und inwiefern der Tod zum Tabu, zum Störfaktor geworden ist: Der Mensch stirbt nicht in seiner vertrauten Umgebung, sondern ohne Kommunikation und isoliert in Kliniken einen „verbotenen Tod“. Der Sterbende wird seines Todes beraubt.

Le Miroir de la vie et de la mort, 17. Jhd., Musée Carnavalet, Paris

Eine andere Sicht vermittelt Sokrates: Mit seiner Bemerkung, vor dem Trunk des Giftbechers ein Bad zu nehmen, will er offenbar einerseits die Lebenden im Bemühen um seinen toten Körper entlasten, andererseits drückt er auch die den ganzen Dialog bestimmende Auffassung aus: „Der Leib ist ein Grab“ (griech.: *soma-sema*), d. h., die unsterbliche Seele ist vom Körper gefangen. Deshalb kann der Mensch seinem Tod gelassen entgegensehen; denn seine Seele wird durch ihn von den Fesseln des Leibes befreit, eine Anschauung, die auch die Seelenvorstellung des Christentums beeinflusste.

Demgegenüber soll heute laut Ariès „die Waschung und Herrichtung des Leichnams den Schein des Todes austilgen und dem Körper den vertrauten und erfreulichen Habitus des Lebens erhalten. […] Im heutigen Amerika dienen die chemischen Konservierungstechniken dazu, den Toten vergessen zu machen und die Illusion des Lebenden zu erzeugen. Der Beinahe-Lebende empfängt zum letzten Mal seine Freunde in einem blumengeschmückten Salon, bei sanfter oder feierlicher, aber nie traurig-schmerzlicher Musik. Aus der Abschiedszeremonie ist die Vorstellung des Todes ebenso verbannt wie alle Trauer und Pathetik."[73] – Der Tote behält somit den Reiz des Lebens und ist noch immer einnehmend.

Mythische Bilder, Bestattungsriten und -bräuche, Glaubens- und Denksysteme sind letztlich Versuche des Menschen, seine Ohnmacht gegenüber seiner Sterblichkeit und das Spannungsverhältnis zwischen dem Wissen um seinen sicheren Tod und dem Nicht-Wissen um das „Danach" zu bewältigen.

Zusammenfassung: Der Umgang mit dem Tod

Der Tod gehört zum unmittelbaren Existenzbewusstsein des Menschen, das er je nach seinen geschichts- und kulturbedingten Lebensräumen in Bildern, Vorstellungen und Bräuchen ausdrückt und deutet.

Die **Totenbestattung** in würdiger (welcher auch immer) Form ist im Gegensatz zu einer „Beseitigung der Leiche" ein allgemein menschliches Bedürfnis und Anspruch des „Humanen".

Unsterblichkeit wird dem Göttlichen, Gott oder Göttern zuerkannt, wodurch sich diese von den Menschen unterscheiden.

Die **Unsterblichkeitsfrage** findet auch bei Philosophen, u. a. bei Sokrates (Platon), Kant und Bloch, unter dem Aspekt der sittlich-sozialen Bewältigung des Lebens besondere Beachtung.

73 Philippe Ariès: Studien zur Geschichte des Todes im Abendland, dtv: München 1981, S. 175.

2 Tod und Jenseits in Mythos und Religion

2.1 Die Gräber und der Gilgamesch-Epos der Sumerer

Mythen, Keilschrifttexte und Grabfunde vermitteln einen Einblick in Jenseitsvorstellungen der archaischen Kultur-Region zwischen Euphrat und Tigris, dem Zweistromland Mesopotamien, das als „die Wiege der menschlichen Zivilisation" gerühmt wird. Hier fand der englische Archäologe Sir Charles Leonard Woolley in den Zwanzigerjahren des 20. Jahrhunderts einige der ältesten Zeugnisse der sumerischen Totenkulte.

Die Sumerer hatten bereits im 4. Jahrtausend v. Chr. eine der frühesten Stadtzivilisationen gegründet, welche sich durch Plantagenwirtschaft, Handel, Hand- und Kunstwerk, Schrift und Dichtung auszeichnete, vor allem aber durch ihre monumentale Architektur der Tempeltürme und Himmelstreppen, die auch in die alttestamentliche Geschichte vom „Turmbau zu Babel" (Gen 11,1–9) eingewirkt haben. Ungefähr zweitausend Gräber aus vier Jahrhunderten (2700–2300 v. Chr.) wurden freigelegt.

Die Entdeckung der sumerischen Königsgräber aus der 2. und 3. Dynastie erregte – wie die des Grabes Tutanchamuns in Ägypten – großes Aufsehen. Zu den mehrräumigen tief in der Erde liegenden Mausoleen führen Rampen hinab, an denen man die Überreste eines wie zu einem Fest vollständig versammelten Hofgesindes fand. Im Gegensatz zu den Gräbern der „einfachen Leute" waren die der Könige gemauert, überwölbt und mit bis zu vier Räumen wie unterirdische Häuser ausgestattet; sie enthielten Waffen, reichen Schmuck aus Edelmetall und Edelsteinen sowie Spielbretter, in deren eingelegten Bildern ein religiöser Sinn vermutet wird. Rätsel geben jedoch die teilweise bis zu achtzig Leichen in jeweils einer Kammer auf, ebenfalls mit Grabbeigaben: Geräte und Schmuck, Musikinstrumente und Bildwerke, ja sogar Überreste von Wagen mit Zugtieren. Forscher halten es für wahrscheinlich, dass die Soldaten, Wagenlenker oder Musikantinnen nicht eines gewaltsamen Todes starben, sondern sich mit Gift zum Sterben legten. Möglicherweise stehen sie in Beziehung zu Kultfeiern, Trink- und Mahlszenen der mythischen „Heiligen Hochzeit", vollzogen vom König und der Königin oder von einer Hohepriesterin in Vertretung der Götter, vor allem der Himmels-, Mutter- und Liebesgöttin Inanna (auch Ischtar) und ihrem Geliebten Dumuzi, einem im Frühjahr aus der Unterwelt wiederkehrenden Hirten- und Saatenkönig. Durch den Vollzug dieses Hochzeitskultes glaubten die Könige zu Gottkönigen zu werden. Ihre Bestattung lässt darauf schließen, dass sie eine höhere Daseinsform als übliche Sterbliche erwarteten und dass die mit ihnen in den Tod Gegangenen an ihr teilzuhaben hofften.

Aus der Überlieferung **sumerischer Mythen** stammen die Dichtungen um den König Gilgamesch von Uruk (heute Warka), die um 2110–2003 v. Chr. in mündlichen Einzelerzählungen entstanden und Ende des 2. Jahrtausends v. Chr. zu einem Ganzen zusammengebracht wurden. An den unterschiedlichen Erzählschichten lassen sich Wandlungen im Todesverständnis ablesen. Das Gilgamesch-Epos gilt als das erste Großepos der Weltliteratur (Zwölftafel-Epos).

Die „Dame von Warka"-Uruk, vermutlich eine Darstellung der Himmelsgöttin Inanna, 1. Hälfte des 3. vorchristlichen Jahrtausends

Die Geschichte umkreist das Problem des unausweichlichen Todes, des Schicksals aller Menschen, und der vergeblichen Suche nach dem ewigen Leben: Gilgamesch, zwei Drittel Gott, ein Drittel Mensch, muss erleben, wie seinen Menschenfreund und -bruder Enkidu, mit dem er viele und ruhmreiche Heldentaten bestanden hatte, „der Menschen Bestimmung" erreicht. In Trauer um ihn und aus Angst, dem gleichen Schicksal zu erliegen, wandert er unter schweren Mühen und Entsagungen durch die Welt, um Utnapischtim zu suchen. Dieser ist der, „der das Leben gefunden hat": Der Sintflut entkommen, wurde er von den Göttern auf eine ferne Insel entrückt (10. Tafel). Unterwegs wird er mit gleichen Worten vom Sonnengott Schamasch und nach Fortsetzung seiner Wanderschaft auch von der Hüterin des Lebensbaumes im Göttergarten, Siduri Sabitu, nach dem Grund seiner Trauer und ruhelosen Hast gefragt:

> Gilgamesch, wohin läufst du? Das Leben, das du suchst, findest du nicht![74]

Gilgamesch antwortet:

> Mein Freund, der mit mir alle Gefahren und Mühen teilte, Enkidu, den ich liebte, gar sehr liebte, – ihn erreichte der Menschen Geschick. Tag und Nacht weinte ich um ihn und legte ihn nicht in ein Grab. Ich wartete und gedachte, mein Freund müsste auferstehen durch mein Schreien. Sieben Tage und sieben Nächte lag er da, bis der

74 Hier und im Folgenden zitiert nach: Das Gilgamesch-Epos, hrsg. von Georg Burckhardt, Insel Verlag: Wiesbaden 1958, ab S. 49.

Wurm ihn befiel. Ich suchte das Leben und fand es nicht mehr. [...] Mein Freund, den ich liebe, ist zu Staub geworden, Enkidu, mein Freund, ist zu Erde geworden! Werde nicht auch ich mich niederlegen müssen zur Ruhe und nicht wieder aufstehen in alle Ewigkeit?

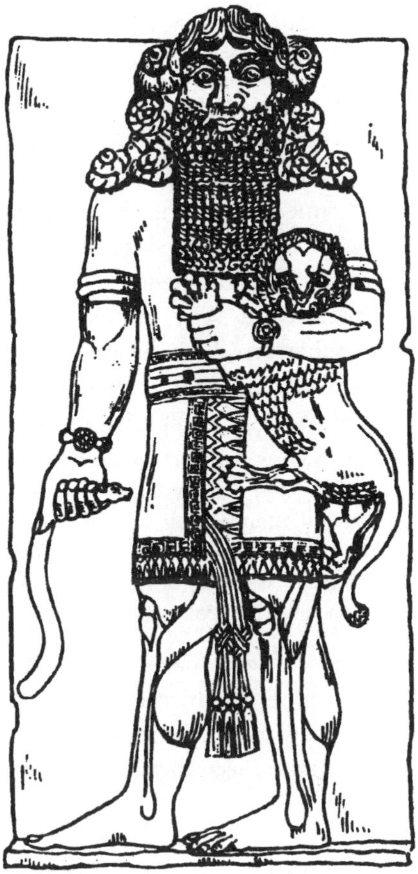
Gilgamesch

Sabitu ermutigt ihn:

Das Leben, das du suchst, wirst du nicht finden. Als die Götter die Menschen erschufen, bestimmten sie den Tod für die Menschen, das Leben behielten sie für sich selbst. Drum, Gilgamesch, iss und trink, fülle dir deinen Leib, Tag und Nacht freue dich nur! Mache doch jeden Tag dir ein Freudenfest! Freue dich Tag und Nacht bei Harfen, Flöten und Tanz! Zieh reine Kleider dir an, wasche und salbe dein Haupt und bade den Leib in frischem Wasser! Sieh froh die Kinder an, die deine Hand erfassen! Freue dich in den Armen des Weibes! Drum kehre zurück nach Uruk, in deine Stadt, als der gepriesene König und Held!

Als Gilgamesch schließlich Utnapischtim jenseits der Wasser des Todes erreicht, wird er von ihm belehrt:

Lass die Klage und den Zorn! Götter und Menschen haben verschiedenes Los. Als einen Menschen erzeugten dich Vater und Mutter. Wenn auch zwei Drittel von dir göttlicher Art sind, ein Drittel ist Mensch und zieht dich hinein in das Schicksal der Menschen. Nicht ein ewiges Leben ist den Menschen bestimmt. Grimmig ist der Tod, er setzt allem ein Ziel.

Utnapischtim verrät Gilgamesch schließlich den geheimen Ort des Krautes, das heißt: „Als Greis wird der Mensch wieder jung“. Gilgamesch findet es nach viel Beschwernis in der Tiefe des Weltmeeres, aber es wird ihm schon bald bei seiner Rast in einem unbedachten Augenblick von einer Schlange gestohlen, die sich durch seinen Genuss häutet und verjüngt.

Gilgamesch weint:

Für wen haben sich abgemüht meine Arme?
Für wen kreist das Blut meines Herzens?

> Ich wirkte, und nicht für mich selbst kam Gutes heraus, für den kriechenden Wurm der Erde habe ich Gutes getan!

In diesen Versen lässt der Dichter – anders als in der 600 Jahre älteren Fassung der Worte Siduris – den sittlichen Anspruch der Götter gegenüber Gilgamesch anklingen, sich den Mitmenschen zuzuwenden.

Gilgamesch kehrt nach Uruk zurück. Er war zwar stolz auf seine Leistung für seine Stadt, aber es blieb ihm schließlich nur seine Resignation und das Schicksal aller Sterblichen.

Die zwölfte Tafel, welche von Wissenschaftlern als ein Anhang an die vorangehenden elf beurteilt wird, schildert die Begegnung von Gilgamesch und Enkidu im Totenreich. Gilgamesch will von seinem Freund die Ordnung der Erde wissen, die er schaute. Der aber antwortet:

> „Du müsstest dich setzen und weinen!"
> „So will ich mich setzen und weinen!"
> „Freund, meinen Leib, den du frohen Herzens berührtest,
> Frisst Ungeziefer, wie ein altes Gewand!
> Mein Leib, den du frohen Herzens berührtest,
> Ist wie eine Erdspalte voll von Erdstaub."[75]

Gilgamesch wird nach einigen Berichten König der Unterwelt. Vielleicht schloss seine Geschichte mit einem kurzen Hymnus. Möglicherweise folgten ihm beim Gang in die Unterwelt freiwillig Menschen in den Tod in der Weise, wie es die Königsgräber aus dem 3. Jahrtausend v. Chr. vermuten lassen.

2.2 Die Jenseitsbücher der alten Ägypter

1842 veröffentlichte der deutsche Archäologe Richard Lepsius eine auf Papyrus geschriebene Sammlung von Totensprüchen, die er als „Todtenbuch der alten Ägypter" bezeichnete, die auch als „Bibel der alten Ägypter" berühmt wurde. Das Totenbuch stammt aus der Zeit des Neuen Reiches (ca. 1540–1075 v. Chr.). Es hat – wie z. B. auch der Pentateuch* – eine reichhaltige Überlieferungsgeschichte, die im Zusammenhang mit den Pyramidentexten des Alten Reiches (um 2350 v. Chr.), den Sargtexten des Mittleren Reiches (1987–1640 v. Chr.) und den „Büchern vom Atmen" aus der ptolemäisch-römischen Zeit (350 v. Chr.) steht, sodass sich in seinen 186 Sprüchen der altägyptische Jenseitsglaube über zweieinhalb Jahrtausende zurückverfolgen lässt.

75 Zitiert nach: Das Gilgamesch-Epos, übersetzt und mit Anmerkungen versehen von Albert Schott, neu hrsg. von Wolfram von Soden, © Philipp Reclam jun. Verlag: Stuttgart 1999, S. 110.

Ihren Vorstellungen und auch komplexen Sachverhalten gaben die Ägypter eine reichhaltige Gestalt von Zeichen und Bildern, mit denen sie ihre Pyramiden und Handschriften ausstatteten. Die Blütezeit dieser Illustrationen (Vignetten) beginnt um 1500 v. Chr. mit den Manuskripten der Unterweltbücher und des „Totenbuches".

Dieses sollte in das Geheimnis des Totenreiches einführen. Dabei geht es um Begräbniszeremonien, die Herrichtung des Leichnams im Balsamierungshaus, die Vorbereitung auf die Jenseitswelt, für die sich der Tote – auch durch Kenntnis der Götternamen – legitimieren muss, um sich in ihr zu regenerieren, nicht aber für immer zu verweilen. Bilder für diese Regeneration sind u. a. der Lotos und der Skarabäus*.

Skarabäus aus dem Totenbuch der Ägypter

Die Hoffnungen der Ägypter knüpften sich eng an **Osiris,** den Gott des Werdens und Vergehens, insofern er mit den Erfahrungen der zyklischen Naturerscheinungen und Nilüberschwemmungen in Beziehung gebracht wurde. Dem Mythos nach wird er gewaltsam von Seth getötet, ja zerstückelt, und von der Göttin Isis beweint. Sie sucht seine Glieder und setzt sie wieder zusammen, „heilt" ihn vom Tod. Nach seiner Wiederbelebung geht aus der Vereinigung beider ihr Sohn Horus hervor, der den Vatermörder in einem Kampf besiegt. Osiris ist der Herrscher der Unterwelt. Den Namen „Osiris" als Titel führte im Alten Reich aber auch jeder tote König, ab dem Mittleren Reich jeder Tote. Dem entspricht die Hoffnung auf „Gliedervergottung", nach welcher der Tote Glied um Glied zum Gott wird. Aber nicht nur die Gestalt eines Gottes anzunehmen erscheint Osiris als wünschenswert, sondern auch jede andere, die er möchte.

Die **Mumifizierung** dient der Bewahrung des Körpers, mit dem der Tote geschützt in die Unterwelt gelangen soll. Die zwar getrennt lagernden Körperteile möchte er gleichwohl würdig aufbewahrt wissen, denn er erwartet die Befreiung von seiner starren Hülle und die Wiedererlangung seines Mundes, seiner Augen, seines Herzens, überhaupt die Wiedervereinigung seines Leibes mit der Seele, Ba*. Als Verjüngter und „Verklärter"* möchte er seinen Wünschen gemäß frei und ungehindert mit seinen Angehörigen weiterleben in einem paradiesischen Jenseits, das ihm aus der Sicht der Freuden des Diesseits durchaus schon vertraut ist, z. B. die angenehmen Binsengefilde, frische Luft und kühlendes Wasser, Brot, den abendlichen Krug Bier und auch die Liebe zu genießen.

Auch die Sonne mit ihrem täglich neuen Auf- und Untergang ist ein Bild des Abstiegs in die Unterwelt sowie des Wiederauferstehens in verjüngter Schönheit.

Eine der vielen Bezeichnungen für die Toten ist: „Schläfer im Urgewässer". Aus der „Trägheit der Urmaterie" wächst ihnen neues Werden zu. Diese „Trägheit" ist offenbar die Bedingung jeder Erneuerung. So entspricht auch der Zustand des in den Urzustand zurückgekehrten Toten dem Puppenstadium der Mumie oder dem Ur-Ei. Wasser versinnbildlicht auch die Reinigung des Toten von seinen Makeln.

Illustration zum Totenbuch der Ägypter

Im Zentrum des „Totenbuches" steht das „negative Bekenntnis" des Spruchs 125, mit dem der Tote vor dem **Gericht** zu bestehen hofft. Es prüft, ob der Mensch und sein Herz mit dem Maat, der gerechten Ordnung der Welt, im Einklang sind. Der Gerichtsvollzug wird dargestellt im Bild der gleichgewichtigen Waage und des Untiers, das dem droht, der sich gegen Maat vergangen hat. Die Schrecken der Finsternis sind „voll Boten mit wilden Gesichtern, die nicht Gott noch Göttin fürchten". Das „Totenbuch" möchte die Verstorbenen vor den Schrecken solcher Dämonen bewahren, „die Köpfe abschlagen und Hälse abtrennen, die Herzen ergreifen und aus der Brust reißen, die ein Blutbad anrichten" (Spruch 71,46 ff.). Die Gerechten aber werden mit jenseitiger Seligkeit und Harmonie des Osiris-Reiches belohnt.

Die Jenseitsvorstellungen der alten Ägypter verweisen auf eine Weltsicht, welche das Sein des Menschen in den Kosmos eingebunden betrachtet und die **Überwindung der Grenzen zwischen Diesseits und Jenseits** für ein lebenswertes und -frohes Dasein ersehnt.

Die Durchwanderung durch das Totenreich wird aus modernen tiefenpsychologischen Perspektiven mit dem Abstieg der Seele ins Un- und Unterbewusstsein verglichen.

Aus Spruch 125:

1 Was zu sprechen ist, wenn man zu dieser Halle der vollständigen Wahrheit gelangt. Den Verstorbenen von allen bösen Handlungen zu befreien, die er begangen hat, das Angesicht der Götter zu schauen. Der Verstorbene sagt:

Gruß dir, du Größter Gott, Herr der Vollständigen Wahrheit!
Ich bin zu dir gekommen, mein Herr,
ich bin geholt worden, um deine Vollkommenheit zu schauen.
Ich kenne dich, und ich kenne deinen Namen,
ich kenne die Namen der 42 Götter,
die mit dir sind in der Halle der Vollständigen Wahrheit [...]
Ich habe kein Unrecht gegen Menschen begangen,
und ich habe keine Tiere misshandelt.
Ich habe nichts „Krummes“ an Stelle von Recht getan [...]
Ich habe keinen Gott beleidigt.
Ich habe kein Waisenkind an seinem Eigentum geschädigt.
Ich habe nicht getan, was die Götter verabscheuen.
Ich habe keinen Diener bei seinem Vorgesetzten verleumdet.
Ich habe nicht Schmerz zugefügt und niemanden hungern lassen,
ich habe keine Tränen verursacht.
Ich habe nicht getötet,
ich habe auch nicht zu töten befohlen;
niemandem habe ich ein Leid angetan [...]
Ich habe den Gott zufrieden gestellt mit dem, was er möchte:
Brot gab ich dem Hungrigen,
Wasser dem Dürstenden,
Kleider dem Nackten,
ein Fährboot dem Schifflosen.
Gottesopfer habe ich den Göttern,
Totenopfer den Verklärten (seligen Toten) dargebracht.
So rettet mich doch, schützt mich doch,
macht keine Anzeige gegen mich beim Größten Gott.
Ich bin einer mit reinem Mund und reinen Händen,
den alle willkommen heißen, die ihn sehen [...]

Das Totenbuch der Ägypter, hrsg. von Erik Hornung, S. 233–240 (gekürzt).

Die Totensprüche enthalten u. a. die Bitten, nicht von seinem Herzen angezeigt zu werden, im Totenreich noch einmal zu sterben, nicht zu verwesen, Schaden abzuwenden, Luft zu atmen und über Wasser zu verfügen, Gestalt anzunehmen als Schwalbe oder goldener bzw. göttlicher Falke.

Aus Spruch 30 B

Mein Herz meiner Mutter,
mein Herz meiner Mutter,
mein Herz meiner wechselnden Formen –
Stehe nicht auf gegen mich als Zeuge,
tritt mir nicht entgegen im Gerichtshof,
mache keine Beugung wider mich vor dem Wägemeister [...]

Nachtrag:
Zu sprechen über einem Käfer* aus grünem Stein,
eingefasst mit Weißgold,
sein Ring aus Silber.
werde gegeben dem Verstorbenen an seinen Hals.

Das Totenbuch der Ägypter, hrsg. von Erik Hornung, S. 96 f.

2.3 Tod und Jenseits in der griechischen Mythologie und Philosophie

Was das Beste für den Menschen sei, möchte bereits in alter griechischer Sage König Midas von dem weisen Silen* wissen. Der entgegnet ihm: „Elendes Eintagsgeschlecht, des Zufalls Kinder und der Mühsal [...] Das Allerbeste ist für dich unerreichbar: nicht geboren zu sein, nicht zu sein, nichts zu sein. Das Zweitbeste ist für dich – bald zu sterben.“[76]

Zwar kann der Mensch seinem Leben grundsätzlich keinen Anfang, wohl aber ein Ende setzen. Allenfalls um dessen Erhaltung und Gestaltung in den ihm vorgegebenen Möglichkeiten kann er sich im Kampf um „Sein oder Nichtsein“ bemühen. Dabei jedoch wird er durch ein ihm Unverfügbares begrenzt: die Aufhebung seiner Endlichkeit. Gegen die Erfahrung der Schrecken und die Entsetzlichkeiten des Daseins, wie sie sich in diesem Silen*-Satz und in den alten griechischen Mythen mitteilt, entstand laut Nietzsche bei den Griechen „der olympische Zauberberg“, womit sie ihre Sehnsucht nach Sterblichkeit überwinden wollten. Ihre Selbsttröstung durch den olympischen Schein verwandelten sie schließlich in eine Sehnsucht nach Unsterblichkeit, durch die sie die Götter ausgezeichnet glaubten.

Nietzsche hob die besondere Bedeutung des Gottes Dionysos hervor, der das abgründig Zerrissene und zugleich die Lebenskraft verkörpert – darin durchaus Osiris verwandt –, im Gegensatz zu Apoll, dem das heiter Harmonische zugeordnet wird.

Auch Dionysos (lat. Bacchus) gilt als Gott der Vegetation (vor allem des Weines) in der Ambivalenz von Licht und Dunkel, Wärme und Kühle, des Schlafens, Sterbens im Winter und auferstehenden Lebens im Frühjahr. Zu Ehren dieses Gottes wurden ekstatische Kult-Feste gefeiert.

Nach mythischer Überlieferung ist die Welt der Lebenden unüberwindbar von der der Toten getrennt. Die beiden Götterbrüder Zeus und Hades teilten die Welt unter sich auf, wobei Zeus die Oberwelt, Hades die Unterwelt erhielt.

76 Zitiert nach: Friedrich Nietzsche: Die Geburt der Tragödie, Kritische Studienausgabe, Bd. 1, S. 35.

Den Olymp stellte man sich in schwere- und gewichtsloser Höhe vor, das Reich des Hades aber als modriges und finsteres Land der Toten, die als Schattenwesen streng von ihm bewacht und an der Rückkehr zu den Lebenden gehindert werden. Hades, der König der Unterirdischen, hatte sich Persephone, die Tochter der Mutter- und Getreidegöttin Demeter und des Zeus, geraubt und sie als seine Gemahlin zur Mitregentin des Totenreiches gemacht.

Durch Demeters Trauer und Zorn über die gewaltsame Entführung ihrer Tochter bewegt, ließ Zeus Persephone einen Teil des Jahres zur Oberwelt zurückkehren. Wahrscheinlich haben sich in Persephone Vorstellungen vorgriechischer Religionen von einer Vegetationsgottheit, einer Fruchtbarkeits- und Unterweltsgöttin vereinigt. Diese Deutung legt ihr Herabsteigen in die Unterwelt mit und zu Hades nahe. Enthält doch dessen anderer Name, Pluton, den Hinweis auf den Herrn des „Reichtums“ (griech. *plutos*) in der Erde: ihres Ackersegens und der unterirdischen Schätze.

Sind die Götter der griechischen Mythen zwar den Menschen ähnlich, so unterscheiden sie sich doch von ihnen durch ihre Macht, vor allem aber durch ihre **Unsterblichkeit**. Totenopfer und Grabbeigaben verweisen auf einen Glauben an ein Fortleben nach dem Tod. Das dachte man sich gebunden an die Seele (Psyche) – der Hauch bzw. das Schattenbild vom Leib des Toten –, welche die Gestalt eines Schmetterlings, einer Schlange oder eines Vogels annehmen kann.

Orpheus, Eurydike und Hermes, nach einem Marmorrelief aus der Villa Albani, 2. Hälfte 5. Jhd. v. Chr.

Im Hades ist der Tote dem Richterspruch über seine Taten während seines irdischen Lebens ausgesetzt. Die Tugendhaften werden mit den Freuden im ewig frühlinghaften Elysium belohnt, die Lasterhaften mit den Qualen des Tartaros bestraft, so z. B. Sisyphos, der sich durch besondere Listen und sogar durch die vorübergehende Fesselung des Todes hervortat, der aber seine Freveltaten gegen Zeus damit büßen musste, dass er immer aufs Neue einen schweren Felsstein den Berg hinaufwälzen musste, der ihm dann jedoch vom Gipfel wieder ins Tal hinabrollte.

Die meisten Toten befinden sich weder in der einen noch in der anderen Welt, sondern in einem dumpfen freud- und leidlosen Zustand, unwiederbringbar getrennt von den Lebenden. Die Unbestatteten oder Unverbrannten aber irren ohne Bleibe ruhelos umher.

Dieser Vorstellung eines farb- und freudlosen Schattendaseins, wie sie überwiegend der homerischen Mythenwelt zu entnehmen ist, setzte die Erlösungslehre der **Orphiker** ihre Hoffnung auf Überwindung des Todes entgegen. Sie bezog sich auf den Sänger Orpheus, von dem der Mythos erzählt, dass er mit seinem bezaubernden Gesang und Kitharaspiel Tiere und Pflanzen, sogar die Herrscher der Unterwelt bewegt habe, aus ihr seine an einem Schlangenbiss gestorbene Frau Eurydike zu entlassen. Wider das Gebot drehte er sich jedoch auf dem Rückweg durch den Hades nach der ihm folgenden Gattin um, sodass sie nicht zu ihm zurückkehren konnte.

Nach Auffassung der Orphiker erwartete die Frommen ein glückliches Leben im Jenseits, wenn sie einen Lebenswandel entsprechend den Weihe-, Reinheits- und Enthaltsamkeitsvorschriften (z. B. Fleischverbot) führten.

Die orphische Bewegung hatte eine breite Anhängerschaft besonders in unteren Bevölkerungsschichten. Ihre Dichtungen und Lehren enthalten vielerlei mythologische, religiöse und kosmologische Traditionen, auf die Platon sich kritisch bezieht, wenn er auch wie sie und die Pythagoreer die Lehre von der „**Seelenwanderung**“ annimmt, nach der die Seele nicht nur einmal, sondern nach dem Tod auch in einem anderen irdischen Leib erscheint.

Platons „Unsterblichkeitsbeweise“

Platon legt seine Erkenntnisse über die Unsterblichkeit der menschlichen Seele unter verschiedenen Aspekten dar. Im Dialog „Phaidros“ (245 c – 246 a) folgert er sie aus dem Begriff der **Bewegung:** Die Seele ist das Prinzip des Lebens, d. h. das sich selbst Bewegende. Im Unterschied z. B. zu Steinen nämlich bewegen Tiere, Menschen und Pflanzen sich selbst, was für Platon „leben“ bedeutet.

Platons Dialog „Phaidon“ thematisiert anlässlich des bevorstehenden Todes des Sokrates das Verhältnis des wahren Philosophen zum Sterben. In den sogenannten Unsterblichkeitsbeweisen begründet Sokrates seine Überzeugung, dass die Seele den Tod des Körpers überlebt. Seinen Argumenten liegt die Auffassung der Zweiheit von Leib und Seele (Dualismus) zugrunde, die sich bis in die Vorstellung steigern kann, die Seele sei im Körper wie in einem Grab gefangen.

Die Lehre von der **Wiedererinnerung** *(anamnesis)* besagt, dass der Mensch vor aller Erfahrung um die unwandelbaren Begriffe und Gestalten weiß, sodass er mithilfe ihrer „Wiedererkennung“ die vielfältigen Phänomene, die ihnen ähnlich sind, unter diesen Begriffen zusammenfassen kann. Die Anamnesis lässt auf ein vorgeburtliches Sein der menschlichen Seele (Präexistenz) schließen, dem ein Fortleben nach dem Tod entsprechen müsse. Denn im Erkenntnis-

William Blake:
Die Seele schwebt über dem Körper, 1808

vorgang ist es ja die Seele, die sich mit dem Unsichtbaren, Unwandelbaren, Bleibenden auseinandersetzt, während der Körper der sich ständig wandelnden Welt der Sinne zugehört. Da die jeweils Ähnlichen einander zugeordnet sind, ist also die Seele mit dem ihr Ähnlichen befasst: dem Unvergänglichen. Damit ist sie dem ihr dienenden vergänglichen Körper überlegen und geht ins Göttliche ein, während er verfällt. Derjenige, der zu sehr von den Begierden seines Leibes bestimmt wird, kann sich beim Tod schwer von ihm lösen und bei der Wiedereinkörperung nicht zum Menschen, sondern zu allen möglichen Tieren werden. Die Seele dessen aber, der wahrhaft philosophisch lebt, wird des Göttlichen würdig sein.

Einen anderen Nachweis für die Unsterblichkeit der Seele leitet Sokrates daraus ab, dass es bestimmte Wesenheiten gibt, die sich niemals mit einer anderen Wesenheit verbinden, so wie Schnee nicht mit Wärme, sondern mit Kälte. Die **Seele** ist immer mit **„Leben“** verbunden, kann sich also nicht mit dem „Tod“ verbinden (Phaidon 105b–106e).

Die Unsterblichkeitsbeweise der Seele sind für Sokrates nicht nur vom Erkenntnisinteresse am Sein, sondern an der Sittlichkeit geleitet. Ist die Seele nämlich unsterblich, so hat ihre Existenz *nach* dem Tod (Postexistenz) eine enge Verbindung mit der *vor* ihm (Präexistenz). Der Unsterblichkeitsglaube enthält eine Gerechtigkeitsvorstellung, nach der sich der Mensch über seinen

Tod hinaus für sein Tun in seinem diesseitigen Leben zu verantworten und die Konsequenzen von Belohnung oder Bestrafung in seinem jenseitigen zu tragen hat:

Und so ist denn dieses, ihr Männer, wohl wert bemerkt zu werden, dass, wenn die Seele unsterblich ist, sie auch der Sorgfalt bedarf nicht nur für diese Zeit, welche wir das Leben nennen, sondern für die ganze Zeit, und das Wagnis zeigt sich nun eben erst furchtbar, wenn jemand sie vernachlässigen wollte. Denn wenn der Tod eine Erledigung von allem wäre: so wäre es ein Fund für die Schlechten, wenn sie sterben, ihren Leib loszuwerden, aber auch ihre Schlechtigkeit mit der Seele zugleich. Nun aber diese sich als unsterblich zeigt, kann es ja für sie keine andere Sicherheit vor dem Übel geben und kein Heil als nur, wenn sie so gut und vernünftig geworden ist als möglich.

Platon: Phaidon 107 e.

Sokrates schließt seine Darlegungen mit einem Mythos über den Aufbau der Welt und die Schicksale der verschiedenen Seelen nach dem Tod ab: Ein Richterspruch wird sie je nach ihrem Verdienst den Orten der Bestrafung oder Belohnung zuweisen. Das Vertrauen auf diesen Mythos ist zwar keine Sache der Vernunft, räumt Sokrates ein, aber ein sich ziemendes und lohnendes Wagnis des Glaubens:

Die aber ausgezeichnete Fortschritte in heiligem Leben gemacht zu haben erfunden werden, dies endlich sind diejenigen, welche [...] losgesprochen werden von allem Gefängnis, hinauf in die reine Behausung gelangen [...] Welche nun unter diesen durch Weisheitsliebe sich schon gehörig gereinigt haben, diese leben für alle künftigen Zeiten gänzlich ohne Leiber und kommen in noch schönere Wohnungen als diese [...] Aber schon um dessentwillen, was wir jetzt auseinander gesetzt haben [...] muss man ja wohl alles tun, um der Tugend und Vernunft im Leben teilhaftig zu werden. Denn schön ist der Preis und die Hoffnung groß.

Dass sich nun dies alles gerade so verhalte, wie ich es auseinander gesetzt, das ziemt wohl einem vernünftigen Manne nicht zu behaupten; dass es jedoch, sei es nun diese oder eine ähnliche Bewandtnis haben muss mit unseren Seelen und ihren Wohnungen, wenn doch die Seele offenbar etwas Unsterbliches ist, dies, dünkt mich, zieme sich gar wohl und lohne sich, es darauf zu wagen, dass man glaube, es verhalte sich wohl so. Denn es ist ein schönes Wagnis und man muss mit solcherlei gleichsam sich selbst besprechen.

Platon: Phaidon 114 a – d.

Sokrates sieht seinem Tode gelassen entgegen, seine über ihn hinausblickende Weisheit prägt nicht nur die Zuversicht über das Fortgehen seiner Seele, sondern bezieht sich auch auf die Sorge um seine Freunde und Angehörigen, denen er seinen Leichnam überlassen muss: Vor dem Trunk des Giftbechers nimmt er ein Bad, „um nicht hernach den Weibern Mühe zu machen mit dem Waschen des Leichnams“ (Phaidon 115 a).

Dem um seine Bestattung bekümmerten Kriton rät er: „Du musst mutig sein und sagen, dass du meinen Leib begräbst, und diesen begrabe nur, wie es dir eben recht ist und wie du es am meisten für schicklich hältst.“ (Phaidon 116 a)

2.4 Die jüdische Überlieferung

Das Alte Testament* kennt zunächst noch kein Endziel des Menschen jenseits seines irdischen Lebens. Aus dem Schöpfungsbericht, nach dem Gott den Menschen aus Lehm gebildet und ihm seinen Geist (Odem) eingehaucht hat, verstand man das menschliche Leben nur als Einheit von Leib und Geist, sodass kein leibloses Leben, also auch kein Weiterleben nach dem Tod, vorstellbar war, allenfalls ein Leben als Schatten des Menschen in der *Sch^{e}ol*, dem „Totenreich“, das dem griechischen Hades verwandt ist: eine Welt der öden Finsternis im untersten Bereich der Erde. Wichtiger aber als diese Ortsvorstellung war für den Gläubigen die mit dem Tod verbundene Trennung von Gott, die als Unglück empfunden wurde. Dementsprechend bedeutet die Wiederherstellung der Gemeinschaft mit Gott die „Auferweckung“ vom Tod, eine Sehnsucht, die erst nach dem Babylonischen Exil Gestalt annahm im Glauben an die **Auferstehung**, bei der der Mensch in seiner ursprünglichen Ganzheit wiederhergestellt werde und die einem letzten Gericht vorausgeht. Eine solche Vision findet sich erstmals in der Danielapokalypse:

> Dan 12,2 Viele von denen, die schlafen im Erdenstaube, werden erwachen, die einen zu einem ewigen Leben, die anderen zu Schmach, zu ewigem Abscheu.

Ende des 2. Jahrhunderts v. Chr. entstand die Lehre von der Feuerhölle, Gehenna (hebräisch: *ge hinnom*), dem Strafort der ewig Verdammten. Demgegenüber wurde die *Sch^{e}ol* mehr und mehr als ein Aufenthaltsort der Toten in der Zeit zwischen Tod und Auferstehung verstanden, der Himmel nicht mehr nur als Ort Gottes und seiner Engel, sondern auch der Frommen.

Die Hoffnung auf die Auferstehung und auf ein jenseitiges Weiterleben begründet sich aus dem Vertrauen auf die Treue Gottes über den Tod der von ihm Erwählten hinaus.

2.5 Die Auferstehung in der christlichen Verkündigung

Im Neuen Testament* wird die Hoffnung auf Auferstehung an **Jesus Christus** und seine Auferstehung gebunden. Als ihr ältestes Zeugnis gilt der 1. Brief des Paulus an die Korinther:

1 Kor 15,3b Christus ist gestorben für unsere Sünden nach den Schriften
4 und begraben worden; er ist auferweckt worden am dritten Tage nach den Schriften
5 und dem Kefas (Petrus) erschienen, danach den Zwölfen.

Im Sinne dieser urchristlichen Glaubensformel sehen sich die engsten Freunde (Jünger) Jesu nach seinem gewaltsamen Tod in der Gewissheit seiner Auferstehung, von der die gesamte christliche Verkündigung ausging, die sein Weiterleben in der Welt bewirkt.

In den unterschiedlichen neutestamentlichen Auferstehungsberichten lassen sich Gemeinsamkeiten erkennen: Die Frauen seines Freundeskreises erzählen, dass sie am Tag nach dem Paschafest* das Grab Jesu leer aufgefunden haben. Der Auferstandene, der mit dem Irdischen identisch ist, erscheint seinen Jüngern und erteilt ihnen den Auftrag zur Verkündigung seiner Botschaft. – Seine Erscheinung wird allerdings ebenso wenig genau beschrieben wie der Vorgang seiner Auferstehung.

Als die ursprüngliche Form der Auferstehungsgeschichte gilt die des Markusevangeliums:

Mk 16,1 Als der Sabbat vorüber war, kauften Maria aus Magdala, Maria, die Mutter des Jakobus, und Salome wohlriechende Öle, um damit zum Grab zu gehen und Jesus zu salben.
2 Am ersten Tag der Woche kamen sie in aller Frühe zum Grab, als eben die Sonne aufging.
3 Sie sagten zueinander: Wer könnte uns den Stein vom Eingang des Grabes wegwälzen?
4 Doch als sie hinblickten, sahen sie, dass der Stein schon weggewälzt war; er war sehr groß.
5 Sie gingen in das Grab hinein und sahen auf der rechten Seite einen jungen Mann sitzen, der mit einem weißen Gewand bekleidet war; da erschraken sie sehr.
6 Er aber sagte zu ihnen: Erschreckt nicht! Ihr sucht Jesus von Nazaret, den Gekreuzigten. Er ist auferstanden; er ist nicht hier. Seht, da ist die Stelle, wo man ihn hingelegt hatte.
7 Nun aber geht und sagt seinen Jüngern, vor allem Petrus: Er geht euch voraus nach Galiläa; dort werdet ihr ihn sehen, wie er es euch gesagt hat.
8 Da verließen sie das Grab und flohen; denn Schrecken und Entsetzen hatte sie gepackt. Und sie sagten niemandem etwas davon; denn sie fürchteten sich.

Durch die Sünde (Adams und Evas) kam nach biblischem Glauben der Tod, das bedeutet auch Gottferne; durch Tod und Auferstehung Jesu aber wurde dem Tod die Macht genommen:

1 Kor 15,21 Denn da der Tod durch einen Menschen gekommen ist, kommt auch die Auferstehung der Toten durch einen Menschen.
22 Denn wie in Adam alle sterben, so werden in Christus auch alle lebendig gemacht werden.

Die Evangelien (Mk 9,2–10, Mt 17,1–13, Lk 9,28–36) verweisen in ihrer Geschichte der „**Verklärung* Jesu**" auf sein kommendes Leid, dem seine Auferstehung folgen werde: Jesus, dessen Leib sich vor den Augen seiner nächsten Freunde in eine göttliche Gestalt verwandelt – „seine Kleider wurden ganz weiß glänzend" – erscheint, umgeben von Mose und dem Propheten Elias, als „geliebter Sohn Gottes", der in ihm sein Heilsversprechen an sein Volk einlöst.

Ostermorgen, Evangeliar, Mitte 12. Jhd.

Mit dieser Christologie verbinden sich auch jene neutestamentlichen Berichte, die Jesus – um zugleich seine Macht über Leben und Tod zu zeigen – nicht nur als den von den Toten Erweckten, sondern selbst als Erwecker darstellen: Neben den Wundergeschichten der Exorzismen, der Krankenheilungen und der Rettungen von Menschen aus Notlagen, verkündigen die Erzählungen der Totenerweckung und die Auferstehungsberichte Jesus als Entmachter des Bösen und als Wiederhersteller der Schöpfungsordnung, der als „Heiland" mit den Taten der Barmherzigkeit in seinen Lebenszeiten auf das endzeitliche „Heil" vorausweist.

Die Auferweckung des Jünglings von Naïn (Lk 7,11–17):

Lk 7,11 Einige Zeit später ging er in eine Stadt namens Naïn; seine Jünger und eine große Menschenmenge folgten ihm.
12 Als er in die Nähe des Stadttors kam, trug man gerade einen Toten heraus. Es war der einzige Sohn seiner Mutter, einer Witwe. Und viele Leute aus der Stadt begleiteten sie.

13 Als der Herr die Frau sah, hatte er Mitleid mit ihr und sagte zu ihr: Weine nicht!
14 Dann ging er zu der Bahre hin und fasste sie an. Die Träger blieben stehen und er sagte: Ich befehle dir, junger Mann: Steh auf!
15 Da richtete sich der Tote auf und begann zu sprechen, und Jesus gab ihn seiner Mutter zurück.
16 Alle wurden von Furcht ergriffen; sie priesen Gott und sagten: Ein großer Prophet ist unter uns aufgetreten: Gott hat sich seines Volkes angenommen.
17 Und die Kunde davon verbreitete sich überall in Judäa und im ganzen Gebiet ringsum.

An Jesu Auferstehung knüpften sich in der Alten Kirche auch bald die Vorstellungen seiner Niederfahrt zur Hölle, in der die Erfüllung alttestamentlicher Weissagungen gesehen wurde: der Weg des Gerechten durch die Abgründe des Todes. Die Vorstellungen von Christi Besuch bei den Toten im Hades wurde im Neuen Testament auf das Jonabuch* und die Sintflutgeschichte bezogen (Mt 12,40; 1 Petr 3,19), sie verbanden sich zudem mit antiken mythischen Motiven.

In die christliche Theologie gingen auch Platons Unsterblichkeitsgedanken ein, so vor allem die Auffassung, dass die Seele nicht im Tod vernichtet wird, sondern weiterlebt. Darüber hinaus aber erwartet das Neue Testament* von der Auferstehung die Aufhebung der Trennung von Leib und Seele. Der Mensch bleibt durch seine Auferstehung und sein „Bei-Christus-Sein“ über den Tod hinaus in seiner Kontinuität als Leib-Seele-Einheit vor Gott bewahrt.

2.6 Der islamische Glaube an das Leben nach dem Tod

Das Leben nach dem Tod gehört außer der Lehre vom allmächtigen und alleinigen Gott zur zentralen Botschaft Mohammeds. Die islamischen Vorstellungen von Weltgericht und Auferstehung werden in zahlreichen Bildern veranschaulicht:

Dass das Leben dieser Welt und all dessen, was in ihr ist, an einem festgesetzten Tag zu Ende gehen wird. Alles wird dann vernichtet werden. Dieser Tag heißt Yaum alquiama, das bedeutet „der Jüngste Tag“.

Dass alle Menschen, die seit Anbeginn auf Erden gelebt haben, dann wieder zum Leben erweckt und vor Gott gebracht werden, der an diesem Tage zu Gericht sitzen wird. Dies nennt man Hashr: Versammlung (der Toten).

Dass die gesamten Aufzeichnungen über jeden Mann und jede Frau – eine vollständige Niederschrift aller ihrer Taten und Missetaten – Gott zur endgültigen Beurteilung vorgelegt werden.

Dass Gott schließlich die Entscheidung über die Belohnung oder Bestrafung jedes Menschen fällen wird. Er wird die guten und schlechten Taten eines jeden gegeneinander abwägen. Der, dessen gutes Tun überwiegt, wird mit einer herrlichen Belohnung bedacht; der aber, bei dem die Missetaten das Übergewicht haben, wird bestraft werden.

Dass Belohnung und Bestrafung weise und verständnisvoll gehandhabt werden. Jene, die aus diesem Gericht erfolgreich hervorgehen, und die Tore zu ewiger Glückseligkeit werden für sie aufgetan werden; jene, die verurteilt sind und Bestrafung verdienen, werden in die Hölle geschickt, ein Aufenthaltsort des Feuers und der Qualen.

Islam-Lexikon, Geschichte, Ideen, Gestalten, Bd. 1, S. 212 f.

Die Verstorbenen warten nach ihrem Tod und nach einem Zwischengericht auf das Endgericht am Jüngsten Tag. Die Engel Munkar und Nakir rufen sie auf, sich aus ihren Gräbern zu erheben, nach der Wiedervereinigung ihrer Seelen und Leiber werden sie zum Endgericht geführt. Am „Tag der Rechenschaft“ (Sure 38, 539) wiegt Gott ihre guten wie schlechten Taten genau gegeneinander auf: mithilfe der Bücher, in denen sie verzeichnet sind, und mit der Himmelswaage für Recht und Gerechtigkeit. Gemäß seinem souveränen und weisen Urteil werden die Guten in das Paradies der ewigen Glückseligkeit eingehen, die Bösen aber in die Qualen der Hölle. Ein dritter Ort zwischen beiden für die, deren gute und böse Taten sich ausgleichen, ist zeitlich begrenzt.

Sure 101: Die Pochende. Geoffenbart zu Mekka

Im Namen Allahs, des Erbarmers, des Barmherzigen!

1 Die pochende („Stunde“),
2 Was ist die Pochende?
3 Und was macht dich wissen, was die Pochende ist?
4 An dem Tag, an dem die Menschen gleich verstreuten Motten sind
5 Und die Berge gleich bunter zerflockter Wolle
6 Dann wird der, dessen Waage schwer ist, im angenehmen Leben sein;
7 Doch der, dessen Waage leicht ist – seine Mutter [d. i. sein Wohnort] wird der Höllenschlund sein.
8 Und was macht dich wissen, was er ist?
9 Ein glühend Feuer!

2.7 Die Lehre Buddhas von Vergänglichkeit, Wiedergeburt und Erlöschen

Alle Erscheinungen in unserer Welt sind vergänglich. Diese Erkenntnis ist der Ausgangs- und Bezugspunkt der Lehre Buddhas: Jedes Entstehen hat sein Vergehen und damit Leid zur Folge: Geburt, Alter, Krankheit und Tod sind Leiden, vor allem dadurch, dass man das Unvergängliche sucht.

Wie für Buddha kosmologische Probleme – die Frage nach der Begrenztheit oder Unbegrenztheit, der Ewigkeit oder Nicht-Ewigkeit der Welt im Sinne der erlösenden Erkenntnis – ohne Bedeutung waren, so auch Spekulationen, die hinter Vergänglichem ein Unvergängliches sehen wollen. Er leugnet jenes Unsterbliche, welches bereits in den Upanishaden, vor allem im Hinduismus, als „Selbst" (Atman, d.h. ursprünglich „Atem") angenommen wird und das als solches das innere Wesen des Menschen bestimmt. Demgegenüber nimmt Buddha das „Nicht Selbst" (Anatman) an und glaubt auch nicht an die Unsterblichkeit und Fortexistenz der Seele nach dem Tod. Spricht man in Bezug auf seine Lehre von „Seelenwanderung", so ist unter der Seele nicht eine unzerstörbare und unteilbare, in sich abgeschlossene geistige Einheit zu verstehen, sondern eine veränderliche Gesamtheit von geistigen Bestandteilen, die sich in einem Leib verkörpern. Diese sind verursacht aus vorhergehenden Augenblicken und auch Verursacher zukünftiger. Das Zusammenwirken von Vorstellungen, Bewusstsein, Veranlagung, Gefühl, Trieben und materieller Form erweckt zwar für eine begrenzte Zeit der menschlichen Erscheinungsform den *Eindruck* von Identität, die es aber wegen des ständigen Wechsels dieser Faktoren nicht gibt, allenfalls könnte man von einer *Kontinuität* sprechen, von Verbindungen dieser voneinander abhängigen, unaufhörlich entstehenden und vergehenden Elemente über die augenblickliche Existenz hinaus zu der jeweils nächsten. „So wie eine Person in der Kindheit weder verschieden von, noch identisch mit der gleichen Person im Alter ist, ist ein wiedergeborenes Wesen weder identisch mit, noch verschieden von dem verstorbenen", im Bild gesprochen: „Ist die Flamme der Lampe in der ersten Nachtwache identisch mit der Flamme der zweiten Nachtwache, oder sind sie voneinander verschieden? Sie sind weder identisch noch verschieden."[77]

Das Ziel Buddhas, das Nibbâna zu erreichen, bedeutet die „**Todlosigkeit**" zu finden. „[...] dieser, ihr Mönche, wird ein Mönch genannt: ‚Blindgemacht hat er den Tod, spurlos abgetötet des Todes Auge, außer Sicht gekommen ist er dem Bösen.'"[78] Der Tod nämlich ist „Ausdruck anfangloser, sich immer wieder aus sich selbst zeugender Lebenskraft. Wo Tod ist, da ist notwendig Leben, weil alles Sterben nichts ist als der Ausdruck des Übergangs zu neuem Leben."[79]

77 Handbuch der Religionsgeschichte, Bd. 2, Vandenhoeck & Ruprecht: Göttingen 1972, S. 493.
78 Buddha: Die Lehre des Erhabenen, aus dem Pâlikanon ausgewählt und übertragen von Paul Dahlke, Goldmann Verlag: München 1986, S. 45.
79 Buddha: Die Lehre des Erhabenen, a. a. O., Erläuterungen Nr. 43, S. 453.

Zusammenfassung: Tod und Jenseits in Mythos und Religion

Ein **Weiterleben nach dem Tod** wird vorgestellt

- als Fortsetzung des irdischen Lebens in einer Welt voller Daseinsfreuden bei den Sumerern, den Ägyptern und den Etruskern;
- im Paradies bzw. im Bereich des Göttlichen als Belohnung für gute Taten in der ägyptischen und griechischen Mythologie, im späten Judentum, im Christentum und im Islam;
- als Fortsetzung in einem Schattendasein der Unterwelt bzw. der Finsternis, der Fäulnis oder des Schreckens im Gilgamesch-Epos, im griechischen Mythos vom Hades, in den jüdischen Vorstellungen von Schᵉol bzw. Hölle, ebenso in der christlichen und der islamischen Religion.

Nach der Vorstellung der Ägypter, der Etrusker und auch der Christen wirken die Toten in die Welt der Lebenden hinein.

Vorstellungen eines **göttlichen Gerichtsurteils**, das den Toten die Orte der Belohnungen oder Bestrafungen zuweist, finden sich in der ägyptischen und griechischen Mythologie, im späten Judentum, im Christentum und im Islam.

Die **Unterwelt als vorübergehender Aufenthaltsort der Regeneration** in Verbindung mit Vegetations- und Fruchtbarkeitsvorstellungen zeigen der sumerische (Inanna-Dumuzi), ägyptische (Osiris) und griechische (Dionysos) Mythos.

Die Vorstellung von der **Auferstehung bzw. Wiedererweckung** der Toten mit Wiederherstellung des Leibes, Wiedervereinigung von Leib und Seele des Einzelnen, Weiterleben in Gemeinschaft mit den Seligen oder den Verdammten findet sich im Gilgamesch-Epos, im alten Ägypten, im späten Judentum, im Christentum und im Islam.

Die Vorstellung vom **Leib in verklärter Gestalt** begegnet im alten Ägypten und im Christentum.

An die **Wiederverleiblichung der Seele** bzw. die Seelenwanderung glauben die Pythagoreer, die Orphiker und Platon. Christentum und Islam kennen die Wiedervereinigung von Leib und Seele nach dem Jüngsten Gericht.

Für den Buddhisten gibt es die **Vorstellung vom Weiterleben eines Ich** nach dem Tod in einem der Zeit enthobenen, paradiesischen „ewigen“ Jenseits nicht, wohl aber das Ziel des höchsten Zustandes, des Nibbâna, d. h. „Auslöschung“ der Leidenschaften, des Lebensdurstes, und damit die Erlösung vom Leiden und die Ablösung vom Leib.

Gotteserkenntnis und ihre Grenzen

1 Die Problematik der Theodizee

1.1 Der „Theodizee"-Begriff

Der Begriff „Theodizee" wurde aus dem Griechischen (*theos:* Gott; *dike:* Recht, Gerechtigkeit) mit Bezug auf den Brief des Apostels Paulus an die Römer gebildet:

> Röm 3,5 Wenn aber unsere Ungerechtigkeit Gottes Gerechtigkeit dartut, was wollen wir dann sagen? Soll Gott ungerecht sein, wenn er sein Zorngericht verhängt? [...]
> 6 Das sei ferne! Denn wie könnte dann Gott die Welt richten?

Der Begriff wird in der Bedeutung der „Rechtfertigung Gottes" gebraucht als Antwort auf die Frage, wie das Böse, das Übel und das Leiden in der Welt mit der Allmacht, Allwissenheit und Allgüte Gottes vereinbar seien.

Die **sprachliche Unterscheidung** ordnet das Böse der sittlichen Verantwortung und dem Handeln eines vernunftbegabten Wesens zu, das Übel den Leid bedingenden, oft naturbedingten Gegebenheiten in der Welt, auf die der Mensch keinen unmittelbaren bzw. nur einen begrenzten Einfluss hat, z. B. Altern, Sterben, Tod oder Naturkatastrophen.

Schon in der **babylonischen Weisheitsliteratur** ab dem 12. Jahrhundert v. Chr. werden Fragen nach der göttlichen Gerechtigkeit angesichts von Krankheit und Leid unschuldiger und frommer Menschen geäußert, ohne dass Antworten gefunden werden. So heißt es in der „**Babylonischen Theodizee**": „Das göttliche Herz ist so fern wie das Innerste des Himmels, die Kenntnis davon ist so schwierig, dass die Leute sie nicht begreifen."[80]

Die **jüdische und christliche Theologie** begründet die Ursache von beidem, dem Bösen und dem Übel, aus dem freien Willen des Menschen zur Schuld, die durch den Sündenfall mitsamt den Folgen ihrer Leiden auf das gesamte Menschengeschlecht vererbt wird (Erbsünde). Das Theodizee-Problem stellt sich in dieser Weise vor allem einer monotheistischen* Religion wie der jüdisch-christlichen: Der eine Gott als Weltschöpfer kann auch der einzige Ur-

80 Anton Grabner-Haider/Karl Prenner (Hrsg.): Religionen und Kulturen der Erde. Ein Handbuch, Wissenschaftliche Buchgesellschaft: Darmstadt 2004, S. 28.

heber des Bösen und des Übels sein und als solcher zur Rechenschaft gezogen werden.

Da es im **Buddhismus** keinen Glauben an einen Gott gibt, der für die Schöpfung verantwortlich gemacht werden kann, ist die Frage nach der Ursache der Leiden und ihrer Verteilung auch nicht an ihn gebunden. Die Lösung wird in der Auffassung des Karma* gesucht.

1.2 „Theodizee" als Problem jüdischen und christlichen Glaubens

Das Theodizee-Problem in jüdischer und christlicher Glaubenstradition stellt sich – unabhängig von persönlicher Erfahrung – im Hinblick auf die Schöpfungs- und Sündenfallgeschichte der Genesis: Nach Vollendung seines Schöpfungswerkes, so berichtet die Genesis*, sah Gott, „dass es gut war". Den Menschen hatte er nach seinem Ebenbild geschaffen. „Die Schlange aber war listiger als alle Tiere, die Gott, der Herr, gemacht hatte" (Gen 3,1) und verführte Eva, die ihrerseits Adam zur Übertretung des einzigen Gebotes Gottes verleitete. Gott verhängte seine Strafe nicht nur auf die Stammeltern der Menschen, sondern als Erblast ihrer Schuld auch auf ihre gesamte Nachkommenschaft: Fortan sollte die Erde Dornen und Disteln tragen, die Frau in Schmerzen gebären, der Mensch sich sein Leben lang mit Mühsal nähren und am Ende sterben.

Schon Kinder stellen zu dem Sündenfallbericht die **Fragen:** Warum hat der „liebe Gott" die List der Schlange nicht bemerkt, wenn er doch sonst alles sieht und sein ganzes Werk so gut fand? Und: Wenn Gott doch nur Gutes gemacht hat, warum hat er die Schlange so listig und den Menschen so dumm erschaffen, dass er sich von ihr verführen ließ? Wenn Gott den Menschen nach seinem Ebenbild erschaffen hat, wie kommt dann das Böse in ihn, denn Gott ist ja vollkommen, also muss es auch der Mensch sein! Wenn Gott doch den Menschen kennt, wenn er sogar alles im Voraus weiß, hätte er dann nicht auch wissen können, dass der Mensch von dem verbotenen Baum essen würde? Dann war Gott aber doch nicht gut: Durch sein Verbot hat er das Böse vorher gewusst und auch die Vertreibung aus dem Paradies. Er hat das alles zugelassen. Warum hat er das alles so gemacht und nicht besser? Warum hat er überhaupt die Menschen erschaffen? Er ist ein grausamer Gott! Wie kann ich dann noch zu ihm beten?

Zweifel und Erschütterung melden sich erst recht bei all den alttestamentlichen Geschichten, die von menschlichem Leid, vor allem von den grausamen Strafen Gottes auch an Unschuldigen (Kindern, Tieren, Pflanzen, Schwachen, Alten) erzählen, wie etwa in der Sintflutgeschichte oder auch der Isaakgeschichte: Wie lässt es sich mit der Güte Gottes vereinbaren, dass er Abrahams Glauben auf die Probe stellt, indem er von ihm die Tötung seines Sohnes Isaak verlangt, selbst wenn er diese im letzten Moment durch seine Gnade verhindert? (Gen 22,1–19). Aus der Sicht neutestamentlicher Theologie erscheint schließlich diese Geschichte als Vorwegnahme des Todes und der Auferstehung Christi. War aber Jesu Sterbensschrei nicht eine verzweifelte Anklage und Abkehr von Gott, die nachträglich durch den Auferstehungsbericht in eine Erlösungsbotschaft umgedeutet wurde: *„Eli, Eli! lema sabachthani?“* („Mein Gott, mein Gott, warum hast du mich verlassen?“, Mt 27,46)?

Bleibt dem Leidgeprüften angesichts der Widersprüche in seinem Gottesbild, die ihm sowohl seine Vernunft als auch sein Glaube aufdecken, nur der Bruch mit seinem Schöpfer, das Gefühl der Verlassenheit von ihm und die Verzweiflung oder der Trost und die Hoffnung, dass die unergründliche Weisheit Gottes ihren Heilsplan endzeitlich erfüllen wird?

Die Fragen der Theodizee verdichten sich in alttestamentlichen Psalmen*, Prophetenbüchern, Klageliedern und vor allem in der Gestalt des Hiob.

Hiobs Freunde setzen sich zu Hiob; jeder hat Obergewand und Kopfschmuck beiseite gelegt. Die drei Freunde oben sind in Trauer versunken, während der später hinzugekommene vierte Freund (unten im Redegestus) das Schweigen bricht.

Die Versdichtung des Buches **Hiob** (Ijob) des Alten Testaments wurde zwischen dem 5. und 3. Jahrhundert v. Chr. abgefasst. Der Dichter stellt einen mit Familienglück, Gesundheit und Reichtum gesegneten Mann vor: Hiob, „gottesfürchtig und dem Bösen feind“. Satan selbst ist der Herausforderer Gottes: Hiob werde Gott ins Angesicht fluchen, wenn ihm einmal alles Lebensglück genommen werde. Wie zum Abschluss einer Wette liefert Gott daraufhin seinen „Knecht“ Hiob seinem teuflischen Widersacher aus: „Wohlan, er ist in deiner Hand! Nur seines Lebens schone!“ (Hiob 2,6).

Gott lässt zu, dass Hiob mithilfe Satans die schwersten Schicksalsschläge erleiden muss: Verlust seiner Kinder, seines Reichtums, seiner Gesundheit. Sogar ein quälender Aussatz bringt Hiob aber vorerst noch nicht in Versuchung, Gott abzuschwören, stattdessen rühmt er dessen Schöpfung. Im Gegensatz zu dem Leidgeprüften sind seine Freunde überzeugt, dass sein Unglück die Folge seiner guten oder bösen Taten sei, dass er also gesündigt haben müsse. Mit zunehmenden Plagen wandelt sich dann jedoch Hiobs Zuversicht in Klagen, seine Klagen in Anklagen bis zum Vorwurf der Ungerechtigkeit: „Warum bleiben die Gottlosen leben, werden alt, ja nehmen zu an Kraft?" (Hiob 21,7). – Warum bleibt „der Böse verschont am Tage des Verderbens, wird gerettet am Tage der Zornesfluten" (Hiob 21,30)?

Hiobs Vorwurf wird zum Aufruhr gegen Gott und gipfelt schließlich im Rechten und Richten:

Hiob 23,2 Noch heute ist Aufruhr meine Klage [...]
3 O dass ich wüsste, wo ich ihn fände, dass ich gelangte vor seinen Thron!
4 Vorlegen wollte ich ihm die Sache und meinen Mund mit Beweisen füllen,
5 wollte wissen, wie er mir Rede stünde, und vernehmen, was er mir sagen könnte.

In zwei Antwortreden preist Gott – anscheinend nicht auf Hiobs Vorwürfe eingehend – die großartigen Werke seiner Schöpfung. Darauf erkennt Hiob die Macht Gottes und seine eigene Ohnmacht an, gesteht schließlich seinen Unverstand ein und bereut im Zeichen der Buße:

Hiob 40,4 Siehe, ich bin zu gering, was soll ich dir antworten?
42,2 Ich habe erkannt, dass du alles vermagst; nichts, was du sinnst, ist dir verwehrt.
3 [...] Darum habe ich geredet in Unverstand über Dinge, die zu wunderbar sind für mich und unbegreiflich.
5 [...] nun aber hat dich mein Auge gesehen.
6 Darum widerrufe ich und bereue in Staub und Asche.

Der Epilog berichtet über die Wende in Hiobs Geschick:

Hiob 42,10 Gott [...] gab ihm doppelt so viel als er gehabt hatte.
12 Und der Herr segnete Hiob hernach mehr als zuvor. Er besaß vierzehntausend Schafe, sechstausend Kamele, tausend Joch Rinder und tausend Esel. Auch bekam er sieben Söhne und drei Töchter.
15 Man fand im ganzen Land keine Frauen so schön wie Hiobs Töchter [...]
16 Darnach lebte Hiob noch 140 Jahre, und er sah seine Kinder und Kindeskinder, vier Geschlechter.
17 Und Hiob starb alt und lebenssatt.

Gott hat die Wette über Satan gewonnen und Hiob sogar vor seinen Freunden ausgezeichnet und belohnt. Er ließ die Fragen nach seiner Rechtfertigung zu, aber sie bleiben bestehen. Der Geplagte jedoch geht aus seinen Zweifeln geläutert und mit umso stärkerem **Gottvertrauen** hervor.

Der biblische Hiob wurde die **Grund- und Bezugsgestalt des Theodizee-Problems** schlechthin. Seine Geschichte lässt sich auch so deuten, dass die Ursachen der Leiden des Menschen nicht nur und unmittelbar in seiner Schuld zu suchen sind und dass der Gläubige seine Zweifel durch die Schöpfungswunder Gottes als widerlegt und sich als geheilt erfahren kann. Die alttestamentliche „Hiobs-Botschaft" ist also nicht nur eine Schreckens-, sondern in diesem Sinne vor allem eine **Heils-Botschaft**. Als solche nimmt sie den neutestamentlichen Heilsglauben vorweg, der seine Erfüllung in Christi Leiden, Tod und Auferstehung sieht.

Auch Jesus weigerte sich gegen das Aufrechnen von Schuld und Unglück: Als er einen blind Geborenen heilte, wurde er gefragt: „Wer hat gesündigt, dieser oder seine Eltern, dass er blind geboren worden ist? Jesus antwortete: Weder dieser hat gesündigt noch seine Eltern, sondern die Werke Gottes sollen an ihm offenbar werden" (Joh 9,3; vgl. auch Lk 13,1–5).

An dieser Botschaft orientiert sich die **paulinische Theologie:** Gerade in den Schwachen und Notleidenden zeigt sich Gott, so wie im Gekreuzigten.

Der Kirchenvater **Augustinus** (354–430) bezog sich im Zusammenhang mit seiner Frage nach dem Ursprung des Bösen und dessen Vereinbarkeit mit der Schöpfung eines guten Gottes auf den Sündenfall und verlieh der Verknüpfung von Leid und Schuld in seiner und der ihm folgenden Theologie ein besonderes Gewicht.

Kritische Theologen bemängeln, dass er die Ursachen und die Verantwortung für die Übel und Leiden den Menschen und ihrer Schuldgeschichte zur Last legt; Rettung bezieht er auf die Erlösung von der Sünde, nicht aber auf die Leiden, welche im konkreten Leben nicht allein auf menschliche Schuld zurückzuführen sind.

1.3 Die Theodizee-Frage nach dem Holocaust*

Mit der Theodizee-Frage wurden die **jüdischen** Gläubigen in der schlimmsten Form durch den **Holocaust** konfrontiert. Theologen versuchen unterschiedliche Antworten auf die Frage, wie Gott dieses Leid zulassen konnte. Eine von vielen entspricht dem traditionellen jüdischen Verständnis vom **Leiden als Strafe** Gottes für menschliche Schuld.

Dieser Anschauung stehen Theologen gegenüber, die ihre Beziehung zu Gott nur – wie Hiob – im Streit mit und gleichzeitigem **Vertrauen** zu ihm bewahren können.

Andere sehen durch den Holocaust den **„Tod Gottes“** als erwiesen. Der Mensch könne sich nicht mehr auf Gott verlassen. Dennoch gebe es die Notwendigkeit einer jüdischen Gemeinschaft, eines Erbes der Tradition, die mit ihren Bräuchen und Riten zur Lebens- und Krisenbewältigung unverzichtbar sei.

Elie Wiesel (geb. 1928), jüdischer Schriftsteller und als Verfechter der Menschenrechte Friedensnobelpreisträger (1986), spricht für einen neuen Bund nicht im biblischen, sondern im Sinne einer Solidargemeinschaft derer, die Zeugnis ablegen im Eingedenken der Leiden und für die Heilung des Lebens.

Die Gegenwart Gottes in der Geschichte versucht die theologische Auffassung zu zeigen, die ihn zwar nicht als Retter, aber als Gesetzgeber deutet. Er habe den Juden das Überleben, das Erinnern aufgetragen, damit sie dazu beitragen, die Welt nicht den Mächten von Auschwitz* anheimfallen zu lassen. So laute fortan das 614. der insgesamt 613 Gebote der Tora*: „Du sollst überleben!“

Durch das Versäumnis der offiziellen **christlichen** Kirchen einschließlich des Vatikans, der Vernichtung der Juden entgegenzutreten, und durch den Holocaust selbst, stellte sich auch christlichen Theologen die Theodizee-Frage radikal neu.

An die „Folgen des augustinischen Paradigmas für den Umgang mit der Theodizee“ erinnert der Theologe Johann Baptist Metz (geb. 1928):

Weil die Theologie angesichts der Leidensgeschichte der Welt keine Rückfrage an Gott zuließ; weil sie sich gewissermaßen vor den allmächtigen gütigen Gott stellte und den schuldig gewordenen Menschen allein verantwortlich machte für diese Leidensgeschichte; und weil sie schließlich damit den Eindruck erweckte, sie suche sich gewissermaßen hinter dem Rücken der namenlosen Leiden Unschuldiger mit dem allmächtigen Gott zu versöhnen und zu verabreden: eben darum empörte sich der Mensch gegen diesen Gott der Theologen, eben darum konnte die Theodizeefrage zur Wurzel des modernen Atheismus werden.

Johann Baptist Metz: Theologie als Theodizee?, in: Theodizee – Gott vor Gericht?, hrsg. von W. Oelmüller, S. 110.

Die Situation der christlichen Theologie „nach Auschwitz“ ist für Metz der unumgängliche Bezug des Theodizee-Problems. Er richtet den Blick vor allem auf die Frage, ob es für Christen nach Auschwitz noch Gebete geben könne, hält aber fest, dass wir nach Auschwitz noch beten können, weil auch in Auschwitz gebetet wurde. Denkbar sind für ihn aber nur Gebetsformen in den Traditionen Israels, die sich in einer Leidens- und Krisensprache mitteilen: Psalmen, Klagelieder, das Buch Hiob. Nach Metz kann auch die christliche Theologie auf die Rückfrage Hiobs an Gott „Wie lange noch?“ keine beruhigende Antwort geben. Auch die christliche Hoffnung bleibt einem apokalyptischen Gewissen verpflichtet.

Ein Beispiel dafür, dass auch und gerade der heutige Christ die Frage Hiobs nicht verstummen lässt, ist für Metz das Eingeständnis des Theologen Romano Guardini (1885–1968), der auf dem Krankenlager gesagt habe, „er werde sich im Letzten Gericht nicht nur fragen lassen, sondern auch selber fragen; er hoffe in Zuversicht, dass ihm dann der Engel die wahre Antwort nicht versagen werde auf die Frage, die ihm kein Buch, auch die Schrift selber nicht, die ihm kein Dogma und kein Lehramt, die ihm keine ‚Theodizee' und Theologie, auch die eigene nicht, habe beantworten können: Warum, Gott, zum Heil die fürchterlichen Umwege, das Leid der Unschuldigen, die Schuld?"[81].

1.4 Die Theodizee in philosophischer Fragestellung

Mit dem Problem der Theodizee setzten sich nicht nur Theologen, sondern auch Philosophen auseinander, zumal unter dem Aspekt der Erkenntnismöglichkeiten hinsichtlich der Vernunft und der Freiheit des Menschen, des Verhältnisses von Glauben und Wissen sowie der Wesensbestimmung des Bösen und seiner möglichen Ursachenerklärung.

Der griechische Philosoph Epikur (342–271 v. Chr.) sieht das Unbegreifliche des Übels und seiner oft als ungerecht empfundenen Verteilung als eine Tatsache an, der gegenüber sich die Götter gleichgültig verhalten, weil sie die Welt sich selbst überlassen. Es gebe keine Vorsehung. Die Menschen aber müssen das Leid in weiser Gelassenheit bewältigen. Im Sinne seiner stoischen* Lehre zielt Epikurs Argumentation auf die Befreiung von den zwei Arten der Furcht: der Furcht vor dem Tod und vor den Göttern. So fragt er nach dem Verhältnis Gottes zum Übel:

Entweder will Gott die Übel beseitigen und kann es nicht, oder er kann es und will es nicht, oder er kann es nicht und will es nicht, oder er kann es und will es. Wenn er nun will und nicht kann, so ist er schwach, was auf Gott nicht zutrifft. Wenn er kann und will nicht, dann ist er missgünstig, was ebenfalls Gott fremd ist. Wenn er nicht will und nicht kann, dann ist er sowohl missgünstig wie auch schwach und dann auch nicht Gott. Wenn er aber will und kann, was allein sich für Gott ziemt, woher kommen dann die Übel und warum nimmt er sie nicht weg?

Epikur: Von der Überwindung der Furcht, hrsg. von O. Gigon, S. 136.

81 Johann Baptist Metz: Theologie als Theodizee?, in: Theodizee – Gott vor Gericht?, hrsg. von W. Oelmüller, Fink Verlag: München 1990, S. 116.

Gottfried Wilhelm Leibniz (1646–1716), der das Wort „Theodizee“ erstmals in einem Brief 1697 erwähnte, verfasste 1710 die Schrift „Essais de théodicée sur la bonté de dieu, la liberté de l'homme et l'origine du mal“ (Abhandlungen zur Rechtfertigung Gottes, über die Güte Gottes, die Freiheit des Menschen und den Ursprung des Übels). Sie entstand aus Gesprächen mit der Königin Sophie Charlotte von Preußen (gest. 1705) und in ihrem Auftrag gegen die Auffassung von P. Bayle, Gottes Güte und Allmacht sei nicht mit dem Übel in der Welt zu vereinbaren. Leibniz argumentiert, Gott hätte aufgrund seiner Allweisheit und Allgüte eine bessere Welt erschaffen können, wenn eine solche denkbar wäre. Hat er aber diese erschaffen, so ist sie die „beste aller möglichen Welten“.

Zum Begriff einer endlichen Welt gehöre auch ihre Unvollkommenheit. Die Übel in der Welt leugnet Leibniz nicht, wohl aber erklärt er sie als Begrenzungen der Endlichkeit (metaphysische* Übel), als Leiden und Schmerzen, die zu höheren Zwecken dienen (physische Übel) sowie als durch den menschlichen Missbrauch von Vernunft und Freiheit verursacht (moralische Übel).

Leibniz' Argumentation wurzelt in einem unumstößlichen Vertrauen auf die Vorsehung, Weisheit und Liebe Gottes, aus der heraus er auf die bestmögliche vollkommene und wünschenswerte Art handle. Sogar aus der Sünde, die Gott vorhersah, werde er ein größeres Gut ziehen, und der bestehende Zusammenhang der Dinge im Ganzen – einschließlich dem Sünder – werde sich als der vollkommenste erweisen.

Seit Leibniz gehörte das Problem der Theodizee zu einem wichtigen Teil der philosophischen Gotteslehre. „Theodizeen“ waren vor allem in Deutschland im 18. Jahrhundert verbreitet.

Immanuel Kant thematisierte im Sinne seiner Vernunftkritik „das Misslingen aller philosophischen Versuche Theodizee“. Wie für Leibniz so stellt sich auch für ihn im Problem der Theodizee das Unvermögen der menschlichen Vernunft der Weisheit Gottes als Anklage entgegen. Kant bestimmt Theodizee als „Verteidigung der Weisheit des höchsten Welturhebers gegen die Anklage, welche die Vernunft aus dem Zweckwidrigen in der Welt gegen jene erhebt“. Aller bisherigen Theodizee hält er entgegen, dass sie das nicht leiste, was sie verspricht. Denn unsere Vernunft könne das Verhältnis, in welchem eine Welt, so wie wir sie aus Erfahrung kennen mögen, zu der höchsten Weisheit stehe, nicht erfassen. Allenfalls eine „negative Weisheit“ sei für uns Menschen erreichbar: „nämlich die Einsicht der notwendigen Beschränkung unsrer Anmaßungen in Ansehung dessen, was uns zu hoch ist“. Die Theodizee habe es nicht mit einer wissenschaftlichen Aufgabe, sondern mit einer Glaubenssache zu tun. Es komme hier nicht so viel aufs „Vernünfteln“ an, als vielmehr auf ein aufrichtiges Eingeständnis des Unvermögens unserer Vernunft.

Religionskritiker wie Marx, Feuerbach oder Freud gehen über Kants erkenntniskritische Trennung von Glauben und Wissen insofern hinaus, als sie den Glauben an Gott, die Knüpfung des Leids an ihn und entsprechend die Hoffnung auf seine Erlösung als „Illusion“ ablehnen.

Zusammenfassung: Die Problematik der Theodizee

Die moderne Bezeichnung „Theodizee“ („Rechtfertigung Gottes“) steht für das Problem des Widerspruchs zwischen der **allmächtigen Güte des Schöpfergottes** und dem **Leiden auf der Welt**. Das Theodizee-Problem stellt sich vor allem einer monotheistischen Religion: Eine auf einen einzigen Gott bezogene Schöpfungstheologie erfordert entsprechend eine auf diesen einen Gott bezogene Leid-, Rechtfertigungs- und schließlich auch Erlösungs-Theologie.

Demgegenüber vermittelt in den indischen Religionen die Auffassung vom **Karma** Antworten auf die Ursachen und die Verteilung von Leid.

In der jüdisch-christlichen Tradition ist die alttestamentliche Gestalt des **Hiob** Träger der Auseinandersetzung zwischen Gott und Mensch, aus der der Leidgeprüfte zwar ohne Antworten auf seine Fragen, aber mit gestärktem Gottvertrauen geheilt hervorgeht.

In der Aussage der Hiobsgeschichte ist die christliche Heilsbotschaft des gekreuzigten und auferstandenen **Christus** vorweggenommen.

Das Theodizee-Problem stellte sich **angesichts des Holocausts** vor allem für jüdische und christliche Gläubige radikal neu.

In der Philosophie wurde die Theodizee-Frage unterschiedlich beantwortet:
Epikur nimmt das Unbegreifliche des Übels als ein unabhängig von der Rückfrage an die Götter zu bewältigendes Schicksal an.
Leibniz argumentiert mit der Allweisheit und Allgüte Gottes, der die „beste aller möglichen Welten“ erschaffen habe.
Kant thematisiert im Sinne seiner Vernunftkritik das Misslingen aller philosophischen Versuche der Theodizee. Die Theodizee ist nicht eine Aufgabe der Wissenschaft, sondern eine Angelegenheit des Glaubens.

2 Gottesbeweise

2.1 Die Unterscheidung zwischen Religion und Metaphysik*

Schon die ersten griechischen Philosophen fragten nach einem Urgrund der Welt und lösten sich allmählich aus den überkommenen mythischen und den damit verbundenen religiösen Vorstellungen. Sie versuchten, sich dem letztlich Unerklärlichen entsprechend ihrer Beobachtungen der Naturordnung auf dem Wege rationaler Denkgesetze mit den Methoden logischer Schlussfolgerungen anzunähern und legten somit den Grund zur Metaphysik. Die Metaphysik ist auf Seiendes und Seinsursachen und nicht auf Gott bzw. Götter bezogen und deshalb nicht einfach eine Fortsetzung von Religion. Beide sind zwar **geistige Haltungen**, bedingen einander aber nicht: Der religiöse Glaube bedarf nicht der erkenntnismäßigen Rechtfertigung, es geht ihm um religiöse Erfahrung und zumeist um deren Wertsetzungen zur Lebensgestaltung. Die Metaphysik ist vom religiösen Glauben unabhängig, es geht ihr um die **Erkenntnis als solche** ohne lebenspraktische Ansprüche. Gleichwohl schließen beide Haltungen einander nicht notwendig aus, sondern können sich im gesamtmenschlichen Lebensvollzug gegenseitig ergänzen und befruchten.

2.2 Glaube und Philosophie in der biblischen Tradition

Im alten Israel gab es keine Erkenntnistheorie und Metaphysik. Über Natur, Kosmos und Geschichte lehrten – wie auch in Ägypten und Mesopotamien – Texte der **Weisheitsliteratur***. Mit der Ausbreitung des Hellenismus seit Alexander dem Großen gewann das griechische Denken an Einfluss auf das jüdische Denken (vor allem in Alexandria, wo Diaspora-Juden lebten), was wiederum eine wichtige Voraussetzung für die spätere Verbreitung des Christentums war. So finden sich auch im Neuen Testament Einflüsse z. B. des Religionsphilosophen Philo(n) von Alexandria (20 v. Chr. – 45 n. Chr.) und der durch ihn vermittelten Lehre Platons im Hebräerbrief.

Der Apostel Paulus gibt dem **christlichen Glauben und Lebenswandel** den **Vorrang vor aller Philosophie**. Die Apostelgeschichte schildert seine Auseinandersetzung mit Stoikern* und Epikureern* bei seinem Auftritt vor den Athenern, deren Ehrfurcht vor Gott er hervorhebt:

Apg 17,23 Denn als ich umherging und eure Heiligtümer besichtigte, fand ich auch einen Altar, an dem die Aufschrift stand: „Dem unbekannten Gott". Was ihr nun, ohne es zu kennen, verehrt, das verkündige ich euch.
24 Gott, der die Welt geschaffen hat und alles was darin ist, er, der Herr des Him-

> mels und der Erde, wohnt nicht in Tempeln, die mit Händen gemacht sind.
> 26 Und er hat von einem Menschen alle Völker abstammen und sie auf dem ganzen Erdboden wohnen lassen und hat im Voraus ihre Zeiten und die Grenzen ihres Wohnens bestimmt,
> 27 damit sie Gott suchten, ob sie ihn wohl spüren und finden möchten, da er doch nicht fern ist von einem jeden unter uns.

Nicht dem Golde, Silber oder Stein, einem Gebilde menschlicher Kunst gleiche die Gottheit. Paulus konfrontiert die Griechen in der Mitte des Areopags mit *seinem* Gott, der sich beglaubigt habe durch den von diesem bestimmten Mann, den dieser von den Toten auferweckt habe.

Für seine Rede über die Auferstehung erntete Paulus von einigen Zuhörern Spott, andere schlossen sich seiner Lehre an (Apg 17,32–34). In seinem berühmten Lobpreis der Liebe (1 Kor 13) stellt er die Liebe als die höchste Gnadengabe über allen Glauben und über alle Erkenntnis. Paulus ermahnt zwar seine Mitchristen zur Weisheit in Wort und Lebenswandel (Kol 4,3), warnt aber vor der „Weisheit der Welt“ und kritisiert sie als unvereinbar mit dem Glauben an die Selbstoffenbarung Gottes durch den Kreuzestod Christi. Dabei beruft er sich auf das alttestamentliche Buch Hiob (Hiob 5,12):

> 1 Kor 1,19 Vernichten werde ich die Weisheit der Weisen, und die Einsicht der Einsichtigen werde ich verwerfen.
> 26 Nicht viele Weise nach dem Fleische, nicht viele Mächtige, nicht viele Leute von vornehmer Geburt sind berufen,
> 27 sondern was vor der Welt töricht ist, hat Gott erwählt, damit er die Weisen zuschanden mache.
> Kol 2,3 In ihm [Christus] liegen alle Schätze der Weisheit und Erkenntnis verborgen.

2.3 Augustinus: „Glaube, um zu erkennen“

Der Kirchenvater Augustinus (354–430) steht bei seiner Suche nach Gott der Intention des Apostels Paulus nahe, gleichwohl sieht er eine Möglichkeit der Verbindung zwischen Christentum und Platonismus. Sein Weg zur Gottesgewissheit führt über den der Selbsterkenntnis. Seine Methode der sprachlichen Annäherung an dieses Ziel ist weniger die des rationalen Disputs als die des psychologischen Beschreibens seiner Selbstbetroffenheit und -erfahrung in der Auseinandersetzung mit dem Gottesproblem. Dementsprechend wählt er als literarische Form seiner Mitteilung die bekennende Anrede Gottes, seine „Confessiones“ („Bekenntnisse“), die er mit dem Lobpreis des Schöpfers einleitet, auf den hin der Mensch geschaffen sei und den er selbst ruhelos gesucht hat: „Ruhelos ist unser Herz, bis es ruhet in dir.“[82] Er schildert seine zunehmende Abkehr von seiner alten sündigen und irrenden Lebensweise und von unchristlichen Lehren und seinen stufenweisen Aufstieg zu Gott, der sich als eine christliche Umformung des platonischen Höhlengleichnisses lesen lässt: Bei seiner Suche nach dem Ursprung und nach Möglichkeiten unvoreingenommenen Urteilens über die Wahrheit und die wandelbaren Dinge fand er „die unveränderliche, wahrhaftige Ewigkeit der Wahrheit“ über seinem veränderlichen Geist. Er stieg stufenweise empor von den Körpern zur Seele und glaubte schließlich, dass das Unveränderliche dem Veränderlichen vorzuziehen sei. Das Denken des Menschen könne Gott nie erfassen. Für Augustinus ist die Erfahrung Gottes nicht zuerst ein intellektuelles Erkennen, sondern ein ganzheitliches Erleben, das dem Erkennen vorausgeht. Das formuliert Augustinus mit den Worten *„Crede, ut intelligas“*, d. h. „Glaube, um zu erkennen!“ Der Glaube muss dem Verstehen also vorausgehen. Dabei ist der Mensch zur Erkenntnis der höchsten Wahrheiten auf die Gnade der göttlichen Erleuchtung und Offenbarung angewiesen. Das, was an Gott unsichtbar ist, kann an den Werken seiner Schöpfung geschaut werden. Die Sehnsucht, eine solche Gotteserfahrung zu erreichen, vergleicht Augustinus mit dem Verlangen nach dem Duft einer Speise, die er noch nicht genießen konnte. Letztlich aber, so schreibt er, war es Jesus Christus selbst, von dem er die Kraft für den Weg zum erstrebten Ziel empfing. Er ist der leibhaftige Mittler zwischen Gott und Mensch. Zu ihm bekennt sich Augustinus mit Berufung auf die Jesusworte nach dem Johannes-Evangelium (Joh 14,6): „Ich bin der Weg, die Wahrheit und das Leben.“

2.4 Christliche Gottesbeweise

Ungeachtet dessen, dass nach dem Verständnis der Christen ihr Gott nicht ein „Gott der Philosophen“ ist, suchten gelehrte Anhänger der Religion ihren Glauben an ihn auch argumentativ zu stützen bzw. zu rechtfertigen. Es entstanden zahlreiche Gottesbeweise, die sich in drei Kategorien einteilen lassen.

1. Der **ontologische**[83] **Gottesbeweis** folgert das Dasein Gottes aus einem Wesensbegriff.

82 Augustinus: Bekenntnisse, Lateinisch-Deutsch, übertragen und eingeleitet von Hubert Schiel, Herder Verlag: Freiburg 1959, 1. Buch, Kap. 1.
83 Vgl. Ontologie (griech. *on*, plural *onta*: das Seiende; *logos:* das Wort, die Lehre): die Lehre vom Sein, von Seinsbedeutungen und -bestimmungen.

2. Der **kosmologische Gottesbeweis** erweist Gott aufgrund der Veränderlichkeit und Vergänglichkeit (Kontingenz) der Welt als unveränderliche Weltursache, d. h. als Schöpfer.
   Dem kosmoslogischen steht der **teleologische* Gottesbeweis** nahe. Er leitet aus der Zweckmäßigkeit der Welt eine Zweckursache ab, aus dem Bewegten in der Welt einen ersten Bewegenden.
3. Der **moralische Gottesbeweis** begründet bzw. rechtfertigt aus dem im Menschen angelegten Sittengesetz einen höchsten göttlichen Willen als dessen Urheber.

Der ontologische Gottesbeweis des Anselm von Canterbury

Anselm von Canterbury (1033–1109) gilt als der Vater der Scholastik*. Er ist vor allem durch seinen ontologischen Gottesbeweis in der Philosophie- und Theologiegeschichte berühmt geworden. In seiner Argumentation verbindet er mit dem Begriff Gott das **vollkommenste Wesen, über das hinaus folglich kein vollkommeneres gedacht werden kann.** Aber es reicht nicht aus, es nur denken zu können, ohne dass es auch **existiert.** Denn würde Gott nur gedacht, ohne zu existieren, so könnte möglicherweise ein vollkommeneres Wesen gedacht werden, das sich vor ihm zusätzlich durch „Existenz" auszeichnet und deshalb vollkommener wäre als er. Das aber ließe sich nicht mit Gott als dem vollkommensten Wesen vereinbaren. Die Schrift „Proslogion", in der Anselm diese Gedanken darlegte, verfasste er als „Ansprache" an Gott, als Gebet, eine in seiner Zeit häufige Darstellungsform. Damit drückte er zugleich aus, dass – im augustinischen Sinne – seinem „Beweis" Gottes sein Glaube an ihn vorausgeht. Sein Proslogion war nicht nur als philosophisches und theologisches Werk, sondern auch als literarisches Kunstwerk über Jahrhunderte von befruchtendem Einfluss, z. B. auf René Descartes.

René Descartes (1596–1650) stellt in der dritten und fünften seiner „Meditationen über die Grundlagen der Philosophie" die Frage nach der möglichen Entsprechung zwischen seiner Vorstellung von Gott und dessen Existenz, die er mit dem vollkommensten Wesen in Verbindung bringt:

Die ganze Kraft dieses Beweises liegt in der Erkenntnis, dass ich selbst mit der Natur, die mir eigentümlich ist, – nämlich im Besitze einer Vorstellung Gottes – unmöglich existieren könnte, wenn nicht auch Gott wirklich existierte, derselbe Gott, sage ich, dessen Vorstellung in mir ist, d. h. der alle die Vollkommenheiten besitzt, die ich zwar nicht begreifen, aber doch gewissermaßen mit den Gedanken berühren kann.

René Descartes: Meditationen über die Grundlagen der Philosophie III, 38, hrsg. von Lüder Gäbe, S. 47.

Der Gedanke einer Entsprechung zwischen der aus Träumen gewonnenen menschlichen Vorstellungswelt von Gott und dessen wirklicher Existenz findet sich bereits bei Epikur (342–271 v. Chr.), der meinte, dass die Menschen ihre Vorstellung von Gott aus Traumbildern gewinnen. Da den Menschen im Schlaf menschengestaltige Wesen begegnen, dachten sie, dass auch in Wirklichkeit derartige menschengestaltige Götter existieren.

Thomas von Aquin: Die fünf Wege des Gottesbeweises

Thomas von Aquin (1225–1274) war der bedeutendste Denker auf dem Höhepunkt der Scholastik*. Seine Philosophie erkannte die katholische Kirche als ihre offizielle Lehre an. Thomas knüpfte in formaler und inhaltlicher Hinsicht an die Schriften Anselms von Canterbury an. So brachte er die scholastische Form der spätmittelalterlichen Schriften („Summen"), die Anselm mit dem Kapitelaufbau seines „Proslogion" vorweggenommen hatte, in seiner „Summa theologiae" („Summe der Theologie") zur Meisterschaft des theologischen Streitgesprächs. Dem Gottesbeweis Anselms hält er seine kritische Auffassung entgegen, dass aus einem Wesensbegriff, der nur gedacht ist, nicht das wirkliche Dasein Gottes abgeleitet werden könne. Thomas' Argumente enthalten u. a. **kosmologische und teleologische Aspekte.** Er greift dabei in mehrfacher Hinsicht auf Aristoteles zurück: Wie dieser bedient er sich der induktiven Methode, d. h. er schließt von den einzelnen in der Welt erfahrbaren Dingen auf ein Allgemeines. Für seine Gottesbeweise heißt das: Er schließt von den Wirkungen auf die notwendige Wirk-Ursache, die für ihn Gott ist. Diese induktive Argumentationsstruktur liegt seinen **fünf Wegen** zugrunde, die er in seiner „Summa theologiae" zum Beweis anführt, „dass Gott ist".

Die **ersten beiden Wege** des thomasischen Gottesbeweises beschäftigen sich – auch hier im Rückgriff auf Aristoteles – mit dem Aspekt der **Bewegung:**

Alles aber, was bewegt wird, wird von etwas anderem bewegt [...] Wenn also das, wovon etwas bewegt wird, (seinerseits) bewegt wird, dann muss es auch selbst von einem anderen bewegt werden, und jenes (wiederum) von einem anderen. Hier aber kann es nicht ins Unendliche gehen, weil so nicht etwas erstes Bewegendes wäre, und infolge auch kein anderes Bewegendes, weil die zweiten bewegenden (Ursachen) nur dadurch bewegt sind, wie z. B. der Stab nur dadurch (etwas) bewegt, dass er von der Hand bewegt ist. Also ist notwendig zu etwas erstem Bewegenden zu kommen, das von nichts bewegt wird. Dieses verstehen alle als Gott.

Thomas von Aquin: Die Gottesbeweise in der „Summe gegen die Heiden" und der „Summe der Theologie", hrsg. von Horst Seidel, S. 53, 55.

Der **dritte Weg** leitet das Dasein Gottes aus dem **Verhältnis von Zufälligkeit und Notwendigkeit** ab. Das menschliche und alles innerweltliche Seiende ist der Zufälligkeit von Entstehen und Vergehen (Kontingenz) ausgesetzt, d. h. der Möglichkeit zu sein und nicht zu sein. Der Möglichkeit nach hätte auch einmal nichts sein können und dann wäre auch heute nichts. Aber das ist offenbar falsch. „Also ist nicht alles Seiende nur Mögliches, sondern es muss auch etwas Notwendiges unter den Dingen geben. Jedes Notwendige aber hat die Ursache seiner Notwendigkeit entweder von anderswoher oder nicht." Da das aber nicht bis ins Unendliche fortzusetzen ist, folgert Thomas, dass notwendig etwas anzunehmen sei, „das an sich notwendig ist und die Ursache seiner Notwendigkeit nicht von anderswo hat, sondern das Ursache der Notwendigkeit für die anderen Dinge ist. Dies nennen wir Gott."[84]

Der **vierte Weg** ist für heutiges Verständnis vielleicht die fremdartigste Argumentationsweise, insofern sie davon ausgeht, dass Thomas Dasein und Was-sein als Aspekte desselben einen Seins auffasst und dass er folglich auch der höchsten **Seinsqualität** das meist Seiende zuspricht. Thomas setzt diesen Beweisgang bei den gradunterschiedlichen[85] Eigenschaften der Dinge an:

[Es] findet sich bei ihnen nämlich etwas mehr oder weniger Gutes, Wahres und Edles, [...] sofern sie sich einem Prinzip annähern, das am meisten (d. h. im höchsten Grad) ist [...] Also gibt es etwas, was am wahrsten, besten und edelsten ist und infolgedessen am meisten seiend; [...] Was aber so beschaffen genannt wird, dass ihm am meisten die Eigenschaft einer Gattung zukommt, ist die Ursache von allen (Dingen mit dieser Eigenschaft), die zu dieser Gattung gehören, wie z. B. das Feuer, das am meisten warm ist, die Ursache von allen warmen (Dingen) ist. Also gibt es etwas, was von allem Seienden die Ursache des Seins, die Gutheit und jeder anderen Vollkommenheit ist. Und dies nennen wir Gott.

Thomas von Aquin: Die Gottesbeweise in der „Summe gegen die Heiden" und der „Summe der Theologie", hrsg. von Horst Seidel, S. 57.

Der **fünfte Weg** bezieht sich auf die naturbedingte Ausgerichtetheit aller Dinge auf ein ihnen innewohnendes Ziel. Thomas folgert daraus, „dass sie nicht aus Zufall, sondern aus (zweckvoller) Absicht zu ihrem Ziel gelangen [...] Also gibt es etwas vernünftig Erkennendes, von dem alle Naturdinge auf ein Ziel hingeordnet werden. Und dies nennen wir Gott."[86]

84 Thomas von Aquin: Die Gottesbeweise in der „Summe gegen die Heiden" und der „Summe der Theologie", hrsg. von Horst Seidel, Felix Meiner Verlag: Hamburg ^{3}1996, S. 57.
85 Die Dinge sind mit ihren Eigenschaften gradweiser Unterschiede auf ein Maximum bezogen. Das Maximum ist ein Seiendes, dem die Eigenschaften im höchsten Grad zukommen und das selbst in höchstem Grad Seiendes ist.
86 Thomas von Aquin: Die Gottesbeweise, a. a. O., S. 59.

2.5 Kritik der Gottesbeweise

In der nachfolgenden Philosophie- und Theologiegeschichte wurden diese Art Gottesbeweise bis heute immer wieder zum Gegenstand geistiger Auseinandersetzungen, z. B. in Karl Barths „Kirchlicher Dogmatik" und Hans Küngs „Existiert Gott?".

Ihnen voran ging Immanuel Kant. Er unterzieht die Gottesbeweise – wie auch die Theodizeefrage – seiner Vernunftkritik, die das Erkenntnisvermögen des Menschen in seine Schranken weist. Seine Argumentation zielt zwar nicht auf einen Beweis Gottes, aber auf die Rechtfertigung einer Annahme seiner Existenz unter **„moralischem"** Aspekt und steht somit der dritten Art der Gottesbeweise nahe: Das Dasein Gottes ist für Kant eine Sache des Glaubens, gleichwohl ein **Postulat der praktischen Vernunft:** eine regulative, d. h. eine Regel gebende Idee*, die aber – wie auch Freiheit und Unsterblichkeit – nicht theoretisch erwiesen werden kann, wohl jedoch im Sinne des **Sittengesetzes** zu rechtfertigen ist. Einen göttlichen Gesetzgeber aus moralischem Glauben anzunehmen, steht den Vernunftgesetzen nicht entgegen und umgekehrt können diese den Glauben nicht wankend machen.

Der dänische Philosoph Søren Kierkegaard (1813–1855) nennt in seinen „Philosophischen Brocken" den einen „Toren", der Gott beweisen will, und hebt die Paradoxie dieses Verstandesunternehmens hervor:

Ist es in dem Augenblick, in dem er mit dem Beweis anfangen soll, nicht akkurat ebenso unentschieden, ob der Gott da ist oder nicht, so beweist er es ja nicht […] – Im Altertum hat man sich wohl kaum mit dergleichen abgegeben. Sokrates wenigstens, der ja, wie es heißt, den physico-teleologischen* Beweis für das Dasein Gottes vortrug, hat es nicht so gemacht. Er setzt immerzu voraus, dass der Gott da ist, und unter dieser Voraussetzung sucht er die Natur mit dem Gedanken der Zweckmäßigkeit zu durchwirken […] Die paradoxe Leidenschaft des Verstandes stößt sich also beständig an diesem Unbekannten, das zwar da ist, aber auch unbekannt, und insofern nicht da ist. Weiter kommt der Verstand nicht, doch kann er es in der Paradoxie nicht lassen, dahin zu gelangen und sich damit zu beschäftigen.

Søren Kierkegaard: Philosophische Brosamen und unwissenschaftliche Nachschrift, S. 56.

2.6 Das Herz entscheidet mit: Blaise Pascals „Wette“

Der Philosoph Blaise Pascal (1623–1662), der stark von Descartes’ Rationalismus beeinflusst war, wandte sich nach einem Bekehrungserlebnis (1654) ganz dem christlichen Glauben zu. Er plante eine Apologie des Christentums, die fragmentarisch als „Pensées“ („Gedanken“) überliefert ist.

Nicht die Vernunft allein ist das Organ zur Erkenntnis der Wahrheit, sondern auch das Herz. Beide müssen zusammenwirken; denn die Wissenschaft bedarf der Verstandesprinzipien, der Glaube aber des Herzens, das die wichtige Entscheidung für ihn treffen muss. Diese Auffassung drückt Pascal in seiner „Wette“ aus: Setzt der Mensch bei der Wette, ob es Gott gibt oder nicht, seine Entscheidung auf Gott, so setzt er seine endliche Existenz ein und gewinnt Unendliches.

Wenn es also einen Gott gibt, so ist er unendlich unbegreiflich, denn da er ja keine Teile und Grenzen hat, steht er in keinem Verhältnis zu uns. Wir sind also unfähig zu erkennen, was er ist und ob er ist. Wer wird es wagen, da dem so ist, die Lösung dieser Frage zu versuchen? Nicht wir, die wir in keinem Verhältnis zu ihm stehen.

Wer wird also die Christen tadeln, dass sie ihren Glauben nicht begründen können, sie, die sich ja gerade zu einer Religion bekennen, die sie nicht begründen können; wenn sie diese der Welt vortragen, erklären sie, dass sie eine Torheit ist, und dann beklagt ihr euch, dass sie keine Beweise für sie haben. Wenn sie diese bewiesen, würden sie nicht Wort halten. [...]

Welches Übel wird Euch nun aber daraus erwachsen, wenn Ihr diesen Entschluss fasst? Ihr werdet getreu, redlich, demütig, dankbar, wohltätig, ein aufrichtiger, wahrer Freund sein. [...] Ich sage Euch, dass Ihr dabei in diesem Leben gewinnt und dass Ihr bei jedem Schritt, den Ihr auf diesem Wege tut, die so große Gewissheit des Gewinns und die so große Nichtigkeit dessen, was Ihr aufs Spiel setzt, sehen werdet, dass Ihr schließlich erkennt, Ihr habt Euch bei der Wette für etwas Gewisses und Endliches entschieden, wofür Ihr nichts hergegeben habt.

Blaise Pascal: Gedanken, Serie II, 418/233, S. 226, 230.

2.7 Gottesbeweise durch Neurowissenschaften?

Die Frage nach der Beweisbarkeit Gottes ist zunehmend auch Forschungsgegenstand von Neurowissenschaftlern. Mit dem Wissen um die funktionelle Anatomie und mithilfe modernster Forschungsmethoden und -geräte (z. B. durch Kernspintomografie) versucht man auf der Basis gewonnener Daten die Zusammenhänge zwischen neurophysiologischen Prozessen und religiösen Vorstellungen zu ergründen.

Jörg Mey, Leiter einer Arbeitsgruppe für neurobiologische Grundlagenforschung am Lehrstuhl für Zoologie und Tierphysiologie in Aachen, erläutert diesbezüglich die Möglichkeiten und Grenzen der Neurobiologie:

Diese [neuropsychologischen] Methoden werden auch angewendet, um Gehirnaktivität bei meditierenden Mönchen, betenden Nonnen und allgemein bei Geisteszuständen von spiritueller oder religiöser Bedeutung zu untersuchen [...] Zunächst ist festzuhalten, dass die Neurobiologie noch weit davon entfernt ist, zu verstehen, welche Mechanismen in unserem Gehirn die Vorstellung Gottes verursachen [...]. Wir verstehen Vorgänge spiritueller Erfahrungen innerhalb des Gehirns weit weniger, als wir etwa die Verbreitung visueller Reize in der Sehbahn erklären können. Selbst wenn es gelänge, religiöse Erfahrungen vollständig mit neurophysiologischen Prozessen zu korrelieren, würde das nicht notwendigerweise bedeuten, dass Gott außerhalb von uns nicht existent ist. Er könnte sich ja dieser Mechanismen bedienen, um mit Menschen zu kommunizieren [...] Typischerweise enthalten sich neurowissenschaftliche Veröffentlichungen zur Religion auch jeglichen Urteils über den Wahrheitsgehalt der untersuchten Weltanschauungen [...]

Die Tatsache, dass wir menschliche Gottesvorstellungen naturwissenschaftlich erklären können, ist für die Frage, ob Gott existiert, also nicht relevant.

Jörg Mey, in: Georg Souvignier/Ulrich Lüke/Jürgen Schnakenberg/Hubert Meisinger (Hrsg.): Gottesbilder an der Grenze zwischen Naturwissenschaft und Theologie, Wissenschaftliche Buchgesellschaft: Darmstadt 2009, S. 163, 174.

Zusammenfassung: Gottesbeweise

Das Denken der frühen griechischen Philosophen hat sich zunehmend von den mythischen Welterklärungen abgelöst und sich auf dem Wege rationaler Denkgesetze der Frage nach dem Sein als solchem und dessen Urgrund zugewandt. Damit entstand eine von der religiösen Erfahrung unabhängige **Metaphysik**, die gleichwohl den Glauben an Götter nicht ausschloss und ihre Existenz im Allgemeinen unhinterfragt ließ.

- Im alten Israel gab es keine eigenständige Erkenntnistheorie. Auch das im Alten Testament verwurzelte Christentum stand der Metaphysik zunächst fern und stellte dem „Gott der Philosophen" die Botschaft von der „Torheit" des gekreuzigten Christus und seines Liebesgebotes entgegen.
  Durch die Begegnung mit anderen Kulturen nahm das Christentum jedoch nach und nach philosophisches Gedankengut in seine Lehren auf. **Der Glaube aber sollte der Erkenntnis vorausgehen**. Diese Vorstellung des Augustinus wirkte nach bis zum „ontologischen" Gottesbeweis des Anselm von Canterbury.
- In der Hochscholastik fand in den Gottesbeweisen des Thomas von Aquin das Bestreben seinen Ausdruck, den **Glauben mit den Mitteln der Vernunft zu begründen**.
- Demgegenüber zeigt Immanuel Kants Aufklärungsphilosophie die Grenzen des menschlichen Erkenntnisvermögens auf. Gott ist für ihn eine „regulative Idee": Das Dasein Gottes kann zwar nicht bewiesen werden, seine Annahme ist aber **im Sinne des Sittengesetzes** zu rechtfertigen.
- Søren Kierkegaard sieht in den Gottesbeweisen die **Paradoxie eines Verstandesunternehmens**.
- Für Blaise Pascal ist die Gottesfrage eine Sache der **Entscheidung** nicht nur des Intellekts, sondern vorrangig **des Herzens**.
- Auch Neurowissenschaftler finden selbst mithilfe modernster Forschungsmethoden und -geräte keine Antwort auf die Frage nach der Beweisbarkeit der Existenz Gottes.

3 Religionskritik

Mehr als jeder Versuch der Gottesbeweise wurde vor allem seit der Aufklärung und verstärkt im 19. Jahrhundert Religion überhaupt zum Gegenstand der Kritik unter gesellschaftlichen, sozialen, kulturellen und psychologischen Aspekten. Hatte sich die christliche Botschaft von der „Kosmostheologie der Griechen“[87] befreit, so der moderne Mensch von der „biblischen Anthropotheologie“[88], in der Mensch und Gott eine Partnerschaft bilden. Schließlich gipfelt die kritische Hinterfragung des religiösen Selbstverständnisses in Nietzsches Parabel vom „tollen Menschen“ mit dem Ausruf: „Gott ist tot!“

3.1 Ludwig Feuerbach

Ludwig Feuerbach (1804–1872) stellte sich mit seinem philosophischen Werk „Das Wesen des Christentums“ (1841) zwar in die Tradition der Vernunftkritik Kants, ging aber insofern über ihn hinaus als er sich dem Wesen der Religion und Theologie unter anthropologischen und psychologischen Aspekten anzunähern suchte. Zum vollständigen Menschen gehören für Feuerbach die Fähigkeiten, von denen auch sein Verhältnis zur Religion bestimmt ist: die Vernunft, der Wille, das Herz, d. h. das Liebes- und Gefühlsvermögen. Das religiöse Objekt – Gott – ist ein Produkt der geistig-sinnlichen Tätigkeit des Menschen, der im religiösen Prozess einen Teil seiner selbst veräußert und ihn zum Gegenstand seiner Anbetung und seines Gehorsams macht.

Die religiösen Vorstellungen sind für Feuerbach Bilder der Phantasie des Menschen, auf die er – je nach seinem geschichtlichen Umfeld – seine Wünsche überträgt: **Projektionen**, die in seinem Glückseligkeitstrieb gründen. Feuerbach kehrt den biblischen Schöpfungsbericht um: Nicht Gott schuf den Menschen nach seinem Bilde, sondern der Mensch schuf Gott nach seinem Bilde. Die Aussagen der Theologie über Gott, das Göttliche, das Heilige, religiöse Symbole und Handlungen sind in Wirklichkeit Aussagen über den Menschen. Der wahre Sinn der Theologie ist die **Anthropologie**.

So zeigt Feuerbach z. B., dass der symbolischen und religiösen Bedeutung des Wassers die ursprünglich praktische Bedeutung im realen Leben des Menschen zugrunde liegt. Damit will er keineswegs die Religion überhaupt abschaffen, wohl aber die Täuschung des Menschen über sie und sich selbst. Gegen den Vorwurf, er würdige Gott und Religion zum Nichts oder zur puren

87 Vgl. S. 51–54.
88 Anthropotheologie: von griech. *anthropos:* der Mensch; *Theologie:* die Lehre von Gott.

Illusion herab, wendet er ein, dass er vielmehr den Menschen durch seine besondere kreative Fähigkeit der Imagination und des Unendlichkeitsbewusstseins aufgewertet sehe. Denn diese verweise auf das Göttliche in ihm selbst.

- „Die Religion ist das Verhalten des Menschen zu sich selbst, oder richtiger: zu seinem Wesen, aber das Verhalten zu seinem Wesen als zu einem andern Wesen. Das göttliche Wesen ist nichts anderes als das menschliche Wesen [...]
- die religiösen Prädikate [sind] Anthropomorphismen, d.h. menschliche Vorstellungen [...]
- Gott ist das offenbare Innere, das ausgesprochene Selbst des Menschen; die Religion die feierliche Enthüllung der verborgenen Schätze des Menschen, das Eingeständnis seiner innersten Gedanken, das öffentliche Bekenntnis seiner Liebesgeheimnisse [...]
- Die Tempel zu Ehren der Religion sind in Wahrheit Tempel zu Ehren der Baukunst. [...]
- Die Religion ist der Traum des menschlichen Geistes. Aber auch im Traume befinden wir uns nicht im Nichts oder im Himmel, sondern auf der Erde – im Reiche der Wirklichkeit, nur dass wir die wirklichen Dinge nicht im Lichte der Wirklichkeit und Notwendigkeit, sondern im entzückenden Scheine der Imagination [...] erblicken.
- Religion ist das Bewusstsein des Unendlichen; sie ist also und kann nichts anderes sein, als das Bewusstsein des Menschen von seinem, und zwar nicht endlichen, beschränkten, sondern unendlichen Wesen.“[89]

Hatte Augustinus seine subjektive Gotteserfahrung als Weg der Selbsterkenntnis erlebt und schriftlich bekannt, so beschreibt Feuerbach das religiöse Erleben als allgemein anthropologisches aus der objektivierten Distanz des wissenschaftlichen Beobachters. Indem er Religion als „das kindliche Wesen der Menschheit“ auffasst, nimmt er Gedanken Freuds über die Religionsbildung in Analogie zur kindlichen Entwicklung vorweg. Bereits Feuerbach bekannte sich zum therapeutischen oder praktischen Zweck seiner Schrift mit der Absicht, „für die neue Zeit“ zu schreiben.

89 Ludwig Feuerbach: Vom Wesen des Christentums, Reclam: Stuttgart 1998, S. 53 f., 59, 64, 26, 38.

3.2 Karl Marx

Karl Marx (1818–1883) nimmt auf Feuerbach in seinen berühmten „11 Thesen über Feuerbach“ kritisch Bezug. In ihnen interpretiert er den Menschen nicht von seiner psychischen Natur her, sondern von den geschichtlich gegebenen gesellschaftlichen Verhältnissen. Diese überall dort zu verändern, wo der Mensch geknechtet, ausgebeutet und zum Mittel und zur Ware ver- und entwertet („entfremdet“) ist, setzt dem Denken eine neue Richtung, nämlich den **Primat der Praxis vor der Theorie**. So kritisiert Marx die traditionelle Metaphysik* und ihre Wahrheitsfindung:

> Die Frage, ob dem menschlichen Denken gegenständliche Wahrheit zukomme – ist keine Frage der Theorie, sondern eine *praktische* Frage. In der Praxis muss der Mensch die Wahrheit, i.e. Wirklichkeit und Macht, Diesseitigkeit seines Denkens beweisen.
>
> *Marx über Feuerbach, in: Texte zu Methode und Praxis II, Pariser Manuskripte 1844, hrsg. von Ernesto Grassi, S. 190.*

Im Sinne seiner **Kritik der sozial-ökonomischen Verhältnisse** ist auch Marx’ **Religionskritik** zu sehen, die er unter anderem in der 4. Feuerbach-These ausdrückt:

> Feuerbach geht von dem Faktum der religiösen Selbstentfremdung, der Verdoppelung der Welt in eine religiöse und eine weltliche aus. Seine Arbeit besteht darin, die religiöse Welt in ihre weltliche Grundlage aufzulösen. Aber dass die weltliche Grundlage sich von sich selbst abhebt und sich ein selbständiges Reich in den Wolken fixiert, ist nur aus der Selbstzerrissenheit und dem Selbstwidersprechen dieser weltlichen Grundlage zu erklären. Diese selbst muss also in sich selbst sowohl in ihrem Widerspruch verstanden, als praktisch revolutioniert werden.
>
> *Marx über Feuerbach, S. 191.*

In der 6. und 7. These hält Marx fest:

> Feuerbach löst das religiöse Wesen in das menschliche Wesen auf. Aber das menschliche Wesen ist kein dem einzelnen Individuum innewohnendes Abstraktum. In seiner Wirklichkeit ist es das ensemble der gesellschaftlichen Verhältnisse. (These 6)
>
> Feuerbach sieht daher nicht, dass das „religiöse Gemüt“ selbst ein gesellschaftliches Produkt ist. (These 7)
>
> *Marx über Feuerbach, S. 191.*

Kontrovers diskutiert wird, ob Marx in seiner 11. Feuerbach-These die Abschaffung der Philosophie intendiert bzw. postuliert: „Die Philosophen haben die Welt immer nur verschieden *interpretiert*, es kommt darauf an, sie zu *ver-*

ändern." Entsprechend wurde seine Aussage über die „Aufhebung" der Religion (als **„Opium des Volkes"**) nicht nur unterschiedlich verstanden, sondern auch als Grundlage zur Legitimation von Religionsverboten instrumentalisiert:

Das *religiöse* Elend ist in einem der Ausdruck des wirklichen Elendes und in einem *Protestation* gegen das wirkliche Elend. Die Religion ist ein Seufzer der bedrängten Kreatur, das Gemüt einer abherzlosen Welt wie sie der Geist geistloser Zustände ist. Sie ist das *Opium* des Volkes. Die Aufhebung der Religion als des *illusorischen* Glücks des Volkes ist die Forderung seines *wirklichen* Glücks. Die Forderung, die Illusion über seinen Zustand aufzugeben, ist die *Forderung, einen Zustand aufzugeben, der der Illusionen bedarf.* Die Kritik der Religion ist also im *Keim die Kritik des Jammertales,* dessen *Heiligenschein* die Religion ist. Die Kritik hat die imaginären Blumen an der Kette zerpflückt, nicht damit der Mensch die phantasielose, trostlose Kette trage, sondern damit er die Kette abwerfe und die lebendige Blume breche. Die Kritik der Religion enttäuscht den Menschen, damit er denke, handle, seine Wirklichkeit gestalte wie ein enttäuschter, zu Verstand gekommener Mensch, damit er sich um sich selbst und damit um seine wirkliche Sonne bewege.

Karl Marx: Zur Kritik der Hegelschen Rechtsphilosophie, Einleitung, in: ders., Friedrich Engels: Werke, Bd. 1, S. 378f.

Der Philosoph Karl Löwith fasst das geistige Verhältnis von Feuerbach und Marx zusammen:

Marx glaubte mit seinem Entwurf einer kommunistischen Weltgesellschaft den Atheismus als Negation Gottes hinter sich gebracht zu haben. Er übernahm von Feuerbach dessen Religionskritik als ein fertiges Resultat, denn der wissenschaftliche Sozialismus bedürfe nicht mehr einer Vermittlung der Position des Menschen durch die Negation Gottes [...] Der Erlösungsglaube der christlichen Religion ist selbst nur der Ausdruck einer verkehrten Welt und, wie jede religiöse Ideologie, geschichtlich aus seinen materiellen Voraussetzungen zu erklären. An die Stelle der Kritik der Religion tritt daher für Marx die Kritik der politischen Ökonomie, d.i. der wirklichen Produktionsverhältnisse, die bisher Religion ermöglicht und benötigt haben.

Karl Löwith: Gott, Mensch und Welt in der Metaphysik von Descartes bis Nietzsche, S. 150.

3.3 Friedrich Nietzsche

Friedrich Nietzsche (1844–1900) drückte mit seiner Gleichnisrede „Der tolle Mensch" in seiner Schrift „Die fröhliche Wissenschaft" die Erfahrung des Gottesverlustes der heutigen Menschen aus, unter der er selbst – wenn auch als einer der schärfsten Kritiker des Christentums in der Moderne – nachweisbar bis zu seinem geistigen Zusammenbruch (1889) litt.

Der tolle Mensch. Habt ihr nicht von jenem tollen Menschen gehört, der am hellen Vormittage eine Laterne anzündete, auf den Markt lief und unaufhörlich schrie: „Ich suche Gott! Ich suche Gott!" – Da dort gerade viele von denen zusammen standen, welche nicht an Gott glaubten, so erregte er ein großes Gelächter. Ist er denn verloren gegangen? sagte der eine. Hat er sich verlaufen wie ein Kind? sagte der andere. Oder hält er sich versteckt? Fürchtet er sich vor uns? Ist er zu Schiff gegangen? Ausgewandert? – so schrien und lachten sie durcheinander. Der tolle Mensch sprang mitten unter sie und durchbohrte sie mit seinen Blicken. „Wohin ist Gott? rief er, ich will es euch sagen! Wir haben ihn getötet, – ihr und ich! Wir alle sind seine Mörder! [...]

Man erzählt noch, dass der tolle Mensch des selbigen Tages in verschiedene Kirchen eingedrungen sei und darin sein Requiem aeternam deo angestimmt habe. Hinausgeführt und zur Rede gesetzt, habe er immer nur dies entgegnet: „Was sind denn diese Kirchen noch, wenn sie nicht die Grüfte und Grabmäler Gottes sind?"

Friedrich Nietzsche: Die fröhliche Wissenschaft, in: Kritische Studienausgabe, Bd. 3, S. 480 f.

Nietzsche sieht in unserem jahrtausendealten Erbe der Vernunft, das in unserer Zeit mit den Errungenschaften wissenschaftlicher und technischer Erkenntnisse als Triumph des Fortschritts gefeiert wird, zugleich den mitgewachsenen und gefährlichen drohenden Wahnsinn: „Nicht nur die Vernunft von Jahrtausenden – auch ihr Wahnsinn bricht an uns aus. Gefährlich ist es, Erbe zu sein."[90]

Diese Entwicklung ging mit der Zerstörung unseres Glaubens an Gott einher und damit auch der überkommenen religiösen und ethischen Werte, die unserem Leben Orientierung gaben. Nicht dass das Dasein Gottes unbeweisbar und ein unergründliches Geheimnis ist und bleibt, macht heute die existenzielle Betroffenheit des Menschen aus, sondern der Verlust dieses Geheimnisses selbst. Der Schmerz darüber vertieft sich durch die Einsicht, dass wir selbst es sind, die Gott getötet haben, dass wir selbst also seine Mörder sind. Uns bleiben Finsternis, Kälte und Orientierungslosigkeit, bildlich gesprochen: der Mensch hat seine Sonne verloren, das Zentrum seines Lichtes und seiner Wärme, aus dem heraus er selbst leuchtete. Was folgt daraus für den Menschen? Zu seiner Genesung müsste er fortan das Verlorene aus seiner eigenen Kraft erschaffen, er müsste sein Menschsein, das bis jetzt mehr Tiersein als Menschsein ist, überwinden, d. h. er müsste „Übermensch" werden. Der Weg dahin geht wie über ein über den Abgrund gespanntes Seil. Er erfordert ein unabdingbares Ja des Menschen zum Leben. Das schließt das Annehmen – und nicht Verdrängen – von Geburtswehen, Schmerz und Tod ein, aber ohne jene Unsterblichkeits-

90 Friedrich Nietzsche: Also sprach Zarathustra I, 22, in: Kritische Studienausgabe, hrsg. von Giorgio Colli und Mazzino Montinari, dtv: München ^{3}1993, Bd. 4, S. 100.

hoffnungen, aus denen der Mensch sich seinen Glauben an Götter, den täuschenden Schein des Olymps, erschuf. Sie nämlich – wie alles was er zu Göttern erhebt mitsamt seinem Glauben an den neuen Gott „Fortschritt" – sind eigentlich das Zeugnis seiner schwärzesten Melancholie, seines Nihilismus, der daraus entstand, dass er dem Leben selbst keinen Sinn zu geben vermochte.

3.4 Sigmund Freud

Sigmund Freud (1856–1939) geht der Entstehung religiöser Vorstellungen aus dem Blickwinkel der Psychologie nach. Religiöse Vorstellungen sind für ihn „das vielleicht bedeutsamste Stück des psychischen Inventars einer Kultur [...] Es sind ihre im weitesten Sinn religiösen Vorstellungen, mit anderen, später zu rechtfertigenden Worten, ihre Illusionen."[91] Als Hauptaufgabe der Kultur sieht Freud an, uns – um den Preis des Triebverzichts – gegen die Natur zu verteidigen. Die Kultur tut dies dadurch, dass sie religiöse Vorstellungen, Götter und damit auch deren sittliche Gebote erschafft. Die Ansicht, dass wir Menschen selbst uns unsere Götter erschaffen haben, teilt Freud mit seinen religionskritischen Vorgängern, denen in der Antike bereits Herodot mit seinem Hinweis auf Hesiod in seiner „Theogonie" und Epikur in seiner Götterlehre vorangegangen war. Darüber hinaus aber erklärt Freud die Religionsbildung als **Reaktion auf die Hilf- und Ratlosigkeit des Menschen** in Bezug auf seine Ängste angesichts seiner **Ausgeliefertheit an die Naturmächte**, sein Lebensschicksal, seine eigene Psyche. Aus dem Blickwinkel der psychischen Entstehung der religiösen Vorstellungen zieht er Verbindungen zwischen dem Seelenleben des kleinen Kindes und der „Kindheit" des Menschengeschlechts.

Sigmund Freud

[Die religiösen Vorstellungen,] die sich als Lehrsätze ausgeben, sind nicht Niederschläge der Erfahrung oder Endresultate des Denkens, es sind Illusionen, Erfüllungen der ältesten, stärksten, dringendsten Wünsche der Menschheit; das Geheimnis ihrer Stärke ist die Stärke dieser Wünsche. Wir wissen schon, der schreckende Eindruck der kindlichen Hilflosigkeit hat das Bedürfnis nach

91 Sigmund Freud: Die Zukunft einer Illusion, in: Massenpsychologie und Ich-Analyse. Die Zukunft einer Illusion, Fischer Taschenbuch Verlag: Frankfurt ^{4}1999, S. 118.

Schutz – Schutz durch Liebe – erweckt, dem der Vater abgeholfen hat, die Erkenntnis von der Fortdauer der Hilflosigkeit durchs ganze Leben hat das Festhalten an der Existenz eines – aber nun mächtigeren – Vaters verursacht. Durch das gütige Walten der göttlichen Vorsehung wird die Angst vor den Gefahren des Lebens beschwichtigt, die Einsetzung einer sittlichen Weltordnung versichert die Erfüllung der Gerechtigkeitsforderung, die innerhalb der menschlichen Kultur so oft unerfüllt geblieben ist, die Verlängerung der irdischen Existenz durch ein zukünftiges Leben stellt den örtlichen und zeitlichen Rahmen bei, in dem sich die Wunscherfüllungen vollziehen sollen. Antworten auf Rätselfragen der menschlichen Wissbegierde, wie nach der Entstehung der Welt und der Beziehung zwischen Körperlichem und Seelischem, werden unter den Voraussetzungen dieses Systems entwickelt; es bedeutet eine großartige Erleichterung für die Einzelpsyche, wenn die nie ganz überwundenen Konflikte der Kinderzeit aus dem Vaterkomplex ihr abgenommen und einer von allen angenommenen Lösung zugeführt werden.

Sigmund Freud: Die Zukunft einer Illusion, in: Massenpsychologie und Ich-Analyse. Die Zukunft einer Illusion, S. 133.

Aufgrund seiner psychologischen Beobachtungen drängt sich Freud die optimistische Annahme auf, dass die Menschheit diese neurotische Phase überwinden wird, wie auch Kinder ähnliche Neurosen ablegen. Diese Hoffnung könne sich zwar als eine Illusion herausstellen, sei aber im Unterschied zu einer religiösen Vorstellung korrigierbar.

Nach Freuds Auffassung liegt die Herrschaft der Vernunft gewiss in weiter, aber vielleicht doch nicht in unendlicher Ferne. Und da sich die Vernunft voraussichtlich dieselben Ziele setzen wird wie ein religiöser Glaube sie mit Gottes Hilfe erwartet – Menschenliebe und die Einschränkung des Leidens – hält Freud sich zu der Aussage berechtigt, dass die Gegnerschaft zwischen Vernunft und Religion nur eine einstweilige, aber keine unversöhnliche ist.

Zusammenfassung: Religionskritik

Der Religionskritik (vor allem des 19. Jahrhunderts) geht es um die Erklärung, Begründung und Rechtfertigung von Religion überhaupt.

- Für Ludwig Feuerbach ist Theologie **Anthropologie**, religiöse Prädikate sind menschliche Vorstellungen (Anthropomorphismen).
- Für Karl Marx ist Religion „Opium des Volkes", d. h. die **Vertröstung auf ein besseres Jenseits**, zugleich aber auch Ausdruck des Protestes gegen das Elend der Welt. Kritik der Religion ist Kritik der menschenunwürdigen gesellschaftlichen Verhältnisse.
- Friedrich Nietzsche stellt in seiner Parabel vom „tollen Menschen" den „Tod Gottes" als Tat des modernen Menschen dar. Um seine daraus folgende Orientierungslosigkeit und Melancholie zu überwinden, müsste der Mensch das Leben selbst – einschließlich Schmerz und Tod – bejahen. Er müsste sein Menschsein, das bis jetzt mehr Tiersein als Menschsein ist, überwinden, d. h. er müsste „**Übermensch**" werden.
- Für Sigmund Freud sind religiöse Vorstellungen Schöpfungen der Kultur: **Illusionen**. Er zieht Verbindungen zwischen dem Seelenleben des Kindes und der „Kindheit" der Menschheit: Angesichts der Belastungen der realen Welt projiziert der Mensch seine Sehnsucht nach elterlichem Schutz in einen überhöhten Vater-Gott. Freud hofft auf die Versöhnung zwischen Religion und Vernunft.

Trotz dieser unterschiedlichen Gesichtspunkte ist den Kritikern das Bestreben gemeinsam, die Entstehung religiöser Vorstellungen und die Ursachen und Folgen ihres Missbrauchs zu verstehen und Wege aufzuzeigen, wie der Mensch seinem Leben auch ohne Religion einen Sinn geben kann.

Religion als politische, soziale und kulturelle Macht

„Die Religion ist im Grunde genommen moralisch und ethisch neutral. Wenn ich sage: ‚Sie sind ein religiöser Mensch', dann ist das weder Lob noch Tadel. Religion ist etwas wie ein Messer, das auf dem Tisch liegt. Ich kann das Messer nehmen und damit ein Brot schmieren, dann ist es gut. Aber ich kann das Messer auch in die Hand nehmen und es jemandem in den Bauch rammen, dann ist es schlecht."[92]

1 Macht und Gewalt, Stärke und Autorität

Zur Unterscheidung von Macht, Autorität und Gewalt hat die jüdische Philosophin Hannah Arendt (1906–1975) wesentliche Aspekte formuliert, unter denen auch das Selbstverständnis sowie der Legitimations- und der Geltungsanspruch von Religionen innerhalb der Grenzen ihrer Gemeinschaften und über diese hinaus kritisch untersucht werden können:

Macht entspricht der menschlichen Fähigkeit, nicht nur zu handeln oder etwas zu tun, sondern sich mit anderen zusammenzuschließen und im Einvernehmen mit ihnen zu handeln. Über Macht verfügt niemals ein Einzelner; sie ist im Besitz einer Gruppe und bleibt nur so lange existent, als die Gruppe zusammenhält. Wenn wir von jemandem sagen, er „habe die Macht", heißt das in Wirklichkeit, dass er von einer bestimmten Anzahl von Menschen ermächtigt ist, in ihrem Namen zu handeln. In dem Augenblick, in dem die Gruppe, die den Machthaber ermächtigte und ihm die Macht verlieh [...], auseinander geht, vergeht auch „seine Macht". [...]

Autorität [...] kann sowohl eine Eigenschaft einzelner Personen sein – es gibt persönliche Autorität, z. B. in der Beziehung von Eltern und Kindern, von Lehrer und Schülern – als [auch] einem Amt angehören, wie etwa dem Senat in Rom [...] oder den Ämtern der katholischen Hierarchie [...]. Ihr Kennzeichen ist die fraglose Anerkennung seitens derer, denen Gehorsam abverlangt wird; sie bedarf weder des Zwangs noch der Überredung.

Hannah Arendt: Macht und Gewalt, S. 45 f.

92 Desmond Tutu, Südafrikanischer Alt-Erzbischof und Friedensnobelpreisträger in der achten Weltethos-Rede am 15. Juni 2009 in Tübingen, © Stiftung Weltethos Tübingen, www.weltethos.org

Gewalt ist durch ihren instrumentellen Charakter gekennzeichnet. Sie setzt **Mittel** als Werkzeuge der Macht ein.

Es hat nie einen Staat gegeben, der sich ausschließlich auf Gewaltmittel hätte stützen können. Selbst die totale Herrschaft, deren wesentliche Herrschaftsmittel Konzentrationslager, Polizeiterror und Folter sind, bedarf der Machtbasis, die in diesem Fall von der Geheimpolizei und einem Netz von Spitzeln gestellt wird.

Hannah Arendt: Macht und Gewalt, S. 45f.

2 „Göttliche Macht"

Begriffliche Unterscheidungen wie die von Hannah Arendt genannten können zwar historischen, soziologischen oder psychologischen Analysen in Bezug auf ihre methodische Klarheit dienen, sie sind aber nur selten als solche in der Wirklichkeit anzutreffen. Das gilt auch für den großen Komplex der Religionen, die sich zunächst auf eine übermenschliche bzw. überragend menschliche Autorität gründen (Schrift, Offenbarung*, Leitfiguren), welche auf deren Vertreter (in besonderen Ämtern, z. B. der Verwaltung von Heilig- und Schrifttum) übertragen wird. Ihnen kann die Religionsgemeinschaft Macht zuerkennen, in deren Namen sie selbst oft ihre Herrschaft über die Grenzen ihrer Anhängerschaft hinaus demonstriert bzw. mit Überzeugung oder Gewalt erweitert.

Johann Brand: Paulus, Mosaik

Das Oberhaupt der **römisch-katholischen Kirche** legitimiert seine auf die direkte Abfolge von Petrus zurückgeführte (unfehlbare) zentrale Amtsautorität durch einen exegetisch umstrittenen Bericht des Matthäus-Evangeliums (Mt 16,18–20). Danach hat Jesus, dem seinerseits als Verkündiger des Gottesreiches von seinen Nachfolgern Herrschaftstitel zuerkannt wurden, seinem Jünger Simon den Namen Petrus (gr.: „der Fels") und die „Schlüssel des Himmels" verliehen. Dem drohenden Machtverlust durch die Nichtanerkennung dieses Autoritätsanspruchs suchte die römisch-katholische Kirche im Laufe ihrer Geschichte immer wieder durch Gewaltmaßnahmen entgegenzuwirken.

Im **alten Ägypten** galt jeder König als Verkörperung des Gottes Horus oder als Sohn des Sonnengottes Re und zugleich als Statthalter, der von Gott auf Erden zur Rechtsprechung und zum Opfern für die Götter eingesetzt ist. Meist aber wurde der Herrscher nicht selbst als Gott gedacht, sondern als Träger göttlicher Kräfte, die in bestimmten **Symbolen** gegenwärtig waren, z. B. in Keulen und Kronen. So war in der Antike der Nimbus, d. h. der Strahlen- bzw. Lichtkranz um das Haupt einer Gottheit oder eines ihr nahestehenden Menschen, ein Zeichen seines überirdischen Glanzes: Sonnenkönige, Könige Altpersiens und römische Kaiser wurden mit ihm dargestellt. In die christliche Kunst ging er als Heiligenschein ein, um die Herrlichkeit Gottes, Christi (verbunden mit dem Kreuz) und der Heiligen hervorzuheben. Dieses Beispiel der Ikonografie* ist nur *ein* Hinweis für die Inanspruchnahme von Symbolen der Verbindung religiöser und weltlicher Macht im geschichtlichen Wandel ihrer Besitzer.

3 Macht und Gewalt im Selbstverständnis von Religionen

3.1 Der „heilige" und „gerechte Krieg"

„Machtwechsel" zwischen Religionen vollzogen sich zumeist nicht auf friedliche Weise, sondern durch Kriege, die mit Berufung auf die Verteidigung und Verbreitung von Glaubensvorstellungen als „heilige" oder „gerechte" legitimiert wurden und als solche zur Festigung bzw. Erweiterung der Herrschaftsgebiete ihrer Anhänger und deren Machthaber dienten.

Der „heilige Krieg" im antiken Judentum

Der „heilige Krieg", der kultischen Formen unterliegt, war im Alten Orient weit verbreitet. Auch nach der Vorstellung des alten Israel hatte der Krieg eine religiöse Bedeutung. Er wird von Jahwe* selbst entschieden, dessen Einflussgebiet bei einem Sieg erweitert wird. Bereits in seiner vorstaatlichen Zeit befand sich Israel permanent mit den kanaanäischen Stadtstaaten in militärischen Auseinandersetzungen, die als Kriege Jahwes* aufgefasst wurden, sofern er sie entschied – womit auch über Israels Existenz entschieden wurde. Durch kultische Akte wurden sie institutionalisiert: Heeresversammlung im Lager, rituelle Reinigung und geschlechtliche Askese, Bußriten und Opfer, Jahwes* Befragung vor dem Beginn des Kampfes, seine Verkündigung des Sieges durch einen Propheten, Eröffnung der Schlacht durch Kriegsgeschrei, Verwirrung der Feinde durch Gottesschrecken und Tötung alles Lebenden durch kultischen Bann. In diesem Zusammenhang hatte auch die Bundeslade* ihre religiös-kriegerische Bedeutung:

> In der Philisterzeit wurde nach der Samueltradition das tragbare Feldheiligtum: die „Lade Jahwes" in das Heereslager gebracht und nach einem in der Priestertradition erhaltenen Spruch der Gott rituell ersucht: sich, sei es aus ihr als seinem Behältnis, sei es von ihr als seinem Thronsitz, zu erheben und dem Heer voranzuziehen, nach dem Kampf ebenso: wieder Platz zu nehmen [...]. Durch Verfluchung der Feinde, Orakel und Gelübde vor der Schlacht, Segenszauber während der Schlacht wurde gesucht, Jahwes Eingreifen zu sichern.
>
> *Max Weber: Gesammelte Aufsätze zur Religionssoziologie, Bd. 3, S. 99.*

Max Weber (1864–1920) verweist auf die Bedeutung des „heiligen Krieges", in dem sich die Vorstellung von der **israelitischen Eidgenossenschaft** manifestiert. Der Bund mit Jahwe* sei für Israels Selbstbeurteilung innerhalb seiner Gesamtstellung unter den damaligen Völkern eine grundlegende Konzeption gewesen. „Die Bedeutung des ‚Bundes'-Begriffes für Israel an sich hat ihren Grund darin, dass die alte Sozialverfassung Israels zum sehr wesentlichen Teil auf einer durch Kontrakt regulierten Dauerbeziehung grundbesitzender Kriegssippen mit Gaststämmen als rechtlich geschützten Metöken: Wanderhirten und Gasthandwerkern, Kaufleuten und Priestern, beruhte. Ein ganzes Gewirr solcher Verbrüderungen [...] beherrschte die soziale und ökonomische Gliederung."[93]

Der „heilige Krieg" im Christentum

Die im Namen des Christentums geführten **Kreuzzüge** wurden religiös begründet mit der Befreiung des „Heiligen Landes", zumal Jerusalems, von der muslimischen Vorherrschaft, die als Bedrohung für die „Heiligen Stätten", die Pilger, die gesamte Christenheit angesehen wurde. Doch hatten die „Kreuzzüge" vor allem auch strategische, wirtschaftliche und soziale Gründe und werden als Erweiterung und Sicherung kirchlicher Macht, Besitztümer und Territorien gewertet. Die „mit einem Kreuz Versehenen" („Kreuzritter") verpflichteten sich durch **Gelübde** zur Teilnahme an diesen militärischen Aktio-

93 Max Weber: Gesammelte Aufsätze zur Religionssoziologie, Bd. 3, Das antike Judentum, J.C.B. Mohr (Paul Siebeck): Tübingen 1966, S. 87.

nen. Im Gegenzug wurden ihnen der Schutz ihres Besitzes während ihrer Abwesenheit und der Erlass zeitlicher Strafen für ihre Sünden zugesichert (Ablässe), bei Nichteinhaltung des Gelübdes drohte ihnen die Exkommunikation. Die „Kreuzzüge", zu denen erstmals 1095 Papst Urban II. aufrief, dauerten bis zum Ende des 13. Jahrhunderts. In ihrer Folge wurden „Kreuzfahrerstaaten" gegründet, und es kam zu blutigen Ausschreitungen gegen Juden.

Das Verständnis vom **„gerechten Krieg"**, wie es sich im Lauf der Kirchengeschichte konkret manifestierte, geht auf die Theorie und Praxis des „iustum bellum" (gerechter Krieg) im Römischen Reich zurück und entspricht mehr den im Alten Testament* beschriebenen Vorstellungen von Kriegsführung als den Friedenspostulaten im Neuen Testament*. Für viele Christen steht es im Widerspruch zu Jesu Gebot der Nächsten- und Feindesliebe.

Der „heilige Krieg" im Islam

Der Islam bildete seine **klassische Theorie des „heiligen Krieges"** (Dschihad[94]) im Zusammenhang mit der Ausweitung und Verteidigung seiner Gebiete heraus. Unter Berufung darauf, dass nicht alle gleich sind (Sure 3,109), d.h., dass nicht alle Gläubige des Islam sind und sich zur Befolgung seines Gesetzes bekennen, wird die Welt nach Gebieten des Islam und nach Gebieten der Nicht-Muslime, der Feinde, d.h. des Krieges, aufgeteilt.

Dahinter steht der Universalanspruch, der sich aus dem Koran* (Sure 3, 106. 110) begründet: „Ihr seid die beste Gemeinde, die für die Menschen entstand. Ihr heißet, was Rechtens ist, und ihr verbietet das Unrechte und glaubet an Allah." Diejenigen, die sich nicht zum Islam bekennen bzw. bekehren, werden „mit Schmach geschlagen, wo immer sie getroffen werden" (Sure 3,108). Diejenigen aber, die zur Verteidigung und Verbreitung des Islam – die Krieg Führenden müssen männliche Erwachsene sein – ihr Leben opfern, gelten als Märtyrer, denen das Paradies in Aussicht gestellt wird. Diese Bestimmungen gehen auf die Periode zurück, in der Mohammed und seine Anhänger von seinen Widersachern in Mekka verfolgt und von den Heiligtümern ausgesperrt waren (zwischen 622 und 632).

Aber auch **Toleranz** lässt sich aus dem Koran* begründen: „Es gibt keinen Zwang in der Religion." (Sure 2, 256) Und: „Ihr habt eure Religion, ich habe eine Religion." (Sure 109)

Ob ein Gebiet als islamisches oder feindliches gilt, hängt auch nach der Theorie des „heiligen Krieges" davon ab, inwieweit den dort lebenden Muslimen Sicherheit und die Erfüllung ihrer religiösen Pflichten gewährleistet ist.

94 *Dschihad:* arabisch „Anstrengung" (gegen seine Leidenschaften).

Die Verteidigung ihres Glaubens wird als Pflicht der gesamten islamischen Gemeinschaft angesehen, nicht aber der einzelnen Gläubigen zu kriegerischen Auseinandersetzungen und im Sinne einer ständigen Mobilmachung. Auch wenn der „heilige Krieg“ ein Dauerzustand ist, solange das Endziel, der völlige Sieg über die Ungläubigen, nicht erreicht ist, so bedeutet er doch **nicht ständig aktiven Kampf**. Die Kriegserklärung und -führung bleibt – nach vorheriger Aufforderung an die Ungläubigen zur Bekehrung – der islamischen Obrigkeit vorbehalten.

Das **Schicksal des Zoroastrismus** ist nur eines von vielen Beispielen einer Herrschaftsreligion, die als jahrhundertelanger Träger sozialer und politischer Macht durch „heilige Kriege“ einer anderen expandierenden Religion verdrängt wurde. Seit der Ermordung ihres Königs 651 n. Chr. waren die Zoroastrier aufgrund der permanent erstrebten Eroberung ihres Reiches durch die Muslime deren zunehmender Unterdrückung ausgesetzt, wenngleich der Avesta („die Aufforderung des Zarathustra“) als „heiliges Buch“ und damit der Zoroastrismus als Religion eines heiligen Textes anerkannt wurde. In den von ihnen beherrschten Gebieten nämlich gewährten die Muslime den „Schriftbesitzern“, d. h. den Gemeinschaften der monotheistischen jüdischen und christlichen Offenbarungsreligionen, den Sonderstatus der Toleranz, indem sie sie zu ihren (abgabepflichtigen) „Schutzbefohlenen“ erklärten, die nicht zur Bekehrung gezwungen werden sollten.

Wege zur Verständigung durch Dialog

Die Theorie des „heiligen Krieges“ musste im Laufe der Geschichte des Islam vor allem im Zusammenhang seiner Niederlagen immer wieder umgedeutet werden, wobei als **Normalzustand der Beziehungen unter den Staaten eher der des Friedens** angesehen wurde. Auch andere Formen des Einsatzes zur Festigung der islamischen Gemeinschaft und der Durchsetzung und Erhaltung ihrer Werte und Pflichten wurden, zumal von modernen Theologen und Lehrern, anerkannt: das tägliche Bemühen um den aufrichtigen Glauben, weniger missionarische, mehr aber soziale Dienste.

Während der Zeit seiner raschen Verbreitung hatte sich der Islam auch mit den geistigen Gehalten der Religionen seiner eroberten Gebiete auseinanderzusetzen und wurde – trotz aller Abgrenzung – von ihnen beeinflusst. Zur **gegenseitigen Befruchtung** zwischen islamischer und abendländischer Philosophie kam es vor allem in der Zeit vom 9. bis 15. Jahrhundert, als muslimische Gelehrte auf dem Gebiet der Theologie, Jurisprudenz, Naturwissenschaft und Philosophie eine reiche Fülle von Werken hervorbrachten.

Für die Philosophen al Kindî (um 850) und al Fârâbî (gest. 950) wurde Aristoteles Grundlage ihrer Metaphysik. Umgekehrt hatte der muslimische Theologe, Philosoph, Mediziner und Staatsmann Ibn Sînâ (im Westen Avicenna genannt, 980–1037) als Übermittler der aristotelischen Lehre erheblichen Einfluss auf das spätmittelalterliche Geistesleben, etwa auf den Philosophen und Theologen Thomas von Aquin (1225–1274).

Gegenwärtig, in Nachwirkung der Ereignisse vom 11. September 2009, beschränkt sich die Auseinandersetzung der sogenannten westlichen Welt mit dem Islam – zumindest im öffentlichen Diskurs – vor allem auf die Themen Fundamentalismus und Terrorismus. Die sehr verschiedenen islamischen Religionsgruppierungen und Staaten werden in diesem Zusammenhang oft zu Unrecht unter den Generalverdacht der terroristischen Bedrohung gestellt und die Unterschiede zwischen ihnen zu wenig verdeutlicht.

Im Brennpunkt steht dabei nach wie vor der seit Jahrzehnten andauernde Konflikt zwischen Israelis und Palästinensern. Auch hier überdecken die Nachrichten von militärischen Übergriffen, (Selbst-)Mordattentaten und ergebnislosen Verhandlungsgesprächen oft die Wahrnehmung der zahlreichen Friedensbemühungen verschiedenster Organisationen und Institutionen. Im Folgenden soll ein Projekt vorgestellt werden, das für das unermüdliche Bemühen um Verständigung zwischen Israelis und Palästinensern beispielhaft ist.

„**Learning each other's historical narrative**" lautet der Titel des Schulbuchs für die Oberstufe, das der Palästinenser Sami Adwan, Professor für Erziehungswissenschaften an der Universität Bethlehem, und der Israeli Dan Bar-On, Professor für Psychologie an der Ben-Gurion Universität in Beer-Sheva (gest. 2008), zusammen mit israelischen und palästinensischen Lehrern erarbeitet haben.

Dan Bar-Ons Anliegen war die „Abrüstung der Geschichte". Unter diesem Leitgedanken hatte er bereits Kinder von Holocaust-Opfern mit denen von Nazitätern zu Gesprächen zusammengeführt und an Modellen zur Verständigung gearbeitet. „Storytelling" ist dabei eine Methode zur Annäherung der Konfliktparteien, womöglich mit dem Ziel der **Versöhnung**.

„Doch Versöhnung ist grundsätzlich ein emotional gefärbtes, religiöses Konzept. [...] Es scheint notwendig, den religiösen, teils idealisierten Diskurs auf eine nüchternere Ebene zu bringen, indem man seine Beschränkungen diskutiert und einige empirische Kriterien vorschlägt, um seine Durchführbarkeit zu testen. Versöhnung ist grundsätzlich ein christliches Konzept, das schon sehr früh in den grundlegenden religiösen Diskurs integriert worden ist (Rittner & Roth, 2000). Judentum und Islam haben unterschiedliche religiöse Auffassungen von Versöhnung. Nach dem Judentum können nur die Täter selbst auf ihre Opfer zugehen, offiziell die Verantwortung für ihre grausamen Taten übernehmen und um Entschuldigung und Vergebung bitten. Wenn das Opfer diese Bitte akzeptiert hat, kann Versöhnung eintreten. Niemand kann dem Täter das abnehmen. [...]

Die islamischen Traditionen und Bräuche sind näher an der jüdischen Tradition. Es ist deshalb kein Zufall, dass der südafrikanische Prozess der Wahrheitskommission zwischen zwei Parteien stattfand, die derselben Kirche angehören, und dass die afrikanische Idee von Umbutu nicht wirklich vom christlichen Konzept abwich. Symbolischerweise war Desmond Tutu zum Vorsitzenden der Kommission ernannt worden, und einige ihrer Sitzungen fanden in Kirchen statt (Boraine & Levy, 1995).

Der Begriff „Versöhnung" muss heute aufs Neue verifiziert und präzisiert werden. Um sich von einem ein wenig theoretischen und quasi-religiösen zu einem pragmatischeren und überprüfbareren Diskurs zu bewegen, sollten empirische Kategorien in Versuchen und im wirklichen Leben entwickelt und getestet werden. Ich würde mit verwandten Begriffen wie „Dialog" und „Durcharbeiten" beginnen, die bereits in der kommunikationswissenschaftlichen und psychologischen Literatur überprüft werden."

Dan Bar-On: Die Last des Schweigens. Gespräche mit Kindern von NS-Tätern, Edition Körber-Stiftung: Hamburg[2] 2004, S. 327 f.

Das Buch „Learning each other's historical narrative" hat zwei Lesarten der Geschichte des Nahost-Konfliktes, jeweils aus palästinensischer und israelischer Sicht erzählt. Sie stehen nebeneinander in zwei Spalten, eine dritte zwischen beiden ist für Schüler zum Beschreiben ihrer eigenen Sicht freigehalten. Im jahrelangen Prozess dieser Annäherung durch Erzählen und Zuhören war es weniger schwierig, sich auf die Fakten der Geschichte als deren Deutung durch die Gegenseite zu einigen. „Was für die einen Terroristen waren, waren für die anderen Helden [...]. Es gibt keine Anerkennung für die Leiden der anderen. Keine Anerkennung ihrer Rechte, ihrer Geschichte, ihrer Kultur. Der Holocaust taucht in den palästinensischen Büchern kaum auf, das Trauma der Vertreibung der Palästinenser wird auf israelischer Seite ignoriert. In den Karten sind die Städte und Dörfer der anderen nicht zu finden", sagt Sami Adwan. Er war unter israelischer Besatzung im Westjordanland mit dem „Feindbild Israel" aufgewachsen, das er durch seine Inhaftierung in einem israelischen Gefängnis bestätigt sah, bis er dort erfuhr, dass sich ein Jude für seine Rechte einsetzte.

Das Schulbuch erschien zuerst auf Arabisch und Hebräisch, später auf Englisch, Italienisch, Französisch, Deutsch, Spanisch, Katalanisch und wird lokal und international an Schulen und Universitäten im Rahmen der Friedenserziehung und -forschung eingesetzt. „Was in der Schule unterrichtet wird, kann einen Konflikt befeuern oder etwas zu seiner Lösung beitragen." (Sami Adwan). Die mit der Herausgabe des dreibändigen Schulbuches verbundenen Ziele sind der Einführung zu Band 1 zu entnehmen, aus der hier zitiert wird:

Schoolchildren studying history in times of war or conflict learn only one side of the story – their own – which is, of course, considered to be the ‚right' one. Teaching is often doctrinaire, its purpose to justify one side while presenting a negative portrait of the other. One side's hero is the other side's monster. [...] In a certain respect, teachers become the nation's culturals emissaries and are expected to emphasize the goodness of their own side versus the evil of the other. We believe that teachers can be trained to be emissaries for peace-building, to teach both sides' narratives and to allow their pupils to question what they learn regarding *both* narratives. [...] At PRIME we appreciate the importance of education and school textbooks in peace-building, and we are well aware that the situation between Palestinians and Israelis these days is not a peaceful one. Therefore, developing a booklet that includes the Palestinian and Israeli narratives of three important historical events – the Balfour Declaration, the 1948 war and the 1987 Palestinian Intifada – has not been an easy task. [...] Our purpose was not to criticize or to change the narratives, nor is it realistic at this stage to develop a single, joint narrative.
This booklet gives both teachers and pupils the opportunity to learn the other's narratives. [...] We regard history as an attempt to build a better future by ‚looking under every rock' rather than throwing them at each other. We hope you – teachers and pupils – will share our vision and join us in undertaking the challenge.

Sami Adwan / Dan Bar-On (Hrsg.): Learning Each Other's Historical Narrative: Palestinians and Israelis, Bd. 1, Introduction. PRIME, Beit Jallah, 2003.

Titelbild des Schulbuches „Learning Each Other's Historical Narrative"

3.2 Das Verhältnis des Christentums zu weltlicher Macht und Gewalt

Jesu Ablehnung des weltlichen Machtanspruchs

Das Verhältnis von kirchlicher und weltlicher Macht ist bis heute Anlass zur Auseinandersetzung. Bereits Jesus war von den Pharisäern wegen der Steuer für den römischen Kaiser auf die Probe gestellt worden (Mt 22,15–20). Seine Antwort: „Gebet dem Kaiser, was des Kaisers ist, und Gott, was Gottes ist" wurde immer wieder im jeweiligen Interesse derer interpretiert, die ihren Machtanspruch aus ihr zu rechtfertigen suchten. Schon aufgrund ihres Sendungsauftrags, *in,* aber nicht *von* der Welt zu sein – d. h. sich der Welt mit dem Evangelium* zuzuwenden, sich aber nicht von ihr vereinnahmen zu lassen – standen Christen in der existenziellen **Spannung zwischen Ohnmacht und Macht**, als Verfolgte und als Verfolger.

Der Etablierung des Christentums zur Staatskirche ging die unlösbare Verbundenheit von Staat und Religion in der antiken Welt voraus. Diese Selbstverständlichkeit war durch die Botschaft Jesu infrage gestellt, indem er selbst jeglichen Anspruch auf weltliche Macht eines Messias ablehnte, das „Reich Gottes" in den Seligpreisungen und der **„goldenen Regel"*** seiner Bergpredigt* verkündete und vor allem durch seine eigene Hinwendung zu den Schwächsten der Gesellschaft: **„Mein Reich ist nicht von dieser Welt**. Wäre mein Reich von dieser Welt, so würden meine Diener kämpfen, damit ich den Juden nicht überliefert werde; nun aber ist mein Reich nicht von dieser Welt." (Joh 18,36) Sein Ausgeliefertsein an die staatlichen wie auch an die religiösen Mächte, vertreten durch den römischen Prokurator und den Hohen Rat, wird anschaulich in der dem Spott ausgelieferten gegeißelten Gestalt mit Dornenkrone und Purpurmantel, auf die Pilatus verweist: „Ecce homo!"

Das Christentum im Konflikt mit der römischen Macht

Das Christentum kam in seiner Frühzeit in Konflikt mit der Staatsreligion des römischen Reiches, in dem fremde Religionen – auch in den eroberten Gebieten – durchaus toleriert wurden, insofern sie als „Volksreligion" auf ihre jeweiligen Volksangehörigen beschränkt blieben und sich ihre polytheistischen* Kulte mit den römischen verbinden ließen. Von den für alle verbindlichen kultischen Verpflichtungen gegenüber der römischen Staatsreligion war sogar das Judentum befreit, dessen monotheistischer* Glaube geduldet wurde, weil man in ihm eine „nationale Volksreligion" sah, die die römische nicht durch einen universalistischen Anspruch bedrohte. Demgegenüber entpuppten sich die Anhänger der christlichen Religion, die zunächst für eine jüdische Sekte gehalten wurde, als gefährlich, weil sie nicht nur die Verehrung der Götter verweigerten, sondern aufgrund ihres Verkündigungsauftrags die Grenzen der Völker überschritten. In ihrer Missionstätigkeit wurde ein Universalanspruch gesehen: eine Bedrohung für die ohnehin zunehmend geschwächte römische Religion, d.h. für den offiziellen Kult* des Reiches, der nunmehr durch Zwangsmaßnahmen aufrechterhalten werden sollte. Sich der römischen Staatsreligion zu widersetzen hieß, sich dem Kaiser zu widersetzen und damit auch die gesellschaftlichen Grundfesten infrage zu stellen. Ihrem zunehmenden Autoritätsverlust suchten die römischen Kaiser – zuletzt Diokletian in den Jahren 303/304 – durch **Verfolgung**, sogar durch vollständige Ausrottung der Christen entgegenzuwirken. Die Massenmorde brachten wegen der Standfestigkeit der Christen jedoch keinen Erfolg, sondern die Gefahr weiterer Destabilisierung der kaiserlichen Macht.

Die konstantinische Wende

Nach der Zeit blutiger Christenverfolgungen konnte sich mit dem **Übertritt des römischen Kaisers Konstantin I. des Großen (um 280–337) zum Christentum** erstmals eine Kirche etablieren, die ihren Sieg aus dem Zeichen des Kreuzes begründete: *„In hoc signo vinces."* („In diesem Zeichen wirst du siegen."). Diese Verheißung, die Konstantin in einem Traum am Vorabend seines Kampfes gegen Maxentius empfing, sah er durch seinen Triumph über ihn erfüllt. Fortan erhielt die Kirche unter seiner Herrschaft eine bevorzugte Stellung. Im ersten Toleranzedikt von 311 wurde das Christentum eine erlaubte Religion, im „Mailänder Abkommen" von 313 wurde es mit anderen Religionen gleichgestellt, die Kirche erhielt Entschädigungen. Im Edikt von 380 wurde unter Kaiser Theodosius das Christentum zur Staatsreligion: Die Kirche kam in den Genuss des herkömmlichen Verfassungsgrundsatzes, wonach das Religionsrecht *(ius sacrum)* ein Teil des öffentlichen Rechts *(ius publicum)* war. Sie hatte die rechtliche Alleinherrschaft über alle anderen Religionen, die sie nun ihrerseits mithilfe des Kaisers unterdrückte. Dazu gehörte einerseits die Minderung der Rechte von „Heiden" und „Häretikern", andererseits die Erhaltung der Rechte des Kaisers, die er traditionell in Bezug auf die heidnischen Kulte hatte. Infolgedessen konnte er Gesetze erlassen, die für die Kirche zu gelten hatten, Synoden einberufen und in Glaubensfragen entscheiden. So entstand eine enge Verbindung zwischen der Kirche und dem christlichen Kaiser. Im östlichen Teil des Reiches mit seinem Patriarchat in Byzanz (später byzantinische, „orthodoxe" Kirche) genoss der Kaiser noch jahrhundertelang die Stellung eines von Gott erleuchteten Gesetzgebers.

Die sogenannte **konstantinische Wende** wird als besonders folgenschwer betrachtet, weil sie – durch Instrumentalisierung des Evangeliums – als Wegbereiter für die Etablierung der Kirche als weltliche Macht angesehen wird.

Die Geschichte des Christentums ist geprägt von Uneinigkeit in Glaubensfragen, vor allem im Streit um die rechtmäßige Autorität des Lehramtes und der apostolischen Nachfolge (Sukzession*), die innerkirchlich immer wieder zu Spaltungen und voneinander abweichenden Bekenntnisgruppen führte, die sich alle als „Kirche" verstehen: die römisch-katholische und die altkatholische, die reformierte, die anglikanische, die orthodoxe, die syrische u. a.

Die kirchliche Macht als Gewalt

Die kirchliche Macht äußerte sich auf extrem brutale Weise, etwa als Gewalt in der Zeit der **Inquisition***, dem römisch-katholischen Tribunal zur Bestrafung und Unterdrückung derer, die sie als Ketzer und Häretiker* verurteilte. Im Schuldbuch der Kirche stehen außerdem **Hexen- und Judenverfolgungen**, die mit der „Kollektivschuld" der Juden am Kreuzestod Christi legitimiert wurden, und damit verbunden vor allem die **Kreuzzüge** 1096 und 1146. Auf dem Laterankonzil 1215 wurde erstmals verfügt, dass Juden sich durch einen gelben Fleck auf ihrer Kleidung kenntlich zu machen hätten.

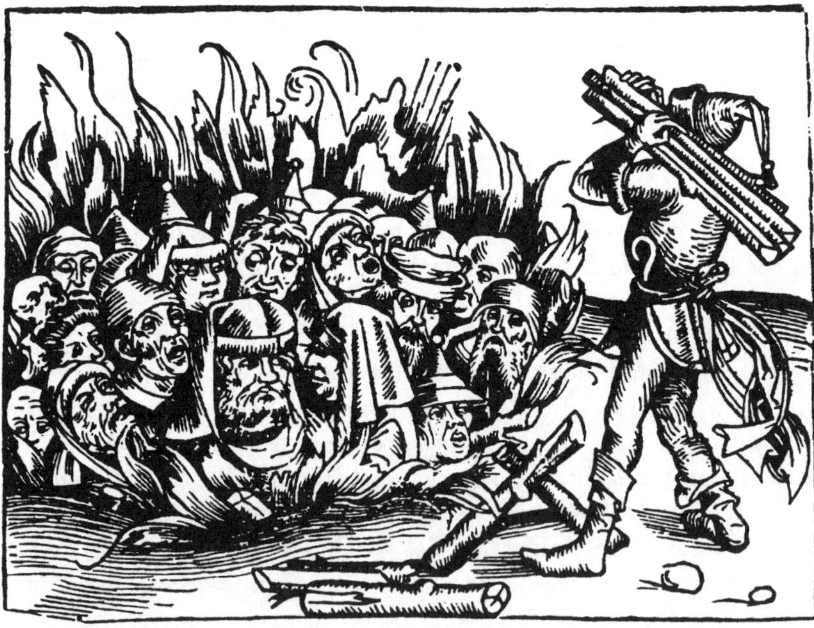

Verbrennung von Juden im Mittelalter, Holzschnitt aus Hartmann Schedels Weltchronik, 1493

Ein weiterer Komplex in der Geschichte kirchlicher Machterweiterung bezieht sich auf die Kolonialisierungen unter dem Vorwand der **Missionierungen** mit der Folge der Vernichtung ganzer einheimischer Kulturen.

So wurde die Geschichte der Gräueltaten der Konquistadoren offiziell eingeleitet mit der von Papst Nikolaus V. erlassenen Bulle „Romanus Pontifex" (1455). Den **Indianern** wurde der Raub ihrer Länder in einem Schriftstück als Schenkung des Papstes an die Könige von Kastilien/Aragon proklamiert.

Vor dem Hintergrund der Gräueltaten gegen die Maya erscheint die Rettung des Buches „Popol Vuh" durch Padre Ximénez (vgl. S. 65 ff.) als Ausnahme.

Die Folgen des jahrhundertelangen religiös begründeten Autoritäts- und Machtmissbrauchs unter Anwendung von Gewalt stellen sich heute weltweit als Problem gemeinschaftlicher Verantwortung – nicht nur der Kirchen – für die ökonomischen, ökologischen und kulturellen Katastrophen ehemaliger Kolonialgebiete heraus.

Wole Soyinka (geb. 1934), einer der bekanntesten Schriftsteller des **Schwarzen Kontinents** und Nobelpreisträger für Literatur (1986), schrieb dazu:

Die kulturelle und geistige Verletzung hat in der kollektiven Psyche und Identität der Völker unauslöschliche Spuren hinterlassen […] die kulturelle und geistige Verwüstung des Kontinents geschah nicht allein, wie wir betonen wollen, durch christliche Europäer. Ihre Vorläufer waren islamische Araber, und sie wirkten in jeder Hinsicht ebenso verheerend. Die europäischen christlichen Eroberungsarmeen, die den Missionaren und frühen Abenteurern auf dem Fuße folgten, plünderten die alten afrikanischen Zivilisationen, verbrannten und zerschlugen unschätzbare Schnitzereien, die aus ihrer Sicht lediglich Manifestationen von Götzenverehrung und Satanismus waren.

Wole Soyinka: Im Namen der Versklavten, in: Die Zeit Nr. 25, 15. Juni 2000, S. 60.

Religion als Wirtschaftsfaktor

Die Zwangsmissionierungen waren nicht zuletzt vom Interesse an wirtschaftlicher Machterweiterung angetrieben.

Ein anderer Aspekt christlicher Machterweiterung wurde von Max Weber in seiner soziologischen Abhandlung „Die protestantische Ethik und der Geist des Kapitalismus" (1905) untersucht. Hier analysiert er die Beobachtungen, dass gegen Ende des 19. Jahrhunderts die wirtschaftlich Erfolgreichen und kaufmännisch und technisch Qualifizierten überwiegend Protestanten waren, was Weber auf die vorübergehende Verstärkung einer religiös begründeten Lebenskontrolle zurückführte. Vor allem die „innerweltliche Askese" calvinistischer und puritanischer Prägung habe eine Anhäufung von Reichtum bewirkt und die religiös motivierten Grundlagen eines modernen Berufs-, Arbeits- und Erfolgs-Ethos* geschaffen. Die kontroversen Diskussionen über die Richtigkeit der Thesen Webers werden inzwischen durch Fragen nach der Verbindung zwischen religiösen Ideen und ökonomischem Verhalten aktualisiert.

Die christlichen Kirchen im Verhältnis zum Nationalsozialismus

Im Deutschland des 19. und 20. Jahrhunderts lassen sich als Beispiele für die Auseinandersetzung zwischen kirchlicher und staatlicher Macht der „**Kulturkampf**" (zwischen dem preußischen Staat unter Bismarck und der katholischen Kirche, 1871–1887) und der „**Kirchenkampf**" (der Konflikt zwischen der protestantischen Opposition und dem Nazistaat) anführen.

Umstritten sind vor allem die **Konkordate*** des Vatikans mit den Faschisten in Italien und Nazi-Deutschland (1933). Das **Schweigen der katholischen und protestantischen offiziellen Kirche**, von der vor allem angesichts des jüdischen Holocausts* kein organisierter Widerstand ausging, wird als besondere Schuld bewertet. Zu der nur kleinen Zahl oppositioneller Christen, die sich als „**Bekennende Kirche**" bezeichnete und sich jeder Kollaboration mit dem Naziregime verweigerte, gehörte als Begründer und Führer der Gruppe Martin Niemöller (1892–1984), der 1937 von der Gestapo verhaftet und erst 1945 aus dem Konzentrationslager befreit wurde. Sein Mitkämpfer, der lutheranische Theologe Dietrich Bonhoeffer (1906–1945), der am Manifest der „Barmer Theologischen Erklärung" (1934) gegen das Naziregime mitarbeitete, wurde im April 1943 verhaftet und am 9. April 1945 hingerichtet. Auf katholischer Seite trat Bischof Graf von Galen in Münster der NS-Diktatur freimütig entgegen, der polnische Priester Maximilian Kolbe starb 1941 in Auschwitz* anstelle eines anderen und wurde 1982 heilig gesprochen*.

Schuldbekenntnis

1945 legten führende Mitglieder der „Bekennenden Kirche" ein „Schuldeingeständnis" ab. Erstmals um die zweite Jahrtausendwende zu Beginn der österlichen Bußzeit, am Aschermittwoch 2000, bekannte Papst Johannes Paul II. vor der Weltöffentlichkeit die Schuld, die die katholische Kirche im Laufe der Jahrhunderte durch ihren Machtmissbrauch bzw. durch ihr Abweichen von der Botschaft Jesu auf sich geladen hat, und bat um Vergebung. In mehreren Stellungnahmen, Botschaften und Apostolischen Verlautbarungen sind die Vergebungsbitten formuliert, besonders in der Schrift „Tertio Millenio Adveniente" („In Erwartung des dritten Jahrtausends", 1994).

Kirche und Staat in sozialer Verantwortung

Im Gegensatz zu Praktiken des Missbrauchs von Macht haben sich im Verlauf der Geschichte des Christentums bis heute Einzelne sowie Gemeinschaften immer wieder auf den zentralen jesuanischen Anspruch, die Nächstenliebe, besonnen und ihn durch ihren aktiven persönlichen Einsatz zu verwirklichen gesucht.

Außer Mutter Teresa ist z. B. auch der Theologe, Musiker, Kulturphilosoph und Missionsarzt Albert Schweitzer (1875–1965) zu nennen. Das Liebesgebot bezog er nicht nur auf den Nächsten, sondern auf die gesamte Kreatur, gegenüber der der Mensch nur durch seine besondere Verantwortung eine Sonderstellung habe. Die Ehrfurcht vor dem Leben war ihm das Leitwort in seinem Kampf für ein gewaltfreies Leben in wahrer Humanität, nach der sich die Welt sehne. Er gründete in Lambarene in Gabun ein Missionskrankenhaus, in dem er selbst bis zu seinem Tod als „Urwalddoktor" wirkte. 1952 erhielt er für sein unermüdliches Bemühen um Versöhnung den Friedensnobelpreis.

Die Bundesrepublik Deutschland erkennt nicht nur die Glaubens-, Gewissens- und Religionsfreiheit im Sinne der Allgemeinen Erklärung der Menschenrechte (1948) und der Europäischen Konvention zum Schutz der Menschenrechte und Grundfreiheiten (1950) an. In Artikel 4 und Artikel 140 des Grundgesetzes ist auch das Verhältnis des Staates zu den Religionsgemeinschaften und den Weltanschauungsgemeinschaften gesetzlich geregelt. Zahlreiche staatskirchenrechtliche Bestimmungen konkretisieren das Verhältnis von Kirche und Staat, z. B. die Verbürgung der Neutralität und die Verbote von Diskriminierungen, die Regelungen des Religionsunterrichts und der weltanschaulichen bzw. religiösen Gestaltung der Schulen oder die Ausübung sozialer Verantwortung.

Eines der meist diskutierten Themen in Bezug auf das Verhältnis zwischen Staat und religiösen Gemeinschaften stellt der Umgang mit der seit der ersten Anwerbung von türkischen Arbeitsmigranten 1961 stark gewachsenen muslimischen Minderheit in Deutschland dar. Die in jüngster Zeit im Auftrag der Deutschen Islam Konferenz (DIK) erstellte Studie *„Muslimisches Leben in Deutschland"* verweist auf einen Anteil der Muslime von 4,6 bis 5,2 Prozent an der Gesamtbevölkerung und dokumentiert erstmals differenziert die Vielfältigkeit des muslimischen Lebens in Deutschland. Ein Resultat der Studie wendet sich dabei gegen die häufig automatische Gleichsetzung von Herkunftsland und religiöser Einordnung: „Die neuen Ergebnisse belegen [...], dass zum Teil erhebliche Anteile der Personen mit Migrationshintergrund aus den entsprechenden Herkunftsländern keine Muslime sind [...]. Aus der religiösen Zusammensetzung der Bevölkerung des Herkunftslandes kann daher nicht automatisch auf die Religion der in Deutschland lebenden Migranten geschlossen werden."[95]

Das Verhältnis von deutscher Staatsgemeinschaft und muslimischer Minderheit ist geprägt von dem Konflikt zwischen Religionsfreiheit und dem Wunsch nach Integration auf der einen und Wahrung der „abendländischen" Traditionen bzw. der religiösen und kulturellen Wurzeln des Herkunftslandes auf der anderen Seite. Die „Kopftuchdebatte" (vgl. S. 10 f.) ist sicher nur ein Beispiel für diesen Konflikt.

4 Religion als Ordnungsmacht sexueller Moral

4.1 Die Regulierung der Geschlechtlichkeit

Eine zentrale Bedeutung messen Religionen – vor allem in Bezug auf die Sicherung der Nachkommenschaft und den Schutz der Gemeinschaft – der Geschlechtlichkeit und Fortpflanzung bei. Die Unantastbarkeit (Heiligkeit) der Geschlechtlichkeit wird einerseits durch Tabus* (Übertretungsverbote), andererseits durch besondere, vom Alltag abgehobene, meist festliche kultische Akte hervorgehoben.

Beispielsweise sind in **Afrika** „die Riten der einzelnen Lebensphasen (rites des passages)" weitverbreitet. „So werden schwangere Frauen mit Pflanzenöl oder mit Farbe bestrichen; um ihre Körper werden Bänder und Schnüre gewickelt, um das werdende Kind zu stärken und zu schützen. Die Geburt eines Kindes wird mit Trommelschlägen, mit Gesängen, mit Tanz und mit Abwehrriten begleitet. Die Frauen gebären ihre Kinder beschützt. Es werden die Ahnen angerufen, den Kindern werden Amulette zum Schutz vor bösen Dämonen umgebunden; oder es werden ihnen magische Formeln in das Ohr geflüstert [...]. Zum Ritual der Hochzeit gehören Symbolhandlungen der Reinigung, Opfergaben an die Ahnen und Schutzgötter, kultische Tänze und das große Festmahl der Sippen. Mit einer Hochzeit verbinden sich zwei Sippen, das Leben soll weiter gegeben werden."[96]

Die Sichtweise, dass Sexualität in erster Linie dem Zwecke der Fortpflanzung diene, mag nur ein Grund sein, weshalb sexuelle Beziehungen wie Homosexualität und Inzest nach Auffassung vieler Religionen wider Natur

95 Sonja Haug/Stephanie Müssig/Anja Stichs: Muslimisches Leben in Deutschland im Auftrag der Deutschen Islam Konferenz, Bundesamt für Migration und Flüchtlinge: 2009, S. 11.
96 Anton Grabner-Haider/Karl Prenner (Hrsg.): Religionen und Kulturen der Erde. Ein Handbuch, Wissenschaftliche Buchgesellschaft: Darmstadt 2004, S. 262 f.

und Sitte sind und im Allgemeinen als abnorm gelten und verboten sind, so im Judentum, Islam und Christentum, wo sich heute allerdings in praktischen Lebensvollzügen und Wertungen mehr Toleranz zeigt. Die offizielle römisch-katholische Kirche bezeichnet aber weiterhin die Homosexualität als „objektive Störung der Ordnung" („On the Pastoral Care of Homosexual Persons", 1986).

Die Bedeutung der Ehe

Die Ehe gilt in den meisten Gesellschaften als Vereinigung von einem Mann und einer Frau (Monogamie), die miteinander eine verbindliche Lebensgemeinschaft eingehen, welche durch gegenseitige, auch ihrer Nachkommenschaft gegenüber verpflichtete Verantwortung bestimmt sein soll. Sie ist nicht nur eine in vielen Kulturen gesellschaftlich anerkannte, sondern auch **in den Religionen besonders schützenswerte Institution**, der eine gemeinschafts- und sinnstiftende Bedeutung zugemessen wird. Obgleich Religionen im Allgemeinen die **Monogamie** zum Ideal erheben, ist bzw. war doch in einigen die Polygamie erlaubt (z. B. in der frühen Gesellschaft des Alten Testaments*, im Islam, in afrikanischen Religionen), aber zumeist nur Männern als Verbindung mit mehreren Frauen unter Voraussetzung auch ihrer materiellen Sorge für sie und ihre Kinder (Polygynie). Demgegenüber kommt die Ehe einer Frau mit mehr als einem Ehemann (Polyandrie) nur selten vor.

Für die Religionen, die sich der alttestamentlichen Tradition verpflichtet sehen, ist der Zweck der Ehe die in der Schöpfungsordnung vorgegebene Verbindung zwischen Mann und Frau, die Erzeugung der Nachkommenschaft und die Gründung der Familie als Träger der Gemeinschaft des Volkes (Gottes).

Die **Bibel** gebietet nirgends ausdrücklich die Ein-Ehe, Dtn 21,15 setzt die Ehe eines Mannes mit zwei Frauen sogar als normal voraus. Über Salomo wird berichtet, dass er 700 Haupt- und 300 Nebenfrauen sein Eigen nannte. Jedoch wird die Ein-Ehe in nachexilischer Zeit mehr und mehr zur Regel. Ihr Zweck ist das Zeugen von (männlichen) Nachkommen als Voraussetzung für den Fortbestand der Sippe auf ihrem Erbland. Jahwe*, auf dessen Hilfe der Israelit auch für seine Ehe rechnet, gilt als Erwecker männlicher Zeugungskraft, als derjenige, der den Mutterschoß öffnet und gesunde Kinder schenkt oder verweigert. Vor diesem Hintergrund, verbunden mit dem Eheverständnis, das auf den Schöpfungsberichten (Gen 1,27; 2,18 ff.) beruht, ist eine eheliche Enthaltsamkeit aus religiösen Gründen im Alten Testament* nicht denkbar. Hier wird die Ein-Ehe – durchaus mit sinnlichen Freuden verbunden – auch symbolisch überhöht, wenn sie als **Zeichen für Jahwes* Bund mit seinem**

Volk unter den Idealen der Liebe und Treue erscheint (Hoheslied, Ezechiel, Hosea 2,21 f.).

Diese Symbolik wurde vom **Christentum** auf die Verbindung zwischen Jesus und seiner Kirche übertragen. Insofern Jesus betont, dass Gott Mann und Frau zu „einem Fleisch" gemacht habe, gilt für den Christen mit Berufung auf das Neue in Verbindung mit dem Alten Testament* die Ehe als Gottes unauflösbare Stiftung (vgl. Mk 10,7 f. und Gen 2,24). Die mit ihr verbundene festliche Freude wird anschaubar in der Geschichte vom Weinwunder auf der Hochzeit zu Kana (Joh 2,1–11), wonach Jesus den ausgegangenen Wein vermehrt, was ihn zugleich als Zeugen für die Treue Jahwes* und seines neuen Bundes ausweist.

Obgleich das Neue Testament* die patriarchalische Gesellschaftsstruktur der Antike nicht ausdrücklich infrage stellt, relativiert es diese jedoch durch seine Forderung partnerschaftlicher Liebe und gegenseitiger Hingabe und Indienstnahme. Die eheliche Gemeinschaft soll als christliche zugleich Beständigkeit in der vergänglichen Welt im Geiste Jesu ermöglichen.

Ehescheidung und Ehebruch

Ehescheidung ist im **Judentum** möglich und war – zumeist vonseiten des Mannes, der seiner Frau einen „Scheidebrief" ausstellt – zur Zeit Jesu gängige Praxis, worauf Matthäus (Mt 19,9) verweist. Aufgrund unterschiedlicher Auslegungen dieser Schriftstelle ist Ehescheidung und Wiederverheiratung in einigen christlichen Gemeinschaften erlaubt, während **nach römisch-katholischem Verständnis** die Ehe nur durch erschwerende Verfahren ihres Ungültigkeitsnachweises aufgelöst werden darf.

Auch der **Islam** erlaubt die Ehescheidung – wenn sie auch unter allen Scheidungen als die Gott am meisten verhasste gilt. Die Ehe kann durch beiderseitiges Einverständnis („einvernehmliche Trennung") und aufgrund eines Antrags vonseiten der Frau oder auch des Mannes geschieden werden.

Ehebruch ist im **Alten Testament** (Ex 20,17) verboten und wird als Sakralvergehen angesehen, sofern nämlich die Ehe als kleiner Bund im großen (mit Jahwe*) verstanden wird. Entsprechend der Symbolik der Ehe als Bund zwischen Jahwe* und seinem Volk ist Ehebruch zugleich ein Bild für die Treueverletzung Israels gegenüber seinem Gott (durch Verehrung anderer Götter oder Eingehen von Bündnissen mit jahwefremden Mächten). Als Ehebruch gilt beim Mann nur sein Eindringen in einen anderen Bund, d.h. eine intime Beziehung mit einer verlobten oder verheirateten Frau. Eine Frau aber bricht durch jede Beziehung mit irgendeinem anderen Partner die Ehe. Ehebruch wurde mit Steinigung oder Verbrennung bestraft. Demgegenüber fordert Jesus trotz seiner Verurteilung des Ehebruchs Barmherzigkeit gegenüber denen, die sich schuldig gemacht haben. Davon zeugt die Erzählung über Jesus und die Ehebrecherin (Joh 8,1–11).

Geburt, Beschneidung und Taufe

Wie die Ehe so wird auch die **Geburt** in Religionen allgemein hoch geschützt. **Empfängnisverhütung** und der **Schutz des ungeborenen Lebens** während der Schwangerschaft sind deshalb im Zusammenhang der jeweiligen religiösen Vorstellungen zu sehen. So ist im strengen Judentum die Verhinderung einer Zeugung eine Verletzung des Gebotes (Gen 1,28) und nur bei Gefahr für die Frau oder die Leibesfrucht erlaubt, während „progressive" Juden die Familienplanung nicht im Widerspruch zu ihrer Religion sehen. Auch im Islam gibt es bei stichhaltigen Gründen kein Verbot der Empfängnisverhütung. Die christlichen Kirchen stellen die Entscheidung der verantwortungsvollen Liebe der Ehepartner anheim.

Eine Ausnahme ist die **römisch-katholische Kirche**, die seit der von Papst Paul VI. 1968 herausgegebenen Enzyklika „Humanae Vitae" jede künstliche Maßnahme der Empfängnisverhütung verbietet. Dem steht allerdings eine faktische Nicht-Anerkennung vieler Katholiken gegenüber, die sich auf ihre ebenfalls aus dem christlichen Glauben abgeleitete Selbstverantwortung und Gewissensfreiheit berufen.

Die besondere Bedeutung der Geburt – vor allem eines Jungen – wird im Judentum und Islam durch den rituellen Akt der Beschneidung, im Christentum durch die Taufe hervorgehoben.

Die **Taufe** trägt Zeichen des Übergangs in einen neuen Status – z. B. vom Kindsein zum Erwachsensein oder als Eintritt in eine neue Gemeinschaft –, wie sie in anderen Religionen etwa analog der Initiation zukommen.

Die **männliche Beschneidung** gehört im Judentum und im Islam zur religiösen Pflicht. Demgegenüber ist die weibliche Beschneidung im Islam nicht verbindlich, wird aber unter Berufung auf traditionellen Brauch in einigen Ländern des Islam noch heute auf unterschiedliche Weise durchgeführt. Von anderen Muslimen wird sie abgelehnt, weil sie physisch und psychisch schmerzhaft sei und die Frau der Herrschaft des Mannes unterordne, was dem Koran widerspreche. Dieser verkünde eine Gleichstellung von Mann und Frau vor Gott (Suren 40, 43 u. a.).

In Afrika werden bei den Initiationsriten „die Jugendlichen in die Regeln und Pflichten des Erwachsenenlebens eingeführt; sie müssen den Umgang mit der Sexualität lernen, aber auch die Mythen des Stammes wissen [...]. Viele Stämme kennen die Beschneidung der weiblichen und männlichen Sexualorgane sowie die rituelle Ritzung der Haut. Es handelt sich dabei um ein Teilopfer, das den Ahnen und den Schutzgöttern dargebracht wird. Ca. 120 Millionen Frauen sind heute in Afrika von der Beschneidung der Klitoris betroffen."[97]

4.2 Die Stellung der Frau

Die Frau als Quelle des Lebens und Spenderin von Fruchtbarkeit wurde in allen Religionen einerseits gerühmt – womöglich stand ursprünglich die Muttergöttin im Zentrum religiöser Verehrung. Andererseits wurde ihre natürliche Anlage zu Schwangerschaft und Geburt zunehmend um der Vaterschaftsbestimmung willen im Sinne der Erhaltung von Nachkommen und Erbschaft männlicher Kontrolle ausgesetzt und eine Arbeitsteilung begründet, die ihr in allen Religionen eine dem Mann untergeordnete Rolle zuwies.

Der soziale und religiöse Status von Frauen in prähistorischer Zeit ist umstritten. Viele Quellen lassen aber einen vorsichtigen Rückschluss auf die weite Verbreitung und Bedeutung weiblicher religiöser Symbolik auf unterschiedliche Formen des Zusammenlebens der Geschlechter und auf die Existenz zentraler weiblicher religiöser Rollen wie Priesterin, Seherin oder Schamanin zu. In zahlreichen ethnischen Religionen nehmen Frauen vielfältige religiöse Rollen und zum Teil hohe Positionen ein [...]. In den Religionen des Alten Orients und anderen Religionen der Vergangenheit (wie die griechische, römische, keltische, germanische Religion) konnten Frauen ebenfalls verschiedene religiöse Rollen einnehmen. Sie fungierten beispielsweise als Priesterinnen, Seherinnen, Prophetinnen oder Heilerinnen.

Im Gegensatz dazu weisen die universal ausgerichteten Weltreligionen der Gegenwart viele Ähnlichkeiten hinsichtlich der Stellung und Rollenzuweisung von Frauen auf. Diese legitimieren die von männlicher Dominanz und weiblicher Unterordnung geprägten Geschlechterbeziehungen. So soll etwa die Hindu-Frau den Dienst an ihrem Gatten als ihren persönlichen Gottesdienst betrachten: Hinduismus, Judentum, Konfuzianismus, Christentum und Islam betonen die Mutterrolle der Frau und tragen durch die Verpflichtung auf Gehorsam und Treue gegenüber dem Ehemann zur Kontrolle der weiblichen Sexualität bei.

Birgit Heller: Gender und Religion, in: Johann Figl: Handbuch Religionswissenschaft, Tyrolia-Verlag: Innsbruck-Wien, Vandenhoeck & Ruprecht: Göttingen, 2003, S. 764.

97 Anton Grabner-Haider/Karl Prenner (Hrsg.): Religionen und Kulturen der Erde. Ein Handbuch, Wissenschaftliche Buchgesellschaft: Darmstadt 2004, S. 262.

Die rituellen Reinheitsvorschriften, denen sich Frauen z. B. besonders während der Menstruation und nach der Geburt zu unterziehen hatten, werden heute aus biogenetischer Sicht als „unbewusster Ausdruck genetischer Strategien", also als „Schutzmaßnahmen", gedeutet. Sie führten im Judentum und Islam zur **Trennung der Geschlechter bei Gottesdiensten in Synagoge und Moschee**, bei den Katholiken bis heute zur **Verweigerung der Priesterweihe** von Frauen. Dem entspricht auch der für die Kleriker der katholischen Kirche verbindliche Zölibat (Ehelosigkeit), der von der protestantischen Reformation abgeschafft wurde. Entsprechend ist den Frauen der protestantischen Kirche der Zugang zum Priester- und Bischofsamt nicht verwehrt.

Die grausamen **Hexenprozesse** im „christlichen" mittelalterlichen Europa schrieben hauptsächlich dem weiblichen Geschlecht den allgemein geächteten Pakt mit dem Teufel und das Zauberdelikt zu – und das noch an der Schwelle zur Neuzeit, als Frauen mit dem Selbstbewusstsein der Renaissance vor allem in Italien und Frankreich bereits ihren Weg in öffentliche Ämter, in Kunst und Wissenschaft angetreten hatten. Zwar entschuldigte sich Papst Johannes Paul II. 1995 in seinem „Brief an alle Frauen" für die Unterdrückung der Frauen seitens der Kirche in der Vergangenheit, dennoch bleibt er in seiner Argumentation der Tradition des Vorbehaltes gegenüber dem weiblichen Geschlecht verhaftet, nach der es den Wesensanlagen der Frau nicht entspreche, bestimmte bisher den Männern vorbehaltene Rollen zu übernehmen.

Es gibt jedoch auch Stimmen innerhalb des Christentums, die für eine Stärkung der Position der Frauen in Gesellschaft und Kirche plädieren. Beispielsweise spricht sich dafür Desmond Tutu aus, anglikanischer Alt-Erzbischof, Friedensnobelpreisträger und Vorsitzender der Wahrheits- und Versöhnungskommission in Südafrika:

Sexismus hat auch die Kirche befallen, wie an der Ordination von Frauen ersichtlich ist. Theologisch, biblisch, gesellschaftlich und ökumenisch ist es richtig, auch Frauen zu Priesterinnen zu weihen [...]. Ich bin sicher, dass der Kirche etwas Wertvolles verloren ging, weil sie Frauen so lange die Priesterweihe verweigert hat [...]. **Das Ende des Sexismus** und die volle Beteiligung der Frauen an allen Bereichen der Gesellschaft bedeutet nicht nur das Ende des einen Übels – der Unterdrückung von Frauen –, sondern ist auch Bestandteil der Lösung für alle übrigen Probleme dieser Welt. Bevor Frauen nicht voll und ganz am Widerstand gegen die Gewalt auf der Welt beteiligt sind, werden wir die Gewalt nicht beenden können. Alle Frauen müssen gleichberechtigt in vorderster Linie der Bewegung für soziale Gerechtigkeit stehen. Außerdem haben sie eine stärkere Position als die Männer, die häufig den Tod verbreiten, während es den Frauen überlassen bleibt, das Leben fortzupflanzen [...].

Die freie Entfaltung der Macht der Frauen birgt das Potential, die Welt auf vielfältige und oft unvorhergesehene Weise zu verändern.

Desmond Tutu: Gott hat einen Traum. Neue Hoffnung für unsere Zeit, Diederichs Gelbe Reihe, Heinrich Hugendubel Verlag: Kreuzlingen/München 2004, S. 64 f.

Bei [meinen] Opferanhörungen wurde mir eindringlich bewusst, wie viel wir unseren Frauen verdanken, dass wir ohne sie niemals unsere Freiheit erreicht hätten. [...]

Desmond Tutu: Versöhnung. Sei wahr und werde frei, Herder Verlag: Freiburg, Basel, Wien 2008, S. 31.

Vor dem Hintergrund dieser Geschichte haben sich unterschiedliche Strömungen „feministischer Theologie" herausgebildet, welche den größten Teil der bisherigen Theologie als vom Patriarchat dominiert kritisieren und Wege neuer Deutungen suchen. Einer von ihnen ist bestimmt durch die Berufung auf die in der Agape (Liebe) vereinte Gemeinschaft der auf Christus Getauften: „Da ist weder Jude noch Grieche, da ist nicht Sklave noch Freier, da ist nicht Mann und Weib; denn ihr alle seid einer in Christus Jesus." (Gal 3,28)

Die **Gender-Forschung*** ist für die Religionswissenschaften eine Herausforderung und zugleich eine Bereicherung in Bezug auf die kritische Auseinandersetzung mit religiöser Überlieferung, religiösem Leben, vor allem aber mit tradierten Gottesvorstellungen. Dabei stellt sich heraus, dass diese meist männlich geprägt sind und „dass der so genannte *homo religiosus* [religiöser Mensch] [...] sich als *vir religiosus* [religiöser Mann] entpuppt [...].

Die großen Weltreligionen der Gegenwart sind im Kontext patriarchal organisierter Gesellschaften entstanden und haben im Lauf ihrer Geschichte mehr oder weniger die männlich dominierte Sozialstruktur legitimiert. Deshalb werden sie als patriarchalische Religionen bezeichnet ...

Erst wenn die Fragen gestellt werden, warum Gott im Judentum oder Christentum als Mann angesprochen und dargestellt wird, warum Frauen im brahmanischen Hinduismus die heiligen Schriften nicht studieren dürfen, [...] warum Männer laut dem Koran über den Frauen stehen (Sure 4,34), warum sich selbst die spirituell höchst stehende buddhistische Nonne dem geringsten Mönch unterordnen muss und im Paradies des Amida-Buddha nur männliche Wesen existieren oder warum Frauen in den meisten Religionen der Gegenwart vom Priestertum bzw. religiösen Leitungsfunktionen ausgeschlossen sind – wird deutlich, wie stark die Weltreligionen zwischen den Geschlechtern differenzieren und dabei meistens eine Diskriminierung, Marginalisierung oder Unterordnung von Frauen implizieren.

Birgit Heller: Gender und Religion, in: Johann Figl: Handbuch Religionswissenschaften, Tyrolia-Verlag: Innsbruck-Wien, Vandenhoeck & Ruprecht: Göttingen, 2003, S. 758, 760 f., 762.

5 Religion als Macht der Konvention

Als selbstverständliche Gegebenheit und oft unreflektiert sind je nach kultureller Tradition viele Gepflogenheiten religiösen Ursprungs noch im modernen Leben vorhanden, selbst wenn ihre glaubensmäßigen Verbindlichkeiten verloren gegangen sind. Das betrifft z. B. in Gesellschaften christlicher Tradition nicht nur die Beibehaltung von Fest- und Feiertagen, die allgemein arbeitsfreie Tage sind, sondern vor allem auch die Inanspruchnahme kirchlicher Dienste. Sie ist oft mehr einem traditionellen Brauch oder einer gesellschaftlichen Konvention verhaftet, als dass sie im Bekenntnis zum christlichen Glauben und der ihm verpflichteten Gemeinschaft gründet: Hat man beim feierlichen bzw. würdigen Begehen bestimmter Lebensabschnitte (noch) keine adäquaten, die christlichen ersetzenden Formen gefunden, so greift man gern auf religiöse Traditionen zurück, etwa bei Taufe bzw. Beschneidung, Kommunion bzw. Konfirmation oder durch Gottesdienste bei Hochzeiten und Beerdigungen.

Bereits Søren Kierkegaard (1813–1855), einflussreicher dänischer Philosoph und religiöser kirchenkritischer Denker, beschrieb eine solche Situation:

Da ist ein junger Mann, sogar mit mehr als gewöhnlichen Gaben und Kenntnissen, er steht im öffentlichen Leben, ist Politiker, und spielt als solcher eine Rolle.

Was die Religion betrifft, so ist seine Religion: er hat überhaupt keine. An Gott zu denken, fällt ihm niemals ein; zur Kirche zu gehen, ebenso wenig, […] und zu Hause in Gottes Wort zu lesen, das hieße, so würde er fast fürchten, sich lächerlich machen. […]

Derselbe junge Mann, der kein Verlangen nach Religion empfindet, fühlt hingegen ein Verlangen, – Vater zu werden. Er verheiratet sich; nun hat er ein Kind; er ist Kindesvater: und was geschieht? Ja, unser junger Mann ist, wie man sagt, in der Patsche mit diesem Kind, er ist genötigt, in Eigenschaft als – Kindesvater eine Religion zu haben. […]

So wird denn nach dem Pfarrer geschickt; die Hebamme rückt mit dem Kinde an; […] einige junge Männer, die auch keine Religion haben, tun dem Kindesvater den Gefallen, als Paten die evangelisch-christliche Religion zu haben und die Bürgschaft für die christliche Erziehung des Kindes zu übernehmen; ein Pfarrer in Seide spritzt mit Anmut dreimal Wasser über das süße Kleine, trocknet sich zierlich mit einem Handtuch ab –

und das wagt man Gott zu bieten unter dem Namen: Christliche Taufe.

Søren Kierkegaard: Gesammelte Werke und Tagebücher, übers. u. hrsg. v. Emanuel Hirsch, Hayo Gerdes und Hans Martin Junghans, Grevenberg Verlag Dr. Ruff & Co. OHG, Simmerath 2003/04. 24. Band (34. Abteilung) „Der Augenblick", übers. u. hrsg. v. Hayo Gerdes, Simmerath 2004, S. 227 f.

Zusammenfassung: Religion als politische, soziale und kulturelle Macht

Religionen verfügen als Gemeinschaften über Macht in Bezug auf ihre einzelnen Glaubensgenossen, deren soziale, individuelle, intime Lebensformen sie prägen.

Im Laufe ihrer Geschichte haben Religionen (z. B. das Christentum und der Islam) ihre Macht nicht nur durch ihre **Überzeugungskraft** erweitert, sondern auch – als weltliche Macht oder in Verbindung mit ihr – durch **Gewaltmittel** („heilige Kriege", Institutionen der Gewaltausübung, z. B. die Inquisition).
Andererseits wurden und werden Machtansprüche, vor allem bei ihrer gewaltsamen Durchsetzung, immer wieder infrage gestellt. In der Geschichte des Christentums gibt es bis heute Beispiele von Einzelnen und Gemeinschaften, die die zentrale Botschaft Jesu, die Nächstenliebe, durch ihren persönlichen und praktischen Einsatz für die Schwächsten und Bedürftigsten verkünden.

In der Bundesrepublik Deutschland sind die Zuständigkeitsbereiche der sozialen Verantwortung zwischen Staat und Kirche gesetzlich geregelt. Die Grundlage des Staatskirchenrechts ist die im Grundgesetz verankerte Anerkennung der Glaubens-, Gewissens- und Religionsfreiheit im Sinne der Allgemeinen Erklärung der Menschenrechte.

Das „Projekt Weltethos"*

Selbst wenn heutige Menschen nicht die Ansicht Epikurs teilen, dass das Bestehen der Religion bei allen Völkern die Existenz der Gottheit beweist, so ist doch seine Ermahnung zur weisen Toleranz gegenüber fremdartig oder falsch erscheinenden Gottesvorstellungen noch immer zu beachten. Darüber hinaus kommt Epikurs Rat, die Götter *dem Brauche nach* zu ehren, auch in der modernen Zeit dem Bedürfnis vieler Menschen entgegen, ihrem Leben – wenigstens in besonderen Situationen – Formen zu geben, die es vom nur Alltäglichen abheben und die womöglich auf seinen Sinn in einer Gemeinschaft mit anderen oder in der Verbundenheit mit der Tradition verweisen. Kierkegaards Beispiel von der Taufe als nurmehr gesellschaftlicher Brauch könnte auch unter diesem Aspekt gelesen werden. Ebenso ist die Auffassung jener anzuerkennen, die trotz ihrer Überzeugung vom „Tode Gottes" – gar aufgrund ihrer Erfahrung von Holocaust*, von Krieg und Katastrophen – an Riten und Bräuchen zur Lebens- und Krisenbewältigung festhalten.

Religionen gehen über das rationale Erkenntnisinteresse des Menschen hinaus und sprechen wesentlich auch seine emotionale Seite und seine sinnliche Wahrnehmungsfähigkeit sowie das Bedürfnis ihrer Äußerung an. Damit nehmen sie seine ganzheitliche leibseelische geschichtliche Existenz in Anspruch, die sich nicht unmittelbar und erst recht nicht einzig aus einer Einsicht in das für alle vernünftigen Wesen geltende Sittengesetz und dem Willen zu seinen Pflichterfüllungen ergibt.

Auf einer phänomenologischen[98] und historischen Ebene wurden in diesem Buch an Beispielen mythischer, religiöser und philosophischer Vorstellungen unterschiedlicher Kultur- und Zeiträume **Gemeinsamkeiten** aufgezeigt, die Grundlagen für die Besinnung auf einen ethischen Grundkonsens in der weltweiten Wertediskussion sein können: Dazu gehören bildhafte und theoretische Antwortversuche auf die Frage nach dem Weltbeginn. Auf das Erleben von Lebensfreude, Leid und Endlichkeit, auf die Sehnsucht nach Fruchtbarkeit und Unsterblichkeit antworten Religionen mit Riten, Gesten oder Symbolen, die auf Elemente und Phänomene der Natur verweisen, auf die alle Menschen lebensnotwendig bezogen sind: Sonne, Wasser, Luft und Erde. Die Erkenntnis,

98 Phänomenologie, von griech. *phainomenon:* die Erscheinung, das Erscheinende; *logos:* Lehre, Wort; die Lehre von den Erscheinungen; Klassifikation bzw. Beschreibung eines Wissensbereiches.

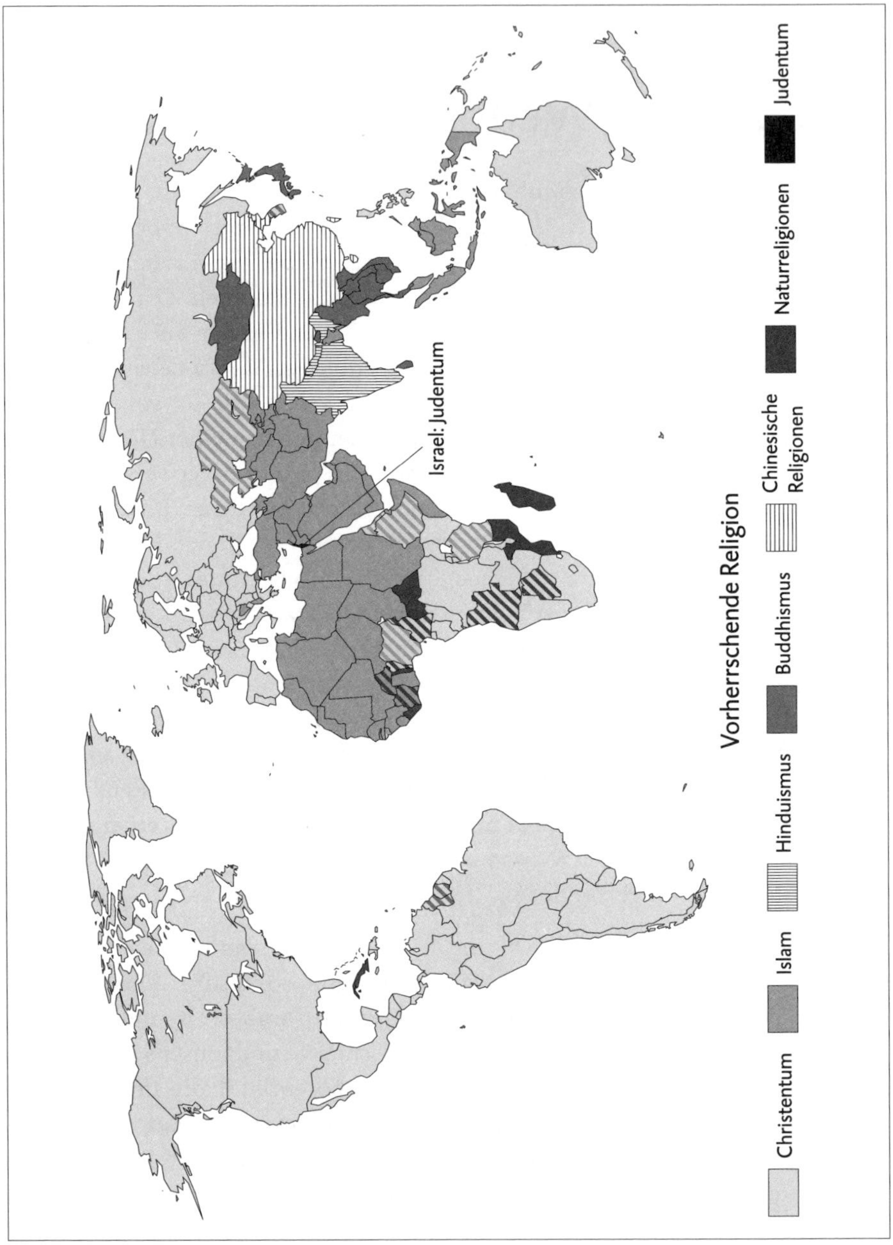

mehr aber noch die Erfahrung dieser Gemeinsamkeiten könnte eine „ökologische Ökumene“ zur Bewältigung der weltweiten Umweltprobleme anregen und bestärken. Auch auf die Fragen nach dem **Sinn und Ziel** des Ganzen, des

Lebens und der Geschichte suchen alle Religionen Antworten. An den Vorstellungen von der Auferstehung und dem Weiterleben nach dem Tod, von Unsterblichkeit, ewigem Leben, Nibbâna*, an den Leitfiguren und Leitwerten der Religionen können religiöse Menschen ihre Lebensform und Lebenshaltung orientieren und sich darin mit anderen verbunden fühlen.

Das lässt jeden Absolutheitsanspruch zugunsten *einer* Wahrheit bzw. *einer* Religion zurücktreten und jede nur theoretische Einsicht ohne ihre Umsetzung in praktisches Handeln als Schwärmerei erscheinen.

Die Ringparabel*, die Gotthold Ephraim Lessing (1729–1781) genau in die Mitte seines Versdramas „Nathan der Weise“ stellte, hat den Geltungsanspruch ihrer Botschaft noch immer nicht eingebüßt:

Es eifre jeder seiner unbestochnen
Von Vorurteilen freien Liebe nach!
Es strebe von euch jeder um die Wette,
Die Kraft des Steins in seinem Ring an Tag
Zu legen! komme dieser Kraft mit Sanftmut,
Mit herzlicher Verträglichkeit, mit Wohltun,
Mit innigster Ergebenheit in Gott
Zu Hilf'!

Aber nicht nur das Grenzüberschreitende zu einem Jenseits der außerweltlichen Wirklichkeit (**Transzendenz***) kann als Gemeinsames in unterschiedlichen mythischen und religiösen Vorstellungen erfahren werden. Das Grenzüberschreitende kann sich darüber hinaus auch auf die innerweltliche Wirklichkeit (**Immanenz**) ausrichten: auf die Begegnung der Völker im Wissen um ihre bereits gefundenen und noch zu entdeckenden gemeinsamen ethischen Werte, die ihren Deutungen von Welt und Mensch zugrunde liegen.

In diesem Sinne bilden sich weltweit zunehmend Gemeinschaften und Organisationen, die sich für interreligiöse Toleranz und Zusammenarbeit einsetzen. Beispielsweise begann am 12. Juni 2005 die „International Initiative for Inter-Religious Peace“ (IIIP) zum 25. Jahrestag des Alternativen Nobelpreises, „The Right Livelihood Award“. Ihr Mitbegründer ist der indische Islamwissenschaftler und Reformtheologe Asghar Ali Engineer, alternativer Friedensnobelpreisträger von 2004. Für ihn unterscheiden sich Religionen zwar aufgrund ihrer Entstehungsgeschichte in verschiedenen Kulturen, gleichwohl haben sie gemeinsame Werte (z. B. Menschenwürde und -rechte, Mitgefühl, Wahrheit), an denen sie sich orientieren können.

In ihrer Resolution betont die IIIP konkret, „was zu tun ist“ in Bezug auf interreligiöse, interethnische und ethnisch-religiöse Konflikte in betroffenen Ländern. Sie gründet sich auf der „Basis“: „Akzeptieren (nicht Ablehnung) von Religion. Den befreienden Aspekt von Religion betonen. Religionen erscheinen nur dann als Quellen von Konflikten, wenn sie von politischen Mächten missbraucht werden.“ Für ihre vielfältigen Aktivitäten entwickelt die IIIP ein Netzwerk internationaler Kooperation (www.iiipeace.org/).

„Unsere Erde kann nicht zum Besseren verändert werden, ohne dass das Bewusstsein des Einzelnen geändert wird. […] Ohne Risiko und Opferbereitschaft gibt es keine grundlegende Veränderung unserer Situation! Deshalb verpflichten wir uns auf ein gemeinsames Weltethos: auf ein besseres gegenseitiges Verstehen sowie auf sozialverträgliche, friedensfördernde und naturfreundliche Lebensformen. Wir laden alle Menschen, ob religiös oder nicht, ein dasselbe zu tun!“[99]

Mit dieser Erklärung zum Weltethos setzte 1993 in Chicago eine Versammlung von mehr als 7 000 Teilnehmern aus verschiedenen Religionsgemeinschaften und spirituellen Gruppierungen die Tradition fort, die dort hundert Jahre zuvor erstmals mit einem internationalen und interreligiösen Treffen von mehreren Hundert Theologen, Gelehrten, Führern und anderen Vertretern der Weltreligionen begonnen hatte. Dieses „Parlament der Weltreligionen“, das erneut 1999 in Kapstadt zusammenkam, erließ einen „Aufruf an unsere führenden Institutionen“, einen „Appell zu einem aktiven anhaltenden Dialog über die Schaffung einer gerechten, friedlichen und nachhaltigen Zukunft zum Wohl der ganzen Weltgemeinschaft“.

Angesichts der sozialen, ökologischen, ökonomischen, politischen und wissenschaftlichen Probleme und Herausforderungen unserer gegenwärtigen Welt-Gesellschaft betont Hans Küng die Notwendigkeit eines Ethos* für die Gesamtmenschheit. Küng schlägt das Suchen nach einem „Weltethos“ als „Projekt“ vor, das nicht ein Einzelner bewältigen kann, sondern eine Aufgabe vieler Verantwortlicher ist:

[…] die Zeit ist reif für die Aufforderung: In der gegenwärtigen Weltstunde kommt den Weltreligionen eine ganz besondere Verantwortung zu. Und die Glaubwürdigkeit aller Religionen, auch der kleineren, wird künftig davon abhängen, dass sie mehr betonen, was sie eint, und weniger, was sie voneinander trennt. Denn die Menschheit kann es sich immer weniger leisten, dass die Re-

99 Motto von: „Der Rat für das Parlament der Weltreligionen, „Ein Aufruf an unsere führenden Institutionen“, vorgelegt anlässlich des Parlaments der Weltreligionen 1999, 1.-8. Dezember 1999, Kapstadt, Südafrika, im Netz unter: www.weltethos.org.pdf-dat

ligionen auf dieser Erde Kriege schüren, statt Frieden zu stiften; dass sie Fanatisierung betreiben, statt Versöhnung zu suchen; dass sie Überlegenheit praktizieren, statt Dialog zu üben.

Hans Küng: Projekt Weltethos, S. 14 f.

Unter einem globalen Ethos versteht Küng nicht eine neue Ideologie oder Superstruktur, nicht einen ethischen Totalkonsens im Sinne einer einzigen Weltkultur bzw. Weltreligion, die das spezifische Ethos der verschiedenen Religionen und Philosophien überflüssig machen würde.

Vielmehr gilt es, dass die Anhänger unterschiedlicher Religionen sowie Atheisten*, Agnostiker* und Ungläubige gleichermaßen einen Grundkonsens in ihren ethischen Werten als Basis für das menschliche Zusammenleben und Handeln finden und formulieren. Dabei aber ist Übereinstimmung wiederum nicht gleichzusetzen mit einer Nivellierung der individuellen und gemeinschaftlichen Lebensformen und -haltungen.

Auch ohne die Ergebnisse langwieriger geschichtlicher Analysen und politisch-sozialer Zeitdiagnosen abzuwarten und zugleich im Bewusstsein vieler Unterschiede, lassen sich gemeinsame Grundwerte finden. Ihr Zentrum ist die **„Goldene Regel"***.

Gerade wer in der prophetischen Tradition an Gott wahrhaft glaubt, dem sollte es in der Praxis konsequenterweise um das Wohl des Menschen gehen. So das jüdische Doppelgebot von Gottes- und Nächstenliebe und dessen Radikalisierung (bis hin zur Feindesliebe) in der jesuanischen Bergpredigt, so auch die unablässige Forderung des Koran nach Gerechtigkeit, Wahrhaftigkeit und guten Werken. Aber auch die buddhistische Lehre von der Überwindung menschlichen Leids ist hier zu nennen, ebenso das hinduistische Streben nach Erfüllung des „dharma" und die konfuzianische Forderung, die kosmische Ordnung und damit das Humanum zu bewahren. [...]

Denn alle großen Religionen fordern ja so etwas wie eine „Goldene Regel". [...] Diese „Goldene Regel" ist schon bei Konfuzius bezeugt: „Was du selbst nicht wünschst, das tue auch nicht anderen Menschen an" [...]; aber auch im Judentum: „Tue nicht anderen, was du nicht willst, das sie dir tun" (Rabbi Hillel 60 v. Chr. – 10 n. Chr.), und schließlich auch im Christentum: „Alles, was ihr wollt, das euch die Menschen tun, das tut auch ihr ihnen ebenso." Kants kategorischer Imperativ könnte als eine Modernisierung, Rationalisierung und Säkularisierung dieser Goldenen Regel verstanden werden: „Handle so, dass die Maxime deines Willens jederzeit zugleich als Prinzip einer allgemeinen Gesetzgebung gelten könne", oder: „Handle so, dass du die Menschheit, sowohl in deiner Person, als in der Person eines jeden anderen ... jederzeit zugleich als Zweck, niemals bloß als Mittel brauchst."

Hans Küng: Projekt Weltethos, S. 81, 84.

Kant selbst allerdings zeigt entscheidende Differenzen zwischen dem kategorischen Imperativ und der „Goldenen Regel“: Das Prinzip „Was du nicht willst, was man dir tu’, ...“ kann für ihn kein allgemeines Gesetz sein,

> [...]denn es enthält nicht den Grund der Pflichten gegen sich selbst, nicht die Liebespflichten gegen andere (denn mancher würde es gerne eingehen, dass andere ihm nicht wohl tun sollen, wenn er es nur überhoben sein dürfte, ihnen Wohltat zu erzeigen), endlich nicht der schuldigen Pflichten gegeneinander; denn der Verbrecher würde aus diesem Grunde gegen seine strafenden Richter argumentieren usw.
>
> *Immanuel Kant: Grundlegung der Metaphysik der Sitten, 2. Abschnitt.*

Kants Beispiele sollen zeigen, dass die „Goldene Regel“ für eine auf Autonomie gegründete Ethik nicht ausreicht, sofern sie nämlich abhängig von Situationen und Ambitionen Einzelner und als solche fremdbestimmt (heteronom) sein kann, was den allgemein gültigen Vernunftprinzipien des Sittengesetzes widerspricht. Außerdem schließt sie die „Instrumentalisierung“ der eigenen wie auch der anderen Person nicht aus und steht damit dem kategorischen Imperativ entgegen, wonach jeder Mensch seinen Zweck in sich selbst hat. Ein für alle vernünftigen Wesen gleichermaßen verbindliches Ethos aber muss sowohl unabhängig sein von jeweils subjektiven Neigungen als auch von einer außermenschlichen Instanz, etwa der Offenbarung*. Die „Goldene Regel“ kann einem solchen vernünftig-autonomen Begründungsanspruch nicht genügen. Diesem aber, so wenden Kritiker ein, müsse ein „Weltethos“ gerecht werden.

Probleme, einen ethischen Grundkonsens zu finden, zeigen sich auch da, wo er – etwa bei einer Überzeugung vom „Recht des Stärkeren“ – nicht vorausgesetzt werden kann. Die Frage ist offen, ob und wie ein „Weltethos“ möglich ist auch ohne Bezug auf Wertesysteme, die durch Traditionen von Religionen vermittelt sind. In diesem Zusammenhang bleibt Bonhoeffers Frage hinsichtlich ihrer ethischen Konsequenzen auch für andere Religionen weiterhin zu bedenken: „Gibt es ein religionsloses Christentum?“

Bei allem Eingeständnis der Schwierigkeiten der Konkretisierung eines „Weltethos der Weltreligionen im Dienst an der Weltgesellschaft“ sieht Küng eine Bestätigung für die Möglichkeit eines „Projektes Weltethos“ in der Erklärung der „Weltkonferenz für den Frieden“ (1970) in Kyoto/Japan:

Bahai, Buddhisten, Confuzianer, Christen, Hindus, Jains, Juden, Moslems, Shintoisten, Sikhs, Anhänger von Zoroaster und Vertreter anderer Religionen, wir alle trafen uns hier im gemeinsamen Interesse für den Frieden. Als wir zusammen waren, um uns mit dem überragenden Thema des Friedens zu befassen, entdeckten wir, dass die Dinge, die uns einen, wichtiger sind als die Dinge, die uns trennen. Wir fanden, dass wir gemeinsam besitzen:

- eine Überzeugung von der fundamentalen Einheit der menschlichen Familie, von der Gleichheit und Würde aller Menschen;
- ein Gefühl für die Unantastbarkeit des Einzelnen und seines Gewissens;
- ein Gefühl für den Wert der menschlichen Gemeinschaft;
- eine Erkenntnis, dass Macht nicht gleich Recht ist, dass menschliche Macht nicht sich selbst genügen kann und nicht absolut ist;
- der Glaube, dass Liebe, Mitleid, Selbstlosigkeit und die Kraft des Geistes und der inneren Wahrhaftigkeit letztlich größere Macht haben als Hass, Feindschaft und Eigeninteressen;
- ein Gefühl der Verpflichtung, an der Seite der Armen und Bedrückten zu stehen gegen die Reichen und die Bedrücker;
- tiefe Hoffnung, dass letztlich das Gute siegen wird.

Religionen, Friede, Menschenrechte. Dokumentation der ersten „Weltkonferenz der Religionen für den Frieden", Kyoto 1970, S. 110.

Vergleichende Übersicht über Lehre und Brauchtum der Religionen

	Hinduismus	Buddhismus	Konfuzianismus	Taoismus	Katholizismus	Protestantismus	Islam
Ein ewiger persönlicher Gott	+	–	–	–	+	+	+
Viele überirdische Nothelfer	+	+	+	+	+	–	+
Bilderkult	+	+	+	+	+	–	–
Einmaligkeit von Schöpfung und Gericht	–	–	–	–	+	+	+
Himmel und Hölle	+	+	–	+	+	+	+
Wiederverkörperung	+	+	–	(±)	–	–	–
Religionsbedingte Rechtsordnung	+	–	+	+	–	–	+
Kastenwesen	+	–	–	–	–	–	–
Priesterstand	+	+	–	+	+	+	–
Mönchtum	+	+	–	+	+	+	–
Polygamie	+	+	(+)	(+)	–	–	+
Speisegesetze	+	+	–	–	–	–	+
Alkoholverbot	+	+	–	–	–	–	+
Anspruch auf ausschließliche Gültigkeit	–	–	–	–	+	+	+

Das Schema berücksichtigt nur, was heute von der Mehrheit der Angehörigen der einzelnen Religionen als maßgebend anerkannt wird. Im Einzelnen bestehen aber viele Abweichungen: manche Konfuzianer glauben an einen persönlichen Weltregierer, während manche Hindus seine Existenz leugnen; die Wiederverkörperungslehre findet sich auch bei einigen Taoisten, Christen und Moslems; im Islam ist eine Art von Mönchtum entstanden; einige Hindusekten verwerfen den Bilderkult, manche christliche Kirchen haben bestimmte Speisevorschriften usw.

Literaturempfehlungen

1 Weltreligionen und Kulturen

Atlas der Weltreligionen: Entstehung, Entwicklung, Glaubensinhalte, hrsg. von Peter B. Clarke, übersetzt von Leo Strohm, München [3]1998.

Der Große National Geographic Atlas der Weltreligionen, von Susan Tyler Hitchcock, Ph. D. mit John L. Esposito, Ph. D. Deutsche Ausgabe National Geographic Society: Washington, D. C., 2004.

De Vries, S. Ph.: Jüdische Riten und Symbole, Wiesbaden [3]1984.

Der Koran. Aus dem Arabischen übertragen von Max Henning. Einleitung und Anmerkungen von Annemarie Schimmel, Stuttgart 1984.

Foster, Norman: Die Pilger. Reiselust in Gottes Namen, Erfstadt 2008.

Glasenapp, Helmuth von: Die fünf Weltreligionen Hinduismus, Buddhismus, Chinesischer Universismus, Christentum, Islam, München 1996.

Heiler, Friedrich: Die Religionen der Menschheit, hrsg. von Kurt Goldammer, Stuttgart [6]1999.

Figl, Johann: Handbuch Religionswissenschaft, Innsbruck-Wien, Göttingen 2003.

Grabner-Haider, Anton/Prenner, Karl (Hrsg.): Religionen und Kulturen der Erde. Ein Handbuch, Darmstadt 2004.

Gorys, Erhard: Das Heilige Land, Köln 1988.

Kettermann, Günter: Atlas zur Geschichte des Islam, Darmstadt, [2]2008.

Kreiser, Klaus/Neumann, Christoph K.: Kleine Geschichte der Türkei, Stutgart [2]2009.

Schmoldt, Hans: Lexikon der biblischen Personen und Gestalten, Stuttgart [3]2009.

Smart, Ninian (Hrsg.): Atlas der Weltreligionen, Köln 2000.

Speitkamp, Winfried: Kleine Geschichte Afrikas, Durchges. u. aktual. Ausg., Stuttgart 2009.

Wetzel, Christoph: Die Bibel in der bildenden Kunst, Stuttgart 2009.

2 Fernöstliche Religionen und Islam

Bechert, Heinz/Gombrich, Richard (Hrsg.): Die Welt des Buddhismus, Geschichte und Gegenwart, München 2002.

Brück, Michael von: Einführung in den Buddhismus, Frankfurt a. M. und Leipzig 2007.

Der Koran. Aus dem Arabischen übertragen von Max Henning. Einleitung und Anmerkungen von Annemarie Schimmel, Stuttgart 1984.

Esposito, John L.: Von Kopftuch bis Scharia. Was man über den Islam wissen sollte, Stuttgart 2009.

Gedichte aus dem Rig-Veda, aus dem Sanskrit übertragen und erläutert von Paul Thieme, Stuttgart 1993.

Göle, Nilüfer: Anverwandlungen. Der Islam in Europa zwischen Kopftuchverbot und Extremismus, Berlin 2008.

Haug, Sonja/Müssig, Stephanie/Stichs, Anja: Muslimisches Leben in Deutschland im Auftrag der Deutschen Islam Konferenz, Bundesamt für Migration und Flüchtlinge, Nürnberg 2009.

Knott, Kim: Der Hinduismus, Eine kleine Einführung. Aus dem Englischen übersetzt von Ekkehard Schöller, Stuttgart [2]2009.

Konfuzius: Gespräche (Lun-yu), aus dem Chinesischen übersetzt und hrsg. von Ralf Moritz, Stuttgart 1998.

Laotse Tao Te King: Das Buch vom Sinn und Leben, übersetzt und mit einem Kommentar von Richard Wilhelm, [12]1998.

Pollmann, Leo: Was steht wirklich im Koran? Darmstadt 2009.

Reden des Buddha, aus dem Pâli Kanon übersetzt von Ilse Lore-Gunsser, Stuttgart 1998.

Shaoping Gan: Die chinesische Philosophie. Die wichtigsten Philosophen, Werke, Schulen und Begriffe, Darmstadt 1997.

Schreiner, Klaus H. (Hrsg.): Islam in Asien, Bad Honnef 2001.

Upanischaden. Ausgewählte Stücke, aus dem Sanskrit übertragen und erläutert von Paul Thieme, Stuttgart 1994.

Zimmer, Heinrich: Philosophie und Religion Indiens, Frankfurt a. M. 1973.

3 Gottesvorstellungen in Mythen

Freud, Sigmund: Totem und Tabu. Einige Übereinstimmungen im Seelenleben der Wilden und der Neurotiker, Frankfurt a. M. 1989.

Grönbech, Wilhelm: Kultur und Religion der Germanen, Bd. 1, Darmstadt [12]1997.

Hesiod: Theogonie, Griechisch-Deutsch, übersetzt und hrsg. von Otto Schönberger, Stuttgart 1999.

Jung, Carl Gustav/Kerényi, Karl: Einführung in das Wesen der Mythologie. Der Mythos vom göttlichen Kinde und Eleusinische Mysterien, Zürich/Düsseldorf 1999.

Lanczkowski, Günter: Die Religionen der Azteken, Maya und Inka, Darmstadt 1989.

Popol Vuh: Das Buch des Rates, München [9]1995.

4 Weibliche Gottheiten/Gender-Forschung

Engineer, Asghar Ali: The Rights of Women in Islam, Basingstoke1996.

Ders.: The Quran, Woman, and Modern Society, Chalver Slough1999.

Ders.: Islam, Women and Gender Justice, Neu Dehli 2001.

Bellinger, Gerhard J.: Sexualität in den Religionen der Welt, Frechen 1999.

Bußmann, Renate Hof (Hrsg.): Genus – Geschlechterforschung/Gender Studies in den Kultur- und Sozialwissenschaften, Stuttgart 2005.

Getty, Adele: Göttin. Mutter des Lebens, München 1993.

Göttner-Abendroth, Heide: Das Matriarchat, Geschichte seiner Erforschung, Bde. I–III, Stuttgart, Berlin, Köln 1995–2000.

Dies.: Die Göttin und ihr Heros, München [4]1984.

Dies.: Inanna – Gilgamesch – Isis – Rhea. Die großen Göttinnen-Mythen Sumers, Ägyptens und Griechenlands neu erzählt von Heide Göttner-Abendroth, Königstein/Taunus 2004.

Keel, Othmar: Gott weiblich. Eine verborgene Seite des biblischen Gottes. Bibel + Orient Museum: Freiburg, CH 2008.

Lexikon Familie. Mehrdeutige und umstrittene Begriffe zu Familie, Leben und ethischen Fragen, Paderborn 2007, S. 289–322.

Maier, Christl M. : Göttin. www.wibilex.de. Das wissenschaftliche Bibellexikon im Internet.

Schottroff, Luise: Lydias ungeduldige Schwestern. Feministische Sozialgeschichte des frühen Christentums, Gütersloh 1994.

Smitmans-Vajda, Barbara: Melancholie, Eros, Muße. Das Frauenbild in Nietzsches Philosophie, Würzburg 1999.

Zingsem, Vera: Göttinnen großer Kulturen, München 1999.

5 Tod und Unsterblichkeit

Ariès, Philippe: Geschichte des Todes, München/Wien 1991.

Arnold, Paul: Das Totenbuch der Maya, Frankfurt a. M. 2007.

Das Gilgamesch-Epos, übersetzt und mit Anmerkungen versehen von Albert Schott, neu herausgegeben von Wolfram von Soden, Stuttgart 1999.

Das islamische Totenbuch – Jenseitsvorstellungen des Islam.
Nach der Dresdener und Leipziger Handschrift neu herausgegeben von Helmut Werner, Köln 2009.

Das Totenbuch der Ägypter, eingeleitet, übersetzt und erläutert von Erik Hornung, Düsseldorf/Zürich 1998.

Hasenfratz, Hans-Peter: Der Tod in der Welt der Religionen, Darmstadt 2009.

Scherer, Georg: Das Problem des Todes in der Philosophie, Darmstadt ^{2}1988.

6 Religion und Religionskritik

Bonhoeffer, Dietrich: Widerstand und Ergebung, Gütersloh ^{16}1997.

Freud, Sigmund: Massenpsychologie und Ich-Analyse. Die Zukunft einer Illusion, Frankfurt a. M. ^{4}1999.

Löwith, Karl: Gott, Mensch und Welt in der Metaphysik von Descartes bis zu Nietzsche, Göttingen 1967.

Souvignier, Georg/Lüke, Ulrich/Schnakenberg, Jürgen/Meisinger, Hubert (Hrsg.): Gottesbilder an der Grenze zwischen Naturwissenschaft und Theologie, Darmstadt 2009.

7 Antisemitismus / Theologische und psychologische Auseinandersetzungen mit dem Holocaust

Beller, Steven: Antisemitismus, Stuttgart 2009.

Bar-On, Dan: Die Last des Schweigens. Gespräche mit Kindern von NS-Tätern, Hamburg 2004.

Jonas, Hans: Der Gottesbegriff nach Auschwitz. Eine jüdische Stimme, Frankfurt a. M. 1987.

Wiesel, Elie: Die Nacht. Erinnerung und Zeugnis, aus dem Französischen von Curt Meyer-Clason, Freiburg u. a. ^{4}1996.

8 Soziale und ökologische Aspekte in Religion und Ethik

Bayertz, Kurt (Hrsg.): Evolution und Ethik, Stuttgart 1993.

Birnbacher, Dieter: Ökophilosophie, Stuttgart 1997.

Gerlitz, Peter: Mensch und Natur in den Weltreligionen, Darmstadt 1998.

Pieper, Josef: Muße und Kult, München ^{5}1995.

Stüben, Peter E. (Hrsg.): Seelenfischer, Mission, Stammesvölker und Ökologie, Gießen 1994.

Weizsäcker, Carl Friedrich von: Die Zeit drängt. Eine Weltversammlung der Christen für Gerechtigkeit, Frieden und die Bewahrung der Schöpfung, München/Wien 1986.

9 Beispiele aus der Geschichte religionsbegründeter Konflikte

Arndt, Johannes: Der Dreißigjährige Krieg 1618–1648, Stuttgart 2009.

Tyerman, Christopher: Die Kreuzzüge. Eine kleine Einführung. Aus dem Englischen übersetzt von Christian Rochow, Stuttgart 2009.

10 „Weltethos“ – Wege zur interreligiösen, interkulturellen, politischen Verständigung

Adwan, Sami/Bar-On, Dan: Learning Each Other's Historical Narrative, Palestinians and Israelis, 3 Bde PRIME, Beit Jallah 2003, 2006, 2010.

Bar-On, Dan: Erzähl dein Leben. Meine Wege zur Dialogarbeit und politischen Verständigung, Hamburg 2004.

Ders.: Die „Anderen“ in uns. Dialog als Modell der interkulturellen Konfliktbewältigung, Hamburg ²2003.

Ders. (Hrsg.): Den Abgrund überbrücken. Mit persönlicher Geschichte politischen Feindschaften begegnen, Hamburg 2000.

Engineer, Asghar Ali/ Hutter, Gottfried: Gemeinsame Initiative für Frieden zwischen den Religionen, Salzburg 2005: „International Initiative for Inter-Religious Peace“ (I I I P) www.iiipeace.org.

Klas, Gerhard: „Terror hat keine Religion“. Ali Engineer und islamische Befreiungstheologie in Indien, SWR 2 Wissen (20. 11. 2009). http://www.swr2.de

Küng, Hans: Projekt Weltethos, München/Zürich ⁴1998. ww.weltethos.org/

Küng, Hans/Kuschel, Karl-Josef (Hrsg.): Erklärung zum Weltethos – die Deklaration des Parlaments der Weltreligionen, München/Zürich ²1996.

Dies. (Hrsg.): Wissenschaft und Weltethos, München/Zürich 1998.

Senfft, Alexandra (Autorin) und Passow, Judah (Fotograf): Fremder Feind, so nah, Begegnungen mit Palästinensern und Israelis, Hamburg 2009.

Tutu, Desmond: Believe, aus dem Englischen von Anke und Eberhard Kreutzer, Ubuntu Vorbilder, München 2008.

Ders.: Gott hat einen Traum, Kreuzlingen/München 2004.

Ders.: Versöhnung. Sei wahr und werde frei, Freiburg, Basel, Wien 2008.

Glossar

Agnostizimus: griech. *a-gnostos:* nicht wissen. Die Auffassung, dass es unmöglich ist, um Gottes Wesen und Existenz zu wissen bzw. sie zu beweisen. A. kann aber auch eine gewisse Reserviertheit gegenüber religiösen Phänomenen bedeuten.

Altes Testament: lat. *testamentum:* Bund. Bezeichnung des 1. Teils der Bibel, die Heilige Schrift der Juden und Christen. Juden bezeichnen sie jedoch nicht als „Altes Testament", sondern als „Gesetz", „Propheten", „Schriften" (vgl. Tora[h]). „Testament" bezieht sich auf den „alten Bund", den Gott mit dem Volk Israel geschlossen hat, demgegenüber gilt das Neue Testament* als Schrift des „neuen Bundes", die sich um Jesus rankt. Das Alte Testament enthält eine Sammlung von Schriften unterschiedlicher literarischer Gattungen, deren jeweils unterschiedliche Entstehungszeit sich insgesamt über ein Jahrtausend erstreckt, und die etwa im 6. /5. bis 2. Jahrhundert v. Chr. von der jüdischen Gemeinde zu einem Kanon zusammengestellt wurden. Die Zugehörigkeit zum Kanon wird in verschiedenen Zeiten von Juden, morgenländischer (syrischer, äthiopischer), römisch-katholischer und evangelischer Kirche unterschiedlich beantwortet. Das älteste, auf 250 v. Chr. datierte Dokument, ein Bruchstück des Alten Testaments (2 Mose/ Exodus), wurde in Qumran gefunden. Die älteste griechische Übersetzung des hebräischen Urtextes des Alten Testaments, die in Ägypten entstandene Septuaginta (LXX), stammt aus dem 3. und 2. Jahrhundert v. Chr.

Apokryph: griech. „verborgen, unecht". Mit a. werden Schriften bezeichnet, deren Zugehörigkeit zum Alten oder Neuen Testament umstritten ist (vgl. Kanon).

Apostolische Sukzession: lat. „Nachfolge". Nach christlichem Glauben: die seit den Aposteln (vor allem seit Petrus, der als „erstes Oberhaupt der Kirche" von Jesus mit Binde- und Lösegewalt im Himmel und auf Erden nominiert gilt) aufeinanderfolgende Ordination des Priesters, Bischofs, Papstes. Die katholische Lehre macht diese zur alleinigen Voraussetzung für das rechtmäßige Bischofsamt.

Atheismus: griech. *a-theos:* ohne Gott. Das Nicht-Glauben an die Existenz eines Gottes im Unterschied zu *Agnostizismus.*

Atman: in den Upanischaden und im Hinduismus: das Selbst, die Seele, das Wesen des Einzelnen.

Auschwitz: das größte Konzentrationslager der Nazis in der Nähe von Oseiecim, Polen (1940 errichtet). Hier wurden zwischen einer und zweieinhalb Millionen Juden vernichtet. Deshalb wurde Auschwitz zum „Symbol" für die Gräuel des Holocaust, an dem sich das Theodizee-Problem in extremster Weise stellte, das sich in den Fragen der „Theologie nach Auschwitz" artikulierte.

Ba: ägyptische Bezeichnung für unseren Begriff „Seele", gilt als Träger der unvergänglichen Eigenschaften einer menschlichen Person. B. löst sich nach dem Tod vom Leib, ist frei in seinen Bewegungen und kann eine andere Gestalt annehmen: In der eines Vogels mit Menschkopf wird er überwiegend dargestellt, weil er als unabhängig vom Ort gilt.

Bergpredigt: Die neutestamentliche Erzählung, dass Jesus von einem Berg aus gepredigt habe, ist nicht historisch, sondern symbolisch zu verstehen. Der Berg wurde im Judentum als Ort der Offenbarung verstanden. – Mose erhielt die Gesetzestafeln auf dem Berg Sinai. – Nach dem Evangelium des Matthäus (Mt 5–7) verkündete Jesus hier dem neuen Volk Gottes die Regeln der Heilszeit. Die B. besteht aus Jesu Seligpreisungen und seiner Bekundung, dass er den Schöpferwillen Gottes wieder herstelle. Von besonderer Bedeutung sind das „Vaterunser" (Mt 6, 9–13) als Beispiel neuen Betens und die „Goldene Regel" (Mt 7,1–12).

Beschneidung der männlichen Vorhaut wird im Judentum und Islam wenige Tage nach der Geburt durchgeführt. Im Alten Testament ist sie Zeichen des Bundes zwischen Gott und seinem Volk (1 Mose/Genesis 17, 9 ff.), im Neuen Testament tritt an ihre Stelle die Taufe als Zeichen des Neuen Bundes (Kol 2,11).

Bibel: griech. *biblia:* Bücher (vgl. Kanon). Sammelbezeichnung für die heiligen Schriften der Juden und Christen. Die *hebräische* Bibel enthält drei Teile: Tora (Gesetz, z. B. des Mose, Lehre der Weisen), Nebiim (Propheten) und Ketubim (Schriften, dazu gehören: Psalmen, Sprüche, Hiob, das Hohelied, Rut, Klagelieder, Weisheit, Ester, Daniel, Esra, Nehemia und 1 und 2 Chroniken); die *christliche* Bibel besteht aus dem Alten Testament, das der hebräischen Bibel entspricht, und dem Neuen Testament, das seine gegenwärtige Form im 4. Jhd. erhielt. Zu ihm gehören: die 4 Evangelien, die Apostelgeschichte, die 13 Paulusbriefe, die Briefe des Jakobus, der 1. und 2. Petrus-, der 1.–3. Johannes- und der Judasbrief („katholische Briefe").

Brahman: Sanskrit: „Ausdehnung", „Wachsen". 1. das impersonale „Absolute", der höchste Urgrund allen Seins, der alles durchdringt und Träger des sichtbaren Universums ist. Der Mensch muss zur Erkenntnis der Einheit von Brahman und Atman gelangen. 2. persönlicher Schöpfergott, einer der Hindu-Götter-Dreiheit Brahma, Visnu und Siva.

Brahmane: gehörte zur höchsten der vier gesellschaftlichen Gruppen und zur gebildetsten Schicht der vedischen- bzw. Hindu-Gesellschaft. Er war Lehrer, Hüter und Deuter des religiösen Wissens, der als Mittler zwischen Welt, Mensch und Gott in der Eigenschaft als Priester wirkte. Als solcher hatte er eine hohe rituelle Stellung inne, man erwartete von ihm die genaue Beachtung der Reinheits- und Speiseregeln (Vegetarismus).

Bundeslade ist der wichtigste aus vorexilischer, Wüsten- und Wander-Zeit stammende Kultgegenstand Israels. Ihre Deutung ist vielschichtig und umstritten: Als „Lade des Bundes" Jahwes mit seinem Volk, als „Wanderheiligtum": ein vergoldeter, durch Stangen tragbarer Kasten (1,25 x 0,75 m) aus Akazienholz, in dem die Gesetzestafeln des Dekalogs aufbewahrt wurden, auf dem auch die Sühneplatte angebracht war. Sie wurde auch als Thronuntersatz des Thrones Gottes aufgefasst (vgl. 5 Mose/Deuteronomium 10,1 ff.; 31,9.25 f.; 2 Mose/Exodus 25,10 ff.; 37,1 ff. und die Ladenerzählung 1 Sam 4–6; 2 Sam 6).

Charisma: griech. „Gnade", „Gabe". Besondere Fähigkeiten und Kräfte, durch die ein Mensch mit seiner (religiösen) Überzeugung auf andere wirken kann. Alttestamentliche Propheten verhießen dem ganzen Volk Israel für das Ende der Zeiten eine Begabung mit dem Geist Gottes. Nach christlichem Glauben werden solche Kräfte durch den Heiligen Geist geweckt und dienen besonders der Verbreitung des Evangeliums.

Chassidismus, Chassidim (Hasidim, hebr. ‚die Rechtschaffenen').
In den Psalmen werden diejenigen Ch. genannt, die Gott nahe sind. Für die Rabbis sind sie diejenigen, die ein heiligmäßiges Leben führen. In der Talmud*-Literatur wird ihre ständige Bereitschaft zu Opfern und Selbstreinigung genannt.

Als „Chassidim“ können „fromme“ Juden im Allgemeinen oder auch Vereinigungen bezeichnet werden. Entwickelte sich der Ch. des Mittelalters vor allem im Rheinland und in der Pfalz z. Zt. der Entstehung der christlichen Mystik (1150–1250) und im Zusammenhang mit der Bedrohung durch die Kreuzzüge, so verbreitete er sich in Osteuropa als Reaktion auf die Pogrome im 17. Jahrhundert. Riten und Bräuche: Versammlung am Sabbat und an Festtagen zu Gebeten, Tänzen, Liedern. Mittelpunkt der Gemeinde ist der Rabbi, der in Gleichnissen und Erzählungen lehrt.

Deismus: lat. *deus:* Gott. Im Gegensatz zum Theismus* leugnet der Deismus die Lenkung der Welt durch einen persönlichen Gott und schließt somit auch Offenbarung, Vorsehung und Wunder aus.

Dekalog: griech. „Zehnwort“: Damit werden die zehn Gebote bezeichnet, die Mose am Sinai von Gott erhielt und die Grundlage des Treuebündnisses zwischen Jahwe und dem Volk Israel sind. Sie regeln das Verhältnis zu Gott (Verbot fremder Götter und der Darstellung Gottes: „Bilderverbot“) und das Miteinander der Menschen (Ehe, Eltern, Kinder, Besitz u. a.).

Dharma: Sanskrit: „tragen“, „halten“. Der Begriff hat im Hinduismus und Buddhismus eine vielschichtige Bedeutung. Er bezieht sich auf die Gesetze der kosmischen Ordnung und auf die des Karma, auf die auch die Gesamtheit der ethischen und religiösen Pflichten ausgerichtet sind. Sie sind zusammen mit rituellen und gesellschaftlichen Regeln in den Dharmasutras und Dharmásatras (Regeln und Gesetze der Lebensführung) gesammelt. Das wichtigste unter ihnen ist das Gesetzbuch des Manu. Dharma meint im Buddhismus aber auch „Daseinsfaktoren, welche als nicht weiter erklärbare letzte Realitäten oder genauer: Kräfte zu charakterisieren sind“ (Helmuth von Glasenapp) sowie Eigenschaften von Erscheinungsformen.

Epikureer: Anhänger des Philosophen Epikur (342–271 v. Chr.), die dessen Lehre in einigen erhaltenen Briefen und Sätzen überlieferten. Der einflussreichste unter ihnen war der römische Dichter Lukrez Carus (gest. 55 v. Chr.), Verfasser des Lehrgedichtes „Von der Natur der Dinge“. Als Epikurs Hauptinteresse gilt seine Ethik mit dem Ideal des Weisen, der durch Abwägen zwischen Genuss und Selbstbeherrschung nach Unerschütterlichkeit der Seele (Ataraxie) und damit nach Glückseligkeit strebt. Nach seiner Auffassung gibt es zwar Götter, übermenschliche Wesen, aber diese kümmern sich nicht um die Regierung der Welt. Der Weise hat weder Furcht vor ihnen noch vor dem Tod.

Eschatologie: griech. *,es‘chaton:* „Ende“, d. h. „die Lehre von den letzten Dingen“, von dem Ende der Geschichte und der Welt, im jüdischen und christlichen Sinne (auch wenn das Wort selbst nicht in der Bibel vorkommt). Nicht „Entwicklung“ und „Fortschritt“ sind dabei tragende Gedanken, sondern die Ausrichtung auf ein letztes Ziel: die Erlösung als künftige Wiederherstellung der paradiesischen Schöpfungsordnung.

Ethos hat mit dem griech. Anfangsbuchstaben ε die Bedeutung: Gewohnheit, Sitte, Brauch; mit η zudem die Bedeutung: Charakter, Sinnesart, Denkweise. Beide verbindet Aristoteles zu seinem Ethos-Begriff: Was wir als Charakteranlage (Samen) besitzen, das können wir zur Vollendung bringen durch Lebensführung und Gewohnheit. Ethos bezieht sich nur auf die vernunftbegabten Lebewesen: Im Gegensatz zu den anderen, die durch Zwang und nicht durch Einsicht werden, wie sie sind, wird der Mensch im Laufe der Gewöhnung durch Einsicht geformt. Insofern Aristoteles den Menschen als ein *zoon politikon* (ein gesellschaftliches, auf die *Polis,* den Staat, bezogenes Lebewesen) bestimmt, ist seine Ethik zugleich auf den Menschen als Bürger der Polis wie auch auf Gesinnung und Haltung des Einzelnen ausgerichtet. Der aristotelische Ethos-Begriff beeinflusste maßgeblich die ihm folgende Philosophiegeschichte der Ethik. Im modernen Sinn bezeichnet E. die moralische Gesinnung und Wertsetzung insgesamt, welche das Handeln des Menschen bestimmt.

Etymologie: griech. die Lehre vom Ursprung und der geschichtlichen Entwicklung eines Wortes.

Evangelium: griech. „gute Nachricht", bezeichnet im Urchristentum die „frohe Botschaft", die das Anbrechen der Gottesherrschaft durch Leben, Tod und Auferstehung Jesu als einmaliges Heilsgeschehen verkündet. Die über Jesu Wirken und Worte erzählten Geschichten werden als Evangelien bezeichnet, ihre Verfasser als Evangelisten. Der neutestamentliche Kanon enthält vier Evangelien, von denen die ersten drei (Matthäus, Markus, Lukas) als synoptische (zusammenschauende) bezeichnet werden, weil sie einander in vieler Hinsicht entsprechen; das Johannesevangelium dagegen stellt einen eigenen Typus dar.

Fraktal: „Für gewisse sehr unregelmäßige und zersplitterte geometrische Formen habe ich den Begriff Fraktal geprägt" (Benoit B. Mandelbrot, Die fraktale Geometrie der Natur, Basel 1987, Tafel C 16).

Fundamentalismus: Eine Haltung, die in allen Religionen vorkommen kann: „Fundamentalisten" berufen sich auf das „Fundament" ihres religiösen Glaubens, zum Beispiel auf den Koran oder auf die Bibel und deren wortwörtliche Auslegung sowie auf die Befolgung ihrer Gebote und Vorschriften. Im fanatischen Bestehen auf diesen „Grundsätzen" rechtfertigen „Fundamentalisten" ihre radikalen Deklarationen, Forderungen und Handlungen, durch die sie ihre Vorstellungen von der Lösung ethischer, sozialer, ökonomischer Probleme durchsetzen wollen.

Gemara: s. Talmud

Gender-Forschung: Im Unterschied zum „biologischen" Geschlecht bezeichnet „gender" das „soziale Geschlecht". Entsprechend bezieht sich die Gender-Forschung auf soziokulturelle Prägungen der Geschlechter: ihre Eigenschaften, Rollen, Verhaltensweisen innerhalb von Kulturen und Gesellschaften, Weltanschauungen, Religionen. Die „Gender-Forschung" in den Religionswissenschaften eröffnet neue Perspektiven u. a. auf Gottes- und Menschenbilder in den Religionen.

Genesis: griech. Entstehung, Ursprung. Der Name bezieht sich auf die Entstehung der Welt, „Urgeschichte". Sie ist das erste der „Fünf Bücher Mose" und enthält u. a. die Schöpfungs- und Sündenfallgeschichte 1 Mose/Genesis 2,4b–3,24, davon zählt 1 Mose/Genesis 2,4b–7 zu den ältesten Texten des Pentateuch (Jahwist). Der erste Schöpfungsbericht 1,1–2,4a wird einer jüngeren Quelle, der „Priesterschrift", zugeschrieben. 1 Mose/Genesis 1–11 verarbeitet Sagen und Mythen aus dem Erzählgut benachbarter Kulturen.

Gnostiker: in den ersten Jahrhunderten n. Chr. Lehrer und Anhänger der *Gnosis* (griech. „Wissen", Erkenntnis vor allem Gottes bzw. des Göttlichen), die mit ihrer griechisch-orientalischen Mysterienlehre und ihrem philosophischen System dem Christentum entgegenstanden, insofern für sie Erlösung von der Erkenntnis Gottes abhing und sie zwischen einem höchsten göttlichen Wesen und einem göttlichen Schöpfer (Demiurg) unterschieden, der für die unvollkommene Welt verantwortlich ist.

Goldene Regel: eine Regel in Form eines Sprichwortes, z. B. „Was du nicht willst, was man dir tu, das füg' auch keinem andern zu!" Die negative Fassung wertete Jesus in der Bergpredigt zu einer positiv formulierten auf: „Alles, was ihr wollt, das man euch tue, das tut auch den anderen!" (Mt 7,12; Lk 6,31).

Hadith: arab. „Überlieferung", „Bericht", „Erzählung" (von den Taten und Worten Mohammeds), bezeichnet die Gesamtheit der Überlieferungen wie auch die einzelne Tradition. Die Gläubigen des Islam sehen im H. neben dem Koran eine weitere Autorität und Grundlage für Gesetzgebung und religiöse Vorschriften. H. enthält Berichte über Brauch, Worte und Taten Mohammeds und seiner Begleiter, an denen sich die Muslime in Kontinuität zu ihrer Tradition ein gutes Beispiel nehmen sollen.

Halacha: s. Talmud

Häretiker leitet sich von Häresie ab: griech. *hairesis:* Wahl (einer bestimmten Meinung). Im religiösen Sprachgebrauch Wahl einer Meinung, die von der allgemein als gültig akzeptierten Glaubenswahrheit abweicht. Ihre Anhänger (Häretiker) werden deshalb geahndet bzw. verfolgt (vgl. Inquisition).

Heilige werden Menschen mit frommem und sittlichem Lebenswandel genannt: So ist im Buddhismus der Heilige ein „Vollkommener". Im Christentum werden besonders Märtyrer u. a. mit beispielhaft christlichem Lebenswandel als Heilige verehrt, am Festtag „Allerheiligen" (seit 835 n. Chr. am 1. November) wird aller als „Heilige" anerkannten und ernannten Christen gedacht.

Heiliger Geist: im Judentum gilt er als „Atem Gottes", d. h. als schöpferisch-ordnende Kraft („Der Geist Gottes schwebte über den Wassern", 1 Mose/Genesis 1,2) und verweist auf die Anwesenheit Gottes in der Welt. Zunehmend wurde er mit der Geistausgießung über ganz Israel in der Endzeit in Verbindung gebracht (vgl. Joël 2). Im Christentum ist er die dritte Person der Heiligen Dreifaltigkeit (Einheit Gottes in drei Personen: Vater, Sohn, Heiliger Geist). Außerdem wird er wie im Alten Testament* als Kraft Gottes aufgefasst, aber auch als etwas Übernatürliches im Sinne des griechischen *pneuma,* d. h. Hauch, das Wehen, Atem, Leben, Seele. An Pfingsten wurde er in Gestalt von Feuerzungen auf die Apostel herabgesandt. Nach neutestamentlicher Überlieferung (Mt 1,18–25, Lk 1,26–38) hat die Jungfrau Maria ihren Sohn Jesus durch den Heiligen Geist empfangen (Jungfrauengeburt).

Heiligsprechung: eine verstorbene Person wird nach einem gewissenhaften Prozess genauer Prüfung aufgrund ihres vorbildlich christlichen Lebenswandels vom Papst feierlich für „heilig" erklärt.

Holocaust: holokaust, griech. „Brandopfer". Das Brandopfer bezieht sich im Alten Testament* auf 3 Mose/Levitikus 1,3: „eine Opfergabe ein Brandopfer" und wird von da aus auf jedes Opfer angewandt. Heute meint das Wort die systematische Vernichtung der europäischen Juden 1933–1945, die von den deutschen Nationalsozialisten ausging. Mit dem Ziel der „Endlösung", d. h. ihrer endgültigen Ausrottung, wurden die Juden planmäßig aus dem gesellschaftlichen, öffentlichen und kulturellen Leben entfernt, zu Zwangsarbeitern gemacht, ihres Eigentums und ihrer Staatsbürgerschaft beraubt, in Ghettos zusammengepfercht, in Konzentrationslagern vernichtet und in Krematorien verbrannt. Die neu-hebräische Bezeichnung für H. ist Schoah (Sho'ah), d. h. „Unheil", „Sturm", „Untergang", „plötzliches Verderben" (vgl. Auschwitz).

Idee: griech. *eidos:* das Bild, Vor-, Ur-, Musterbild. Bei Platon ist es das wahrhaft Seiende, das sich gleich bleibt, das Unveränderliche, Ewige, das Wesen (an sich), das Allgemeine der Dinge. Es gibt so viele Ideen wie Gattungen der Dinge. Jedes Ding hat an seinem Urbild nur teil *(mêthexis),* z. B. alle schönen Dinge an dem ihnen übergeordneten Urbild „des Schönen". Die höchste Idee ist die des Guten. Kant fasst die Ideen als Vernunftbegriffe auf. Auch wenn sie in der Erfahrung nicht angetroffen werden, sind sie doch nicht einfach nur erdichtet. So ist laut Kant weder Freiheit noch Gott noch die Unsterblichkeit *theoretisch* erkennbar, aber gleichwohl zu rechtfertigen vor der *praktischen* Vernunft, im Sinne des moralischen Gebrauchs: als „regulative Idee", d. h. als Leitgedanke, zweckmäßig, regelgebend.

Ikonografie: (Kunst-)Wissenschaft, die die Bedeutung der Bildgegenstände erforscht und beschreibt.

Index (Librorum Prohibitorum): lat. „Liste verbotener Bücher". Liste von Büchern, die offiziell den Gläubigen von der katholischen Kirche zu lesen und zu besitzen verboten wurden. Den ersten Index gab 1557 die Kongregation der Inquisition heraus, der letzte erschien 1948, 1966 wurde der Index abgeschafft.

Inquisition: ein Tribunal der römisch-katholischen Kirche zur Bekämpfung und Bestrafung von Häretikern*. Sie entstand 1232 unter Papst Gregor IX. Prozesse gegen die Angeklagten wurden ohne Anwalt und feststehende Regeln zur Beweisaufnahme geführt. Gefängnis und Folterung sollten den Widerständigen zu Geständnissen zwingen. Die angeschuldigte Person konnte der weltlichen Macht und damit dem Urteil zum Tod (am Pfahl) übergeben werden. Zur Überwachung der Moral und des Glaubens in der ganzen Kirche wurde 1542 die Kongregation des Heiligen Offiziums gegründet. Diese wurde 1587 und 1908 neu organisiert, seit 1965 hat sie als Kongregation für die Glaubenslehre die Funktion der Tadelung des falschen Glaubens.

Islamismus: Islam und Islamismus sind nicht identisch. Der Islamismus bezieht sich auf die „Wahrheit" des Koran im wortwörtlichen Sinne und – in Übereinstimmung mit der Scharia – auf die radikale Anerkennung und Anwendung seiner Gebote, die auch für moderne Menschen gültig sein sollen. So wenden sich Islamisten, oft mithilfe der „Gotteskrieger" bzw. des „heiligen Krieges", vor allem gegen Regierungen, die sie als „ungläubig", „säkularisiert", „verwestlicht" verurteilen. „Der islamistische Diskurs ist simplifizierend und anachronistisch, die Bezüge auf den Koran sind vage und unzuverlässig. Er vermischt vieles, schöpft aus verschiedenen Traditionen, Kulturen und religiösen Schulen. Daher erweist sich die von den Islamisten propagierte Rückkehr zum Islam als Entstellung religiöser Traditionen." (N. Göle, Anverwandlungen, S. 101).

Jahwe: Eigenname des Gottes Israel, der sich an Moses (2 Mose/Exodus 3,13 f.) kundgetan hat: „Ich bin, der ich bin" oder: „Ich werde sein, der ich sein werde". Damit soll ausgedrückt werden, dass Gott aktuell und immerdar allgegenwärtig und -wirksam ist. Mehr als 6000 Mal wird der Name im Alten Testament* genannt. Seine Aussprache ist allerdings umstritten, da er – wie der ursprüngliche hebräische Text des Alten Testaments* – nur aus Konsonanten bestand: JHWH. Die Vokalisierung der Konsonanten wurde von Nichthebräern auch als Jehowa gelesen.

Jahwist: der Verfasser, der in seinen Erzählungen ausschließlich den Eigennamen „Jahwe" für Gott verwendet. Dazu rechnet die alttestamentliche Wissenschaft sein Geschichtswerk vom Schöpfungs- und Sündenfallbericht (1 Mose/Genesis 2,4b–3,24) an bis zur Geschichte der Landnahme (Josua 1–12, wo über die Eroberung des westlichen Jordanlandes und dessen Verteilung unter die zwölf Stämme Israels berichtet wird).

Jonabuch: Lehrerzählung, die im 4. oder 3. Jhd. v. Chr. abgefasst wurde. Sie berichtet über Jona, der sich Gottes Befehl widersetzt, Ninive den Untergang anzukündigen. Erst nachdem er von einem Schiff ins Meer geworfen, von einem großen Fisch verschluckt und von ihm – überlebend – an Land gespien worden war, erfüllt er Gottes Willen.

Gott verschont daraufhin die Stadt. Das Motiv des Verweilens Jonas' im dunklen Fischleib und seine unversehrte Rückkehr ans Land ist in christlicher Vorstellung Bild für die Niederfahrt Christi in die Vorhölle und die Auferstehung.

Käfer: siehe Skarabäus.

Kamma: siehe Karma.

Kanon: Liste der Schriften, die zum Alten* und Neuen Testament* gerechnet werden. Dessen Umfang stand nicht immer eindeutig fest (vgl. Weisheit, Buch der). Die katholische Kirche legte ihn auf dem Konzil von Trient 1456 fest. Im Gegensatz dazu erklärte Luther einige Bücher für apokryph (vgl. apokryph).

Es gibt auch einen *Pāli-Kanon* (vgl. Nibbâna): die frühesten Sammlungen buddhistischer (Lehr- u. a.) Texte von Palmblatthandschriften, die „drei Körbe" genannt werden, weil sie in drei verschiedenen Körben aufbewahrt wurden.

Karma: Sanskrit: „Handlung", „Tat". Nach hinduistischer Lehre vom K. hat jede gute oder schlechte Tat ihre Auswirkung im jetzigen oder in einem künftigen Leben. Augenblickliche Situationen eines Menschen werden aus seinen Handlungen in seiner gegenwärtigen oder in seiner vorherigen Existenz erklärt. K. steht als Triebkraft hinter dem Gesetz des Kreislaufs der Wiedergeburten.

Konkordat: Rechtliche Übereinkunft zwischen einer Regierung und einer religiösen Gruppe (Staat und Kirche) in Fragen gegenseitigen Interesses. Beispiele: Das Wormser Konkordat (1122 n. Chr.), das dem Papst die Ernennung von Bischöfen zusicherte; das Konkordat zwischen Napoleon Bonaparte und Pius VII. (1801), das im nachrevolutionären Frankreich die Existenzberechtigung der römisch-katholischen Kirche wieder herstellte; das Konkordat des Vatikans mit den Faschisten in Italien und mit Nazi-Deutschland (Reichskonkordat vom 20. Juli 1933). Das Reichskonkordat wurde 1957 in seiner grundsätzlichen Fortgeltung bestätigt.

Koran: heilige Schrift des Islam. Die Muslime glauben, sie sei das von Allah an Mohammed offenbarte Wort, zwischen 610 und 632 n. Chr., das später schriftlich aufgezeichnet wurde. Der Koran besteht aus 114 Kapiteln (Suren).

Kreationismus: lat. *creare:* erschaffen, erzeugen, gebären. Der K. nimmt zur Erklärung der Weltentstehung die biblische Schöpfungsgeschichte wörtlich und schließt Evolutionstheorien (vor allem Darwins) aus.

Krisna: im Hinduismus eine der Inkarnationen des Gottes Visnu; eine mythen- und legendenumwobene (und deshalb sehr populäre) Gestalt, die mit Flöte und in liebendem Tanz mit Gopis („Hüterinnen der Kühe") dargestellt wird, Symbol der leidenschaftlichen Vereinigung der Seele mit Gott.

Liturgie: griech. *leiturgia,* von *laos:* Volk und *ergon:* Arbeit. Im Unterschied zur privaten Verehrung Gottes ist L. ein Gottesdienst, dessen Formen vorgegeben sind.

Logos: griech. „das Wort", „die Rede". In der Philosophie: die Vernunft des Menschen, auch die den Kosmos durchwaltende „Weltvernunft"; in der Theologie: das Wort (Gottes) als Schöpfungswort, das fleischgewordene Wort: Christus.

Metaphysik: ursprünglich griech. *meta ta physiká:* bezeichnete die Werke des Aristoteles, die in seiner Bibliothek „nach der Physik" standen, welche von den „ersten Prinzipien und Ursachen" handelten. Später wurde daraus „das, was hinter den Dingen liegt", das über die Natur Hinausgehende, schließlich: die Lehre von den letzten Seinsgründen, auch vom Wesen Gottes bzw. der Gottheit (Theologie).

Metaphysisch: entsprechend zu Metaphysik: das Geistige, in seinem Wesen Unerfahrbare.

Mischna: s. Talmud

Monadenlehre (Monadologie): von griech. *monás:* Einheit und *logos:* Wort, Lehre. Leibniz verstand die Monaden als „fensterlose" Wesen, die in sich geschlossen sind, ohne Beziehung nach außen, gradmäßig unterschiedlich, untereinander verbunden durch eine im Voraus festgestellte (prästabilierte) Harmonie. Aus ihnen setzt sich die Weltsubstanz zusammen.

Monotheismus: von griech. *monos:* allein, einzig, *theos:* Gott. Glaube, dass es nur einen Gott gibt, im Gegensatz zum Polytheismus*.

Mysterien: lat. *mysterium:* das Geheimnis, der Geheimkult. Nur der „Eingeweihte" (Myste) hat Zugang zu den Kulten, bei denen er für sich durch geheim gehaltene Riten Anteil am Göttlichen zu erwirken hoffte. Von besonderem Einfluss waren die M. des Isis-Kultes, die des Dionysos oder der Orphiker, an die viele Philosophen (unter ihnen Heraklit, Pythagoras, Platon) anknüpften.

Mythos: griech. „Wort", „Erzählung", alt überlieferte Geschichten von Göttern bzw. außermenschlichen Wesen, von Weltentstehung und -ende, Menschenleben und -leiden. Im weiteren Sinne auch die Darstellung von metaphysischen Zusammenhängen in Bildern statt in Begriffen.

Neues Testament: lat. *testamentum:* Bund. Bezeichnung für den zweiten Teil der Bibel*, der sich ihrem ersten, dem Alten Testament*, anschließt. Der Name „Neues Testament" hat sich erst im 3. Jahrhundert durchgesetzt. Er wird auf die Deutung des Apostels Paulus zurückgeführt, wonach Gott die im „alten Bund" (Altes Testament, d. h. die durch das mosaische Gesetz bestimmte Heilsordnung) gegebene Heilsverheißung in Christus erfüllt und dadurch mit seinem Volk einen „neuen Bund" geschlossen hat (vgl. 1 Kor 11,25; Röm 11,27; 2 Kor 3,6. 14). Das Neue Testament besteht aus 27 Schriften und entstand als solches später als seine einzelnen Teile. Nach zunächst mündlicher Überlieferung der Botschaft Jesu wuchs mit dem Sterben der unmittelbaren Zeitzeugen das Bedürfnis nach einer schriftlichen Fixierung, die in den letzten Jahrzehnten des 1. Jahrhunderts in den Evangelien ihre Form erhielt und durch die Sammlung der Paulusbriefe und die im Gebrauch der Gemeinden bewährten Überlieferungen ergänzt wurde. Die Sprache des Neuen Testaments ist Griechisch, die Umgangssprache der hellenistisch-römischen Zeit.

Nibbâna: Sanskrit: „Auslöschen". Das Erlöschen weltlicher Begierden ermöglicht nach hinduistischer Auffassung eine Vereinigung mit dem Absoluten bzw. mit Gott. Im Buddhismus ist N. der Zustand des absoluten Aufhörens des Lebensdurstes und damit die Aufhebung von Geburt, Alter, Leid und Tod. Da es kein Selbst im Sinne des traditionell-westlichen Verständnisses gibt, fehlt auch die Vorstellung eines persönlichen Weiterlebens nach dem Tod.

Nihilismus: lat. *nihil:* nichts, die Auffassung oder Lehre der Verneinung von Glaubenssätzen oder auch eine geistige Haltung, die bestehende gesellschaftliche Ordnungen und sittliche Wertungen, Anschauungen bzw. Ideologien missachtet oder ablehnt. Nihilismus kann sich theoretisch, ethisch und politisch äußern. Augustinus bereits nannte die an nichts Glaubenden *„nihilisti"*. Im Sprachgebrauch Nietzsches bedeutete Nihilismus die „radikale Ablehnung von Sinn, Wert und Wünschbarkeit".

Nirwana: siehe Nibbâna.

Offenbarung: Enthüllung, Erscheinen von etwas Verborgenem, das ein Göttliches, Gott oder Götter durch Natur-Erscheinungen (Feuer, Sturm, Gewitter u. a.), auch durch Menschen, z. B. Propheten (in Träumen, Ekstase oder Visionen) mitteilt.

Pantheismus: griech. *pan + theos:* alles + Gott; „Allgottlehre": Gott lebt in allen Dingen, ist sogar das Leben des Weltalls selbst.

Er und die Natur durchdringen einander, sind zusammen die Gottheit selbst.

Paschafest: eines der wichtigsten jüdischen Feste, „Fest der Ungesäuerten Brote“: Während der Pascha-Zeit durfte kein gesäuertes Brot im Hause sein, um an den Auszug der Israeliten aus Ägypten zu erinnern, als sie nicht warten konnten, bis der Teig aufgegangen war, nur Mazzot (schnell aus Mehl und Wasser Gebackenes) darf im Gedenken daran gegessen werden. In der frühesten Geschichte Israels hatte das Paschafest auch einen Bezug zum Schutz der Herde. Es wurde ein Lamm geschlachtet, um – im Rahmen eines Blutritus zur Vertreibung böser Dämonen – sein Blut als lebensspendende Kraft zu erhalten. Später wurde das Paschalamm zu einem Opfertier uminterpretiert und am Tempel zu Jerusalem geschlachtet, was zum Anlass zu Pilgerfahrten wurde (Wallfahrtsfest). Auch Jesus kam möglicherweise mehrmals zum Paschafest nach Jerusalem. Sein Tod wird mit seiner zeitlichen Nähe zum Paschafest in Verbindung gebracht, seine Auferstehung mit dem Tag, der dem Paschafest unmittelbar folgte. Dieser wurde für die Christen zum Osterfest.

Pentateuch: griech. *teuchos:* Gefäß für die Behälter, in der die Schriftrollen aufbewahrt wurden; *pénte* fünf. Der P., auch *torá* „Weisung“, „Gesetz“ genannt, enthält die fünf Bücher Mose: Genesis, Exodus („Auszug“), Levitikus („Levitisches“ Buch), Numeri (bezieht sich auf die Zahlen der Musterungen), Deuteronomium („2. Gesetz“). Die Bibelforschung widerlegte inzwischen die seit dem 2. Jahrhundert vertretene Meinung, dass alle fünf Bücher von Mose stammen. Sie unterscheidet 4 Quellenschriften: 1. Die um ca. 1000–950 v. Chr. entstandene heißt Jahwist* (J), weil in ihr Gott meistens Jahwe genannt wird, sie enthält die Schöpfungs- und Sündenfallgeschichte (1 Mose/Genesis 2,4b–3,24), die zu den ältesten Texten des P. zählt. 2. Elohist (E) weil sie Gott als Gottheit „Elohim“ (das ist ein Gattungsname) bezeichnet. 3. Deuteronomium (D) heißt der Komplex, der von Gesetzen und Gebräuchen handelt. 4. Priesterschrift, die jüngste Quellenschrift, wurde offenbar von Priestern, vermutlich in der Babylonischen Gefangenschaft ab ca. 580 v. Chr. geschrieben. Der P. gilt gläubigen Juden als Offenbarung Gottes.

Pfingsten: griech. *pentekoste:* fünfzigster Tag nach der Auferstehung Jesu (Ostern), der mit dem jüdischen Wochenfest zusammenfällt. Die Apostelgeschichte (Kap. 2) berichtet über das „Pfingstwunder“, bei dem die Jünger Jesu vielsprachig ekstatisch in Zungen redeten. Nachdem ihnen der Geist Gottes in brennenden Zungen erschienen war und auf einen jeden von ihnen herabgekommen war, traten sie zum ersten Mal öffentlich auf, um dem Auftrag Jesu gemäß mit der Verbreitung seiner Botschaft in der Welt zu beginnen.

Pharisäer: jüdische Religionspartei (bis ins 2. Jhd. v. Chr. zurückgehend), die die Königsherrschaft Gottes durch die Ankunft des Messias erwartete. Zu ihr gehörten Schriftgelehrte, die ihre Führungsgruppe wurden, und Laien, die die Reinheitsvorschriften des Alten Testaments* streng einhielten, welche eigentlich nur die Priester während ihrer Tempeldienste zu befolgen hatten. Durch strikte Gesetzeserfüllungen hofften die Pharisäer, vor Gottes Gericht bestehen zu können.

Polytheismus: griech. *polus, polys*: viel, häufig, zahlreich; *theos:* Gott. Glaube an viele Götter, im Gegensatz zum Monotheismus.*

Profan: lat. *profanus:* vor dem heiligen Bezirk liegend, ungeweiht, unheilig, in einen Gottesdienst nicht eingeweiht; auch ruchlos, unheilverkündend, also der Gegenbegriff zu „heilig“* bzw. „kultisch“, aber auch zu „religiös“.

Psalmen: griech. *psalmos:* zum Saiteninstrument gespieltes Lied; religiöse Texte im Alten Testament* in Liedform.

Rigveda: genauer Ṛgveda bedeutet wörtlich: „das in Versen *(rg)* bestehende Wissen *(veda)*. Er ist eine Sammlung von 1028 Hymnen an die Götter, deren frühesten wahrscheinlich bis ins 2. Jahrtausend v. Chr. zurückgehen. Der R. gehört zu dem *Veda,* womit die Sammlung der ältesten heiligen, als Offenbarung geltenden Schriften der Inder bezeichnet werden, die ca. 1500 v. Chr. bis 1500 n. Chr. entstanden.

Ringparabel: Gleichnis für die drei Religionen (Judentum, Christentum, Islam) im Zentrum des Versdramas „Nathan der Weise" von G. E. Lessing (1729–1781), mit dem er dem Absolutheitsanspruch der Religionen auf den alleinigen Besitz der Wahrheit entgegenwirken wollte: In einer Königsfamilie vererbte von Generation zu Generation ein König an seinen jeweiligen Lieblingssohn einen Ring, der seinen Träger vor Gott und den Menschen angenehm machte. Der letzte König aber liebte seine drei Söhne gleichermaßen und ließ deshalb vom originalen Ring zwei weitere Kopien anfertigen. Den Streit der Brüder um den echten Ring schlichtete ein Richter, der zum einzigen Maßstab für die Echtheit die vorurteilsfreie Liebe erhob.

Sakrament: lat. *sacramentum:* feierliche Verpflichtung, Zeichen des Heils zwischen Gott und Mensch, durch das göttliche Gnade vermittelt und sichtbar gemacht wird. Sakramente werden in Symbolen ausgedrückt, z. B. in der Salbung von Augen, Ohren, Mund, Händen, auch Füßen beim Sakrament der „letzten Ölung" zur Stärkung des Kranken bzw. Sterbenden. Die katholische Kirche erkennt die seit dem 12. Jahrhundert geltenden sieben Sakramente (Taufe, Eucharistie, Firmung, Buße, Krankensalbung, Ehe, Priesterweihe) an, die protestantische nur Abendmahl und Taufe.

Sansâra, auch Samsâra: Sanskrit, Pali: „Umherwandern". Die Vorstellung indischer Religionen von der Wiedergeburt (Reinkarnation, Seelenwanderung) in anderen Wesen (Pflanze, Tier, Mensch) infolge guter oder schlechter Handlungen (siehe Karma). Auch die Pythagoreer und Orphiker glaubten an Seelenwanderung.

Scholastik: lat. *schola:* Schule; die Philosophie, die sich als wissenschaftliches Schulsystem des Mittelalters etablierte. Die kirchlich anerkannten Lehren und Dogmen versuchte sie mit den Mitteln der Vernunft zu begründen und zu einem theologischen und philosophischen Denkgebäude zusammenzufügen. Ursprünglich wurden die Lehrer der so genannten freien Künste in den Dom- und Klosterschulen seit Karl dem Großen „doctores scholastici" („Scholastiker") genannt, später aber auch alle, die schulmäßig Wissenschaften, d. h. damals besonders Philosophie und Theologie studierten. Ihre Sprache war das Kirchenlatein. Vor allem die Lehrer der Philosophie und Theologie an den großen Universitäten in Oxford, Paris und Köln galten als Scholastiker, von denen der bedeutendste Thomas von Aquin (1225–1274) war, der sich besonders auf Aristoteles, den „Vater der Logik" bezog.

Silen: lat. *Silenus,* griech. *Seilenos,* in der griechischen Sagenwelt ein zweibeiniges Mischwesen (Mensch mit Pferdeohren, -beinen, -schweif). Als Einzelner oder in einer Gruppe von mehreren seinesgleichen wird er häufig zusammen mit Nymphen, einerseits lüstern, andererseits milde und freundlich, Musik und Tanz liebend, aber auch als Weiser dargestellt.

Siva: Sanskrit: „glücksverheißend"; eine der Hauptgottheiten, die dritte der Hindu-Trinität (mit Brahma und Visnu). Seine dreigesichtige Gestalt wird – wenn auch umstritten – als sein vielschichtiges Wesen gedeutet, das den Schöpfer, den Zerstörer und den Erhalter in sich vereint.

Skarabäus: der „heilige Mistkäfer", altägyptisches Symbol, für „Gestaltwerdung", Schöpfung, Auferstehung. Man glaubte, der Käfer entstünde aus einem Mistkügelchen. Aber in Wirklichkeit legte er in ihm seine Eier ab. Dem Toten wurde ein Amulett mit einem S. aufs Herz gelegt. Das Herz nämlich galt als Gedächtnisträger. Es sollte verhindert werden, dass es gegen den Verstorbenen beim Totengericht aussagt.
Stoiker: Anhänger der griechisch-römischen Philosophen-Schule, Stoa, (von 300 v. Chr.–200 n. Chr., eingeteilt in 3 Perioden: 1. die alte, geprägt durch Zenon und Chrysipp; 2. die mittlere, geprägt durch Panaitios und Poseidonios; 3. die späte, geprägt durch Seneca, Epiktet, Marc Aurel). Die Schule wurde nach der als Versammlungsort dienenden Säulenhalle *(Stoa)* in Athen benannt. Gegenüber Logik und Physik (Teile der damaligen Philosophie) gab sie der Ethik den Vorrang. Ihr gilt als Ideal der Weise: Er lebt in Einklang mit der Natur, in der Beherrschung seiner Affekte und trägt das Leiden gefasst. Die Tugend ist ihm der einzige Weg zur Erreichung der Glückseligkeit *(eudaimonia)*. Für den Stoiker im Allgemeinen ist Gott so etwas wie eine Weltseele (Pantheismus), die alle Potenzen des Werdens in sich hat, sodass sein Wirken wie eine planende Vorsehung erscheint. Die Stoa beeinflusste das Christentum vor allem hinsichtlich mancher Tugendbegriffe: Augustinus (354–430) und Boethius (480–524).
Sukzession: siehe Apostolische S.
Sure: arabisch: ein selbstständiger Abschnitt des Korans, der aus 114 Suren besteht, die alle einen Namen tragen. Jeder Sure geht die Formel voraus: „Im Namen Allahs, des Barmherzigen, des Mitfühlenden".
Synoptiker: griech. *Synopse:* Zusammenschau. Die drei ersten Evangelien werden als Synoptiker bezeichnet, weil sie weitgehend übereinstimmen, was besonders deutlich wird, wenn sie zum Text-Vergleich nebeneinander gedruckt sind.
Tabu: polynesisch *tapu:* „abgegrenzt". Sigmund Freud betont die Schwierigkeit der Übersetzung und verweist – im Rückgriff auf analoge Bezeichnungen: lateinisch: *sacer,* griechisch *hagos* „heilig", aber auch: „verflucht", „gefährlich" – auf die zwei unterschiedlichen Bedeutungen des Wortes, dessen Gegensatz im Polynesischen *„noa"* sei, d. h. allgemein zugänglich, gewöhnlich. Am Tabu hafte „etwas wie der Begriff einer Reserve", es äußere sich in Einschränkungen und Verboten. „Heilige Scheu" decke sich oft mit dem Sinn von Tabu. Laut Freud unterscheiden sich die Tabubeschränkungen von religiösen oder auch moralischen Verboten und sie entbehren jeder Begründung. Ihre Herkunft sei unbekannt. Nach allgemeiner Annahme sei das Tabu älter als die Götter und reiche in die Zeiten vor jeder Religion zurück.
Talmud: hebr. „studieren", „lehren", „lernen": Sammlung und Auslegung von religionsgesetzlichen Vorschriften und Weisungen (Halacha) des rabbinischen Judentums. Man unterscheidet zwei Teile des T.: Mischna und Gemara. Die Mischna (hebr. „Lehre", durch Wiederholen) enthält 6 „Ordnungen": 1. Ackerbaugesetze („Saaten"), 2. Zeiten von Festen („Feste"), 3. Familie und Ehe („Frau"), 4. Straf- und Zivilrecht („Beschädigungen"), 5. Kult- („Opfer"-) und 6. Reinheits- („Reinigungs"-)gesetze.
Gemara (aramäisch „Anfüllung", „Vervollständigung") enthält Kommentare bzw. Diskussionen zur Mischna.
Es gibt zwei Talmuds: den „Jerusalemer" („Palästinensischen"), der in Palästina ca. 500 n. Chr. Entstand, und den „Babylonischen", der nach der Zerstörung Jerusalems durch die Römer im Perserreich (Sura und Pumbedita) um 600 n. Chr. vollendet wurde und seit dem 11. Jh. vorrangig ist.
Taufe: in der antiken Religionsgeschichte gibt es Entsprechungen zur christlichen Taufe, z. B. rituelle Reinheitswaschungen bei den

Pythagoreern. Im 1. Jhd. n. Chr. wurden Heiden ins Judentum durch Vollzug von sakralen Waschungen (Proselytentaufbad) aufgenommen. Die Taufe Johannes des Täufers, der sich auch Jesus unterzog, stand im Zeichen der Sündenvergebung und Buße als Vorbereitung auf die Ankunft Gottes und seines Gerichtes. Jesus selbst und auch seine Jünger haben während seines öffentlichen Wirkens nicht getauft. Wichtiger als der Ausblick auf das kommende Gericht durch das Zeichen der Taufe war für sie nunmehr die Aufnahme in die Gemeinschaft der Christen durch die Befolgung der Botschaft Jesu. Der „Taufbefehl Jesu" im Matthäusevangelium (28,18–20) gilt als eine späte theologische Reflexion der Urgemeinde. Sie begründete offenbar die Taufe beim Eintritt in die Christengemeinschaft mit dem Willen des auferstandenen Christus, dem sie den Täufling mit der Formel „auf den Namen Jesu Christi" überantwortete. Die gelegentliche Säuglings- bzw. Kindertaufe geschah im Rahmen des Übertritts ganzer „Häuser" zum Christentum, da nach antikem Verständnis die Familie als Einheit zusammengehörte. Erst vom 4. Jhd. an setzt sich die Kindertaufe allgemein durch.

Teleologie: griech. *telos:* das Ziel, der Endzweck; *logos:* Wort, Lehre. In der Philosophie (vor allem des Aristoteles) die Lehre vom Endzweck, von der Endursache, auf die sich auch der teleologische Gottesbeweis stützt.

Theismus: griech. *theos:* Gott. Die Lehre von der Existenz eines transzendenten und persönlichen allmächtigen, allgütigen, allwissenden, vollkommenen Gottes als Schöpfer, Erhalter, Regierer der Welt, der sich nach Ansicht vieler Theisten durch gelegentliches wunderbares Eingreifen offenbart. Beispiele für theistische Religionen sind Judentum, Christentum, Islam. Von ihm wird der Deismus* unterschieden.

Tora(h): hebr. „Lehre", „Belehrung" in der jüdischen Religion: durch die Eltern, Propheten, Weisen, Priester; auch Gesetz des Mose und des Pentateuch.

Transzendent: lat. überschreitend; vgl. Transzendenz*.

Transzendenz: lat. *transcendens:* hinüberschreitend, ein „jenseitiger" Bereich, der das sinnliche Erfassens- und das Erkenntnisvermögen, die Grenzen des Bewusstseins und Erfahrens überschreitet, z. B. Gott, das Göttliche, das Übernatürliche, das Übersinnliche, das Absolute.

Übermensch: Das Wort Ü. findet sich schon als „*hyperanthropos*" (griech.) in den Schriften Lukians (2. Jhd. v. Chr.). Auch Jean Paul, Heinrich Müller (Geistliche Erweckungsstunden, 1664), Herder und Goethe (in seinem Gedicht Zueignung und im Faust I, 490) benutzten es. Der junge Nietzsche wendet es offenbar erstmals auf den Titelhelden des dramatischen Gedichts „Manfred" von G. G. Lord Byron (1788–1824) an. Später benutzt Nietzsche „Übermensch" in unterschiedlichen Bedeutungen, wobei sein Gebrauch von „über" (als darüber hinaus) in dessen jeweiligem Umfeld zu beachten ist: z. B. in Bezug auf die Vielfalt der griechischen Vorstellungswelt von Göttern, Dämonen, Heroen, Neben-, Unter-, Übermenschen. An Vorbildern idealer Individuen (auch „Erziehern") möchte der Mensch über sich hinausstreben und -wachsen. Mit „Übermensch" verbindet Nietzsche den ethischen Anspruch der Selbstüberschreitung des Menschen aus seinem Tier- zum Menschsein. Der Mensch soll selbstbestimmt über sich nachdenken, handeln und seinem Leben Sinn und Ziel geben, auch und gerade wenn er seinen Glauben an Gott verloren hat.

Veda: siehe Rigveda

Verklärter: nach altägyptischer Vorstellung der Tote, der durch liturgische Handlungen mit mythischen Personen in Verbindung gebracht und so auf eine höhere Seinsstufe überführt wurde. Jesus erscheint als Verklärter in weiß glänzender göttlicher Gestalt (Mk 9,2–10).

Visnu: der „Durchdringer", gehört zu den Hauptgottheiten der hinduistischen Götterwelt-Trinität (neben Siva* und Brahma*), der Barmherzigkeit und Güte verkörpert und mit seiner alles durchdringenden Anwesenheit für die Hilfesuchenden Zuflucht bedeutet.

Weisheit, Buch der (abgekürzt: Weish) ist in Bezug auf seine Zugehörigkeit zum alttestamentlichen Kanon* (Liste der Schriften, die zum Alten* und Neuen Testament* gerechnet werden) umstritten. Im Gegensatz zu Luther nahm die katholische Kirche es auf dem Konzil von Trient 1546 endgültig in ihn auf. Das Buch der Weisheit bezeichnet seinen Verfasser als Salomo. Hinter ihm verbirgt sich aber wahrscheinlich ein in ägyptischer Diaspora lebender (1. Jhd. v. Chr.), hellenistisch gebildeter, mit der zeitgenössischen Philosophie vertrauter Jude.

Weisheitsliteratur: Literaturgattungen im Alten Testament*, und im Alten Orient mit dem Ziel der Erziehung zur Weisheit in Denken und Handeln: belehrende Erzählungen, Dialoge, Sammlungen von Texten über Natur, Kosmos, Geschichte. Zur alttestamentlichen Weisheitsliteratur zählen: die Sprüche Salomos, Prediger Salomos, das Buch Hiob, einige Psalmen, die Josefserzählung, Jesus Sirach, Tobit (Jesus Sirach und Tobit sind nach evangelischem Verständnis apokryph*) und die Apokryphen: die Weisheit Salomos, 4 Makkabäer.

Zeloten: „Eiferer", Angehörige einer jüdischen Bewegung, die gegen die Römer Widerstand leistete, nachdem Judäa 6 n. Chr. zu einer römischen Provinz gemacht worden war. Sie protestierten dagegen, dem Kaiser Steuern zu zahlen, weil damit seine Herrschaft anerkannt würde, obwohl Gott der alleinige Herr Israels sei.

Zikkurat: aus Lehmziegeln erbaute Stufenpyramide, auf deren oberster Plattform ein kleiner Tempel zum Vollzug der „Heiligen Hochzeit" angebracht ist. Zikkurate gab es von den Sumerern bis zu den Babyloniern. Er ist Gegenstand der biblischen Erzählung vom „Turmbau zu Babel" (1 Mose/Genesis 11,1–9).

Stichwortverzeichnis

Textnachweis

(3) Hans Küng: Projekt Weltethos, München 1998, © Piper Verlag GmbH, München 1990. (5 f.) Johann Figl: Handbuch Religionswissenschaft, Tyrolia-Verlag. Innsbruck-Wien, Vandenhoeck & Ruprecht, Göttingen, 2003, S. 480 f. (27) Das Gilgamesch-Epos, übers. und mit Anm. versehen von A. Schott, neu hrsg. von W. von Soden, © Philipp Reclam jun.: Stuttgart 1999. (30, 37) Helmuth von Glasenapp: Die fünf Weltreligionen, übers. v. I. Gunsser, ersch. bei Diederichs im Heinrich Hugendubel Verlag: Kreuzlingen/München 1996. (49 f.) Gedichte aus dem Rig-Veda, aus dem Sanskrit übertr. u. erl. v. P. Thieme, © Philipp Reclam jun.: Stuttgart 1993. (50) Lexikon des alten Ägypten, übers. v. A. Heyne, Primus Verlag: Darmstadt 1999. (51) Handbuch der Religionsgeschichte, Bd. I, Vandenhoeck & Ruprecht: Göttingen 1971. (53) Hesiod: Theogonie 115–135, übers. v. O. Schönberger © Philipp Reclam jun.: Stuttgart 1999, S. 13 f. (54) Handbuch der Religionsgeschichte, Bd. 3, Vandenhoeck & Ruprecht: Göttingen 1975. (55) Heraklit, zit. nach: K. Vorländer: Geschichte der Philosophie, Bd. 1, Meiner Verlag: Hamburg 1963, S. 29 f. (56 f.) Platon: Timaios 28–30, in: ders., Sämtliche Werke 5, S. 154 f., © der dt. Übers. W. Otto, © 1957 by Rowohlt Taschenbuch Verlag GmbH, Hamburg. (60) Augustinus: Confessiones XII, 21, 30, zit. nach: Des heiligen Augustinus Bekenntnisse: Lat.-Deutsch, übertr. u. eingel. v. H. Schiel, Verlag Herder: Freiburg 1958. (62) Aus dem Sonnengesang des Hl. Franziskus. (66 ff.) Popol Vuh, Das Buch des Rates. Mythos und Geschichte der Maya, aus dem Quiché übertr. u. erl. v. W. Cordan, ersch. bei Diederichs im Heinrich Hugendubel Verlag: Kreuzlingen/München [9]1995. (68) Anton Grabner-Haider/Karl Prenner (Hrsg.): Religionen und Kulturen der Erde. Ein Handbuch, Wissenschaftliche Buchgesellschaft, Darmstadt 2004, S. 260. (72) Thomas von Aquin: Summa theologiae, zit. nach: K. Vorländer, Geschichte der Philosophie, Bd. 2, Meiner Verlag: Hamburg 1976. (73) Karl Vorländer: Geschichte der Philosophie, Bd. 3, Meiner Verlag: Hamburg 1977. (73) René Descartes: Meditationen. Über die Grundlagen der Philosophie, 3. und 6. Meditation (übers. v. L. Gäbe), Meiner Verlag: Hamburg 1960, S. 47, 72. (74) Johannes Kepler: Mysterium cosmographicum, zit. nach: K. Vorländer: Geschichte der Philosophie, Bd. 3, Meiner Verlag: Hamburg 1977. (86) Darwin's Notebooks on the Transmutation of Species, in: J. Howard: Darwin. Eine Einführung, © Philipp Reclam jun.: Stuttgart 1996. (86) Charles Darwin: Die Entstehung der Arten, übers. v. C. W. Neumann, © Philipp Reclam jun.: Stuttgart 1998. (87) Johannes Paul II., zit. in: Rainer Koltermann: Universum. Mensch. Gott – Der Mensch vor den Fragen der Zeit, Verlag Styria: Graz u. a. 1997. (88 ff.) Pierre Teilhard de Chardin: Der Mensch im Kosmos, übers. v. O. Marbach, Beck Verlag: München 1959. (92 f.) Platon: Politeia VII, 1–5, übers. v. O. Apelt, in: Karl Vorländer: Geschichte der Philosophie, Bd. 1, Meiner Verlag: Hamburg 1976, S. 218 f. (94 f.) Aristoteles: Nikomachische Ethik I 1, 1094 a, b; I 5, 1096 b–1097 b, übers. v. E. Rolfes, in: Karl Vorländer: Geschichte der Philosophie, Bd. 1, Meiner Verlag: Hamburg 1976, S. 252–254. (101 f.) Immanuel Kant: Schriften zur Anthropologie, Geschichtsphilosophie, Politik und Pädagogik 1, © Suhrkamp Verlag: Frankfurt a. M. 1977. (103) Friedrich Nietzsche, in: Kritische Studienausgabe, hrsg. v. G. Colli u. M. Montinari, Deutscher Taschenbuch Verlag: München [3]1993, Bd. 13. (105) Friedrich Nietzsche: Also sprach Zarathustra, in: Kritische Studienausgabe, hrsg. v. G. Colli u. M. Montinari, Deutscher Taschenbuch Verlag: München [3]1993, Bd. 4. (106) Hermann Hesse: Krieg und Frieden, in: Gesammelte Werke, Bd. 10, © Suhrkamp Verlag: Frankfurt a. M. 1952. (107) Ernst Bloch: Das Prinzip Hoffnung, Gesammelte Werke, Bd. 5, © Suhrkamp Verlag: Frankfurt a. M. 1977. (108) Immanuel Kant: Streit der Fakultäten, in: Schriften zur Anthropologie, Geschichtsphilosophie und Pädagogik 1, © Suhrkamp Verlag: Frankfurt 1977. (110 f.) Reden des Buddha, hrsg. v. H. von Glasenapp, übers. v. I. Gunsser, © Philipp Reclam jun.: Stuttgart 1998. (129 f.) Das Totenbuch der Ägypter, eingel. u. übers. v. E. Hornung, © Artemis & Winkler Verlag: Düsseldorf/Zürich 1998, S. 233–240 (gekürzt). (134) Platon: Phaidon 107 e; 114 a–d, in: Sämtliche Werke 3, © der dt. Übers. W. Otto, © 1957 by Rowohlt Taschenbuch Verlag GmbH, Hamburg, S. 57, 62 f. (138 f.) Islam-Lexikon, Geschichte, Ideen, Gestalten Bd. 1, hrsg. v. Khoury/Hagemann/Heine, Verlag Herder: Freiburg, überarb. Neuausgabe 1999. (147) Johann Baptist Metz: Theologie als Theodizee?, in: Theodizee – Gott vor Gericht?, hrsg. v. W. Oelmüller, Fink Verlag: München 1990. (148) Epikur: Von der Überwindung der Furcht, eingel. u. übers. v. O. Gigon, Artemis &

Winkler Verlag: Düsseldorf/Zürich ²1968, S. 136. (154) René Descartes: Meditationen über die Grundlagen der Philosophie III, 38; hrsg. u. übers. v. L. Gäbe, Felix Meiner Verlag: Hamburg 1960. (155 f.) Thomas von Aquin: Die Gottesbeweise in der „Summe gegen die Heiden" und der „Summe der Theologie", hrsg. u. übers. v. H. Seidel, Felix Meiner Verlag: Hamburg ³1996. (157) Søren Kierkegaard: Philosophische Brosamen und unwissenschaftliche Nachschrift, aus d. Dänischen v. B. und S. Diederichsen, © 1976 Deutscher Taschenbuch Verlag: München 1976. (158) Blaise Pascal: Gedanken, Serie II, 418/233, © Philipp Reclam jun.: Stuttgart 1997. (159) Jörg Mey, in: Georg Souvignier/Ulrich Lüke/Jürgen Schnakenberg/Hubert Meisinger (Hrsg.): Gottesbilder an der Grenze zwischen Naturwissenschaft und Theologie, Wissenschaftliche Buchgesellschaft, Darmstadt, 2009, S. 163, 174. (163) Marx über Feuerbach, in: Texte zu Methode und Praxis II, Pariser Manuskripte 1844, hrsg. v. E. Grassi, Rowohlt: Hamburg 1971. (164) Karl Marx: Zur Kritik der Hegelschen Rechtsphilosophie, Einleitung, in: ders., Friedrich Engels, Werke Bd. 1, Dietz Verlag: Berlin 1977. (164) Karl Löwith: Gott, Mensch und Welt in der Metaphysik von Descartes bis Nietzsche, Vandenhoeck & Ruprecht: Göttingen 1967. (165) Friedrich Nietzsche: Die fröhliche Wissenschaft, in: Kritische Studienausgabe, hrsg. v. G. Colli u. M. Montinari, Deutscher Taschenbuch Verlag: München 1988, Bd. 3. (166 f.) Sigmund Freud: Die Zukunft einer Illusion, in: ders.: Gesammelte Werke in 18 Bänden, Bd. XIV, © 1948 Imago Publishing Co. Ltd., London, alle Rechte vorbeh. S. Fischer Verlag GmbH, Frankfurt a. M., ⁴1999. (169 f.) Hannah Arendt: Macht und Gewalt (übers. v. G. Wellenberg), München ⁶1987, © Piper Verlag GmbH, München 1970. (172) Max Weber: Gesammelte Aufsätze zur Religionssoziologie, Bd. 3, J. C. B. Mohr (Paul Siebeck): Tübingen 1966. (175 f.) Dan Bar-On, Die Last des Schweigens. Gespräche mit Kindern von NS-Tätern. Edition Körber-Stiftung, Hamburg: ²2004, S. 327 f. (177) Sami Adwan/Dan Bar-On (Hrsg.): Learning Each Other's Historical Narrative: Palestinians and Israelis, Bd. 1, Introduction. PRIME, Beit Jallah, 2003. (181) Wole Soyinka: Im Namen der Versklavten (übers. v. Eike Schönfeld), in: Die Zeit Nr. 25, 15. Juni 2000, S. 60. (188, 190) Birgit Heller: Gender und Religion, in: Johann Figl, Handbuch Religionswissenschaft, Tyrolia-Verlag. Innsbruck-Wien, Vandenhoeck & Ruprecht, Göttingen, 2003, S. 762, 764. (189 f.) Desmond Tutu: Gott hat einen Traum. Neue Hoffnung für unsere Zeit. Übers. v. A. Ogbeiwi. Diederichs Gelbe Reihe, Heinrich Hugendubel Verlag, Kreuzlingen/München 2004, S. 64 f. (190) Desmond Tutu, Versöhnung. Sei wahr und werde frei, übers. v. Angela Krumpen, Herder Verlag, Freiburg, Basel Wien, 2008, S. 31. (191) Søren Kierkegaard: Gesammelte Werke und Tagebücher, übers. u. hrsg. v. Emanuel Hirsch, Hayo Gerdes und Hans Martin Junghans, Grevenberg Verlag Dr. Ruff & Co. OHG, Simmerath 2003/04. 24. Band (34. Abteilung) „Der Augenblick", übers. u. hrsg. v. Hayo Gerdes, Simmerath 2004, S. 227 f. (196 f.) Hans Küng: Projekt Weltethos, München/Zürich ⁴1998, S. 14 f., 81, 84, © Piper Verlag GmbH, München 1990. (198) Immanuel Kant: Grundlegung der Metaphysik der Sitten, 2. Abschnitt, Felix Meiner Verlag: Hamburg ³1965, S. 53. (199) Angelos Fernandes: Religionen, Friede, Menschenrechte. Dokumentation der ersten „Weltkonferenz der Religionen für den Frieden" Kyoto 1970, hrsg. v. A. Lücker (übers. v. M. A. Lücker), Wuppertal 1971. (200) Vergleichende Übersicht über Lehre und Brauchtum der Religionen, aus: Helmuth von Glasenapp: Die fünf Weltreligionen, ersch. bei Diederichs im Heinrich Hugendubel Verlag: Kreuzlingen/München 1996, S. 457.

Bildnachweis

Umschlagbild: Hintergrund: verschiedene Schriften; Vordergrund: ullstein bild – Granger Collection (Weltenesche Yggdrasil – Line engraving aus Finn Magnusens „Eddalaeren", Kopenhagen, 1824). (12) oben: http://commons.wikimedia.org/wiki/File:Jerusalem_Ugglan_1.jpg, unten: picture-alliance/dpa. (13) Stupa, aus: Monumente großer Kulturen. Indien, Karl Müller Verlag: Erlangen 1986, S. 62. (14) Wikipedia, Urheber: Posi66. Diese Datei wurde unter der GNU-Lizenz für freie Dokumentation veröffentlicht. Es ist erlaubt, die Datei unter den Bedingungen der GNU-Lizenz für freie Dokumentation, Version 1.2 oder einer späteren Version, veröffentlicht von der Free Software Foundation, zu kopieren, zu verbreiten und/oder zu modifizieren. (16) Chanukkaleuchter, Polnisch, 17. Jhd. (20) Umschlagbild des Buches Mutter Teresa von Navin Chawla, Goldmann Verlag: München 1997, Schutzumschlag nach dem gleichnamigen Buch von Amar Jeet, erschienen 1993 im Wilhelm Goldmann Verlag, München, in der Verlagsgruppe Bertelsmann GmbH. (26) Gustave Doré: Die Sintflut – das Steigen des Wassers, aus: De Bijbel in 230 gravures van Gustave Doré, MCMLXXIV Hasso Ebeling Verlag, Luxemburg, S. 31. (28) Die Göttin von Willendorf, Altsteinzeit, Aurignacien; Niederösterreich. (35) Buddha-Bild aus Bezwada (Andhra Prodesch), 6. Jhd. nach Christus, Boston, Museum of Fine Arts (Schenkung des Government Museum Madras). (39) Verkündigungsszene, Ikone im Katharinenkloster auf dem Sinai um 1260, aus: Erhard Gorys: Heiliges Land, Dumont Verlag: Köln 2. Aufl. 1999, S. 265. (43) Mohammed, aus: Annemarie Schimmel: Terres d' Islam © La Renaissance du Livre, 2000. (50) Karte des Alten Ägypten, © Carsten Colpe, Berlin. (52) Griechenland und Kleinasien, aus: Karl Kerényi: Die Mythologie der Griechen, Rhein-Verlag: Zürich 1951. (54) Apoll, von Hermes und Dionysos begleitet, spielt auf der Lyra. Schwarzfigurige Vase aus Vulci, Britisches Museum, London. (57) Aristoteles, © Kunsthistorisches Museum, Wien. (58) Die Schöpfung, gotische Buchmalerei, Biblioteca Apostolica Vaticana. (60) Aurelius Augustinus, nach einer Darstellung Botticellis aus dem 15. Jhd., Chiesa d'Ognissanti, Florenz. (61) Heinrich Dieckmann: Franziskus predigt den Fischen, © Heinrich Diekmann, Bild im Privatbesitz. (63) Seite aus dem Koran in Kufi. (65) Erste Seite des Popol Vuh in der Handschrift des Padre Ximénez. (67) Haupt des jungen Maisgottes, The Peabody Museum of Archeology and Ethnology, Harvard University, Cambridge (Mass.). (72) Nikolaus Kopernikus, anonymes Gemälde des 16. Jahrhunderts. (73) René Descartes, Gemälde von Franz Hals, Louvre, Paris, © Archiv für Kunst und Geschichte. (75) Gott als Baumeister des Universums, © Foto: Bildarchiv, ÖNB Wien. (79) Albrecht Dürer: Die vier apokalyptischen Reiter (Holzschnitt um 1498). (81) Max Beckmann: Apokalypse, © VG Bild-Kunst, Bonn 2000. (84 f.) Evolution nach Darwin und Lamarck; Evolution auf allen Ebenen, aus: Peter Kunzmann/Franz-Peter Burkard/Franz Wiedmann: dtv-Atlas Philosophie. Illustrationen von Axel Weiß, © 1991 Deutscher Taschenbuch Verlag, München. (88) picture-alliance/dpa. (93) Otto Dix: Die Geburt, © VG Bild-Kunst, Bonn 2000. (97) Vertreibung aus dem Paradies, © AKG. (99) Emil Rudolf Weiss: Die Umarmung (1898), © Galerie Albstadt, Städtische Kunstsammlungen, Sammlung Walther Groz. (101) Immanuel Kant, © Schiller Nationalmuseum/Deutsches Literaturarchiv. (102) Otto Dix: Kriegskrüppel (1920), © VG Bild-Kunst, Bonn 2000. (103) Pablo Picasso: Guernica-Wandbild, 1937, © Succession Picasso/VG Bild Kunst, Bonn 2000. (104) Friedrich Nietzsche, Lithografie von Karl Bauer, © Schiller Nationalmuseum/Deutsches Literaturarchiv. (114) Otto Dix: Zerstörung Jerusalems (1960), © VG Bild-Kunst, Bonn 2000. (119) Simon Renard de Saint-André: Vanité, Musée des Beaux-Arts de Lyon, © Studio Basset, 69300 Caluire. (120) Etruskisches Grabgemälde aus der Tomba del Triclinio, frühes 5. Jhd. v. Chr., Tarquinia, Museum. (121) Le Miroir de la vie, et de la mort, Musée Carnavalé, Paris. (124) Die „Dame von Warka"-Uruk, aus: E. F. Jung: der Weg ins Jenseits, Bildteil nach S. 128, Foto: Holle Bildarchiv. (125) Gilgamesch, Biblisch Historisches Handwörterbuch (BHH), II (1979), hrsg. von Bo Reicke und Leonhard Rost, Verlag Vandenhoeck & Ruprecht: Göttingen, Ausgabe 1964: Sp. 688. (127) Skarabäus aus dem Totenbuch der Ägypter, nach E. Naville, Das Ägyptische Todtenbuch der XVIII.–XX. Dynastie, Berlin 1886. (128) Grabmalerei, Deir el Medine, Grab des Sennudjem (Nr. 1), 19. Dyn. (1345-1200a). (131) Orpheus, Eurydike und Hermes, nach einem Marmorrelief aus der Villa Albani, 2. Hälfte 5. Jhd. v. Chr. (133) William Blake: Die Seele schwebt über dem Körper (1808), Biblio-

thèque des Artes décoratifs, Paris. (137) Ostermorgen, Evangeliar, schwäbisch, Mitte 12. Jhd., Württ. Landesbibliothek Stuttgart, Beuroner Kunstverlag, Kunstkarte Nr. 4215. (144) Hiob, © Biblioteca Apostolica Vaticana. (166) Sigmund Freud, Porträtfoto aus dem Jahr 1927, © Bildarchiv Preußischer Kulturbesitz. (170) Johann Brand: Paulus, © bei der Autorin. (177) Sami Adwan/Dan Bar-On (Hrsg.): Learning Each Other's Historical Narrative: Palestinians and Israelis, Bd. 1, Introduction. PRIME, Beit Jallah, 2003. (180) Verbrennung von Juden im Mittelalter, Holzschnitt aus Hartmann Schedels Weltchronik 1493, aus: Juden in Hechingen, Katalog zur Dokumentation in der Alten Synagoge Hechingen, Veröffentlichungen der Initiative Hechinger Synagoge e.V., Verlag Glückler, Hechingen o. J., S. 12.
http://de.wikipedia.org/w/index.php?title=Datei: Weltreligionen.png&filetimestamp=20090630195141, lizensiert unter den Bedingungen der „Creative Commons Namensnennung-Weitergabe unter gleichen Bedingungen Unported"-Lizenz (abgekürzt „cc-by-sa") in der Version 3.0, erstellt von Benutzer: Neitram

Ihre Meinung ist uns wichtig!

Ihre Anregungen sind uns immer willkommen. Bitte informieren Sie uns mit diesem Schein über Ihre Verbesserungsvorschläge!

Titel-Nr.	Seite	Vorschlag

Bitte hier abtrennen

Lernen • Wissen • Zukunft
STARK

Zutreffendes bitte ankreuzen!

Die Absenderin/der Absender ist:

- ☐ Lehrer/in in den Klassenstufen: ______
- ☐ Fachbetreuer/in
  Fächer: ______
- ☐ Seminarlehrer/in
  Fächer: ______
- ☐ Regierungsfachberater/in
  Fächer: ______
- ☐ Oberstufenbetreuer/in
- ☐ Schulleiter/in
- ☐ Referendar/in, Termin 2. Staatsexamen: ______
- ☐ Leiter/in Lehrerbibliothek
- ☐ Leiter/in Schülerbibliothek
- ☐ Sekretariat
- ☐ Eltern
- ☐ Schüler/in, Klasse: ______
- ☐ Sonstiges: ______

Unterrichtsfächer: (Bei Lehrkräften!)

______

STARK Verlag
Postfach 1852
85318 Freising

21-V1T_GW
Bitte ausfüllen und im frankierten Umschlag an uns einsenden. Für Fensterkuverts geeignet.

Kennen Sie Ihre Kundennummer?
Bitte hier eintragen.

Absender (Bitte in Druckbuchstaben!)

Name/Vorname

Straße/Nr.

PLZ/Ort/Ortsteil

Telefon privat

Geburtsjahr

E-Mail

Schule/Schulstempel (Bitte immer angeben!)

Bitte hier abtrennen

(Bitte blättern Sie um)

Geschichte

Geschichte 1 – Deutschland vom 19. Jahrhundert bis zum Ende des Nationalsozialismus .... Best.-Nr. 84763
Geschichte 2 – Deutschland seit 1945 · Europäische Einigung · Weltpolitik der Gegenwart .... Best.-Nr. 84764
Geschichte 1 – Bayern, Gesellschaft im Wandel (15.–19. Jh.) · Demokratie und Diktatur – Probleme der deutschen Geschichte im 20. Jh. .... Best.-Nr. 947818
Geschichte 2 – Bayern, Historische Komponenten europäischer Kultur und Gesellschaft · Konfliktregionen und Akteure internationaler Politik in historischer Perspektive ...... Best.-Nr. 947828
Geschichte 1 – Baden-Württemberg, Die demokratische und nationale Bewegung in der Auseinandersetzung mit dem Obrigkeitsstaat · Die Entwicklung der politischen Kultur im Kaiserreich und in der Weimarer Republik ..... Best.-Nr. 84760
Geschichte 2 – Baden-Württemberg Deutschland seit 1945 · Die bipolare Welt .... Best.-Nr. 84762
Geschichte 1 – NRW, Vom 19. Jahrhundert bis zum Ende des Nationalsozialismus .... Best.-Nr. 54761
Geschichte 2 – NRW, Deutschland und Europa nach dem Zweiten Weltkrieg .... Best.-Nr. 54762
Grundlagen, Arbeitstechniken und Methoden – Geschichte .... Best.-Nr. 94789
Abitur-Wissen Die Antike .... Best.-Nr. 94783
Abitur-Wissen Das Mittelalter .... Best.-Nr. 94788
Abitur-Wissen Französische Revolution .... Best.-Nr. 947812
Abitur-Wissen Die Ära Bismarck: Entstehung und Entwicklung des deutschen Nationalstaats .... Best.-Nr. 94784
Abitur-Wissen Imperialismus und Erster Weltkrieg .... Best.-Nr. 94785
Abitur-Wissen Die Weimarer Republik .... Best.-Nr. 47815
Abitur-Wissen Nationalsozialismus und Zweiter Weltkrieg .... Best.-Nr. 94786
Abitur-Wissen Deutschland von 1945 bis zur Gegenwart .... Best.-Nr. 947811
Abitur-Wissen USA .... Best.-Nr. 947813
Abitur-Wissen Naher Osten .... Best.-Nr. 947814
Kompakt-Wissen Abitur Geschichte Oberstufe ..... Best.-Nr. 947601
Lexikon Geschichte .... Best.-Nr. 94787

Wirtschaft/Recht

Wirtschaft – Wirtschaftliches Handeln im Sektor Unternehmen · Wirtschaftliches Handeln im Sektor Ausland .... Best.-Nr. 84852
Betriebswirtschaft .... Best.-Nr. 94851
Wirtschaft – Bayern .... Best.-Nr. 94852
Abitur-Wissen Volkswirtschaft .... Best.-Nr. 94881
Abitur-Wissen Rechtslehre .... Best.-Nr. 94882
Kompakt-Wissen Abitur Volkswirtschaft .... Best.-Nr. 948501
Kompakt-Wissen Abitur Betriebswirtschaft .... Best.-Nr. 924801
Kompakt-Wissen Rechnungswesen mit Bilanzanalyse .... Best.-Nr. 924802

Kunst

Abitur-Wissen Malerei · Plastik · Architektur .... Best.-Nr. 949618
Abitur-Wissen Analyse und Interpretation .... Best.-Nr. 94962
Kompakt-Wissen Abitur Kunst .... Best.-Nr. 949601

Natürlich führen wir noch mehr Titel für alle Fächer und Stufen: Alle Informationen unter
www.stark-verlag.de

Ethik

Ethische Positionen in historischer Entwicklung ... Best.-Nr. 94951
Abitur-Wissen Philosophische Ethik .... Best.-Nr. 94952
Abitur-Wissen Glück und Sinnerfüllung .... Best.-Nr. 94953
Abitur-Wissen Freiheit und Determination .... Best.-Nr. 94954
Abitur-Wissen Recht und Gerechtigkeit .... Best.-Nr. 94955
Abitur-Wissen Religion und Weltanschauungen ... Best.-Nr. 94956
Abitur-Wissen Wissenschaft · Technik · Verantwortung .... Best.-Nr. 94957

Religion

Katholische Religion 1 .... Best.-Nr. 84991
Katholische Religion 2 .... Best.-Nr. 84992
Abitur-Wissen – ev. Religion Der Mensch zwischen Gott und Welt .... Best.-Nr. 94973
Abitur-Wissen Glaube und Naturwissenschaft ...... Best.-Nr. 94977
Abitur-Wissen Jesus Christus .... Best.-Nr. 94978
Abitur-Wissen Die Frage nach dem Menschen ...... Best.-Nr. 94990
Abitur-Wissen Die Bibel .... Best.-Nr. 94992
Abitur-Wissen Christliche Ethik .... Best.-Nr. 94993

Erziehungswissenschaft

Erziehungswissenschaft NRW GK/LK .... Best.-Nr. 54941
Erziehungswissenschaft .... Best.-Nr. 94941

Pädagogik/Psychologie

Grundwissen Pädagogik .... Best.-Nr. 92480
Grundwissen Psychologie .... Best.-Nr. 92481

Sport

Bewegungslehre · Sportpsychologie .... Best.-Nr. 94981
Trainingslehre .... Best.-Nr. 94982

Bestellungen bitte direkt an:
STARK Verlagsgesellschaft mbH & Co. KG · Postfach 1852 · 85318 Freising
Tel. 0180 3 179000* · Fax 0180 3 179001* · www.stark-verlag.de · info@stark-verlag.de
*9 Cent pro Min. aus dem deutschen Festnetz, Mobilfunk bis 42 Cent pro Min.
Aus dem Mobilfunknetz wählen Sie die Festnetznummer: 08167 9573-0

Lernen • Wissen • Zukunft
STARK

21-VIT_GW